추사를 넘어

붓에 살고 붓에 죽은 서예가들의 이야기

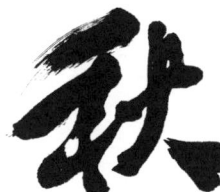

붓에 살고 붓에 죽은 서예가들의 이야기

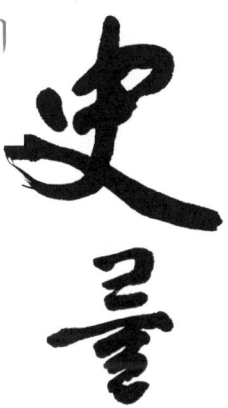

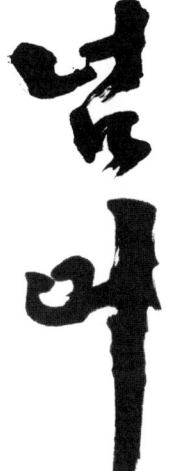

김종헌

푸른역사

◉ 서문

이 책을 쓰기까지 나와 서예와의 인연

　1960년대 초, 당시 중학생이었던 나는 서예에 처음 발을 들여놓았다. 고교시절 첫사랑에 빠졌을 때, 대학입시를 준비해야 했을 때, 군에 입대했을 때 잠시 붓을 놓기는 했지만, 학창시절 내내 붓을 벗하며 살았다. 그러나 대학을 졸업하고 사회로 나와 직장생활을 하면서부터는 좀처럼 붓을 잡을 기회가 없었다. 틈틈이 서예 관련 서적을 읽으며 개인전이 열리는 화랑이나 박물관, 미술관을 찾아 작품을 감상하는 것으로 만족해야 했다.

　나이 쉰다섯이 되던 해인 2002년에 직장생활을 마치고 전원생활을 시작하면서 다시 서예 공부를 하고 싶었다. 그러나 이번에는 직접 붓을 들기보다는 이제껏 모아온 천여 권의 서예 관련 서적을 꺼내 읽는 것으로 공부를 시작했다. 그동안 궁금하게 생각했던 서예에 관한 의문들에 스스로 답을 찾아보기로 한 것이다. 이 책은 그런 공부 과정의 소산이다.

운 좋게도 나는 당대의 서예 대가 세 분에게 사사하였다. 1960년대에는 원곡原谷 김기승金基昇, 1970년대 전반에는 소지도인昭志道人 강창원姜昌元, 그리고 후반 이후로는 송천松泉 정하건鄭夏建 선생께 지도받을 수 있었다. 세 분께서는 다른 인품만큼이나 서로 다른 서풍과 서체를 구사하셨다. 나는 그분들 밑에서 법첩과 체본을 중심으로 공부하며 자연스럽게 여러 가지 서예에 얽힌 이야기를 귀동냥할 수 있었다. 덕분에 차츰 서예에 대한 나름의 이해와 안목이 늘었다.

하지만 우리나라 역사상 제일의 서예가인 추사秋史 김정희金正喜의 글씨가 왜 좋은지, 왜 추사체가 그렇게 유명한지는 쉽게 깨우치질 못했다. 그러던 중 1980년대 초 독일의 뒤셀도르프Düsseldorf에서 지사장으로 근무하던 시절 중국인이 운영하는 화랑에서 판교板橋 정섭鄭燮의 대련對聯 작품을 만났다. 나는 그 작품을 보는 순간 마치 벼락이라도 맞은 듯 온몸에 어떤 떨림을 느꼈고, 그때까지와는 다른 차원에서 서예를 볼 수 있었다. 이때부터 나는 정판교와 추사에 관한 책과 논문을 힘이 닿는 데까지 구해 읽으며 공부했다. 그렇게 정판교의 작품을 감상하고 연구하면서 추사 김정희를 차츰 더 잘 알고 이해할 수 있게 되었다.

우리 국민 누구나 잘 알고 있는 추사 김정희는 역사상 가장 뛰어난 서예가로 당대에 이미 국제적으로 인정받았다. 그가 남긴 '추사체'는 일반인들에게도 널리 알려져 상식이 되었다. 그러나 우리나라 사람들 대부분, 특히 젊은 세대들은 추사의 삶과 예술, 추사체가 갖는 예술적 가치나 의미는 잘 모르는 것 같아 안타깝다. 또한 추사 작품의 영인본이나 모조품, 서화집 하나라도 가까이에 두고 즐기는 사람이 거의 없는 것이 현실이다.

아울러 추사 김정희까지만 알고 우리나라의 근현대 서예가들은 잘 알지 못한 점도 항상 아쉬움으로 남았다. 이러한 마음에서 나는 추사 외에도 그를 전후한 서예가 여섯 명의 삶과 작품을 이 한 권의 책에 담았다. 내가 평소 좋아하고 흠모한 일곱 서예가들의 작품들을 싣고 설명을 더하여 읽는 사람들이 쉽게 서예를 이해할 수 있도록 애썼다. 그리고 젊은 세대들에게 서예에 관한 관심을 다시 불러일으키기 위해 서예의 역사와 예술성, 감상법에 관한 아주 기본적인 사항을 일러주고도 싶었다.

이 책을 쓰면서 나는 일종의 사명감 같은 것을 느꼈다. 우리나라에는 뛰어난 서예가와 서예 작품은 많으나 요즈음의 젊은 세대를 위해 서예 읽기의 즐거움을 친절하게 설명해주는 책은 흔치 않은 듯하다. 물론 역량을 갖춘 중견 서예가들은 많이 있으나, 대부분 우리나라 서예계의 고질적 풍토인 이른바 문벌주의에 묶여 자유롭고 객관적인 글쓰기를 꺼리는 것이다.

나는 전문 서예가도 아니고, 서예를 전공한 사람도 아니다. 그저 서예를 사랑해 온 한 은퇴한 서생書生일 뿐이다. 그렇기에 오히려 누구보다도 자유롭고 객관적인 입장에서 서예에 관한 글을 쓸 수 있다고 생각했다.

이 책을 통해 만나는 일곱 명의 서예가는 매우 독특한 개성과 예술적 세계를 추구한 사람들이다. 물론 이분들 외에도 훌륭한 서예가는 많이 있다. 현재에도 많은 서예가들이 부단한 작품활동을 하고 있다. 그러나 나는 직접 만나 지도를 받아 볼 기회가 있었거나, 전시회를 통해 진품을 감상할 수 있었거나, 혹은 이미 서예계에서 인정받았다고 생각되는 서예가들의 이야기를 이 책에 담았다.

마지막으로 일반 독자들이 쉽게 읽을 수 있도록 일부 인용된 내용들이 나올 때마다 그 출처를 일일이 밝히지 않았다. 다만 좀더 깊이 읽기를 원하는 분들을 위해 참고한 책과 논문의 목록을 책의 말미에 실었다. 이 책을 쓰는 일이 가능하게 한 참고문헌과 논문을 쓴 모든 분들의 노고에 이 자리를 빌려 감사드린다.

나는 서예가 점점 일반인들의 관심에서 멀어져 일부 전문 서예가들만의 전유물로 고립되는 현실이 안타깝다. 부디 이 책이 일반 독자들, 특히 젊은 세대들에게 서예에 관한 이해를 도와 서예를 사랑하게 되는 기회와 동기가 되었으면 하는 바람이다.

춘천에서 안마산을 마주 보며 2007년을 보내며

임지헌臨池軒 주인 거량居亮 김종헌金鍾憲

차례

서문 5

프롤로그 12

1부 서예를 배우다 — 서예의 아름다움은 어디에서 오는가

영혼을 불어넣은 글씨, 일필휘지 기운생동 18

인고의 열매 점과 선 26

여백의 미, 빈 공간도 글씨이자 그림 32

선비의 이상세계, 시서화 삼절과 예술의 완성 40

선비의 살아 있는 글씨와 죽은 글씨 46

글씨 속에 깃든 음과 양 54

사방 한치의 공간에 담긴 우주, 전각 62

읽고 가기 – 서예 관련 용어들 66

2부 서예를 만나다 — 근대 서예의 최고봉 판교 정섭과 추사 김정희

전통의 틀을 깬 중국 최초의 전위적 민중 작가, 판교 정섭 82

고독한 선비정신이 빚은 삼절의 경지, 추사 김정희 110

읽고 가기 – 역사로 보는 서예 166

3부 대가를 만나다 — 근현대 한국 서예가 5인 열전
　　애국심과 인격이 배어난 혼의 글씨, 도마 안중근　186
　　그림이 된 글씨, 소전 손재형　198
　　오른손으로 붓을 못 잡으면 왼손으로라도 잡자, 검여 유희강　212
　　탈속한 도인의 천진난만한 즐거운 글씨, 소지도인 강창원　246
　　추사를 뛰어넘으려는 이 시대 마지막 선비의 외로운 길, 송천 정하건　272

에필로그　308
참고문헌　314
찾아보기　320

⊙ 프롤로그

한국인의 피에는 서예의 맥이 흐른다

동양 사람들은 예로부터 글씨와 글쓰기를 숭상하였다. 사람을 판단할 때에도 신언서판身言書判이라 하여 사람의 언행과 함께 글씨의 솜씨를 중요하게 생각하였다. 심정즉필정心正卽筆正이란 옛말에서 알수 있듯 바른 마음에서 바른 글씨가 나오기 때문이다.

또한 서여기인書如其人이라 하여 글씨는 그 사람과 같다고 생각하였다. 글씨를 통하여 사람의 성격과 정서, 지식과 학문, 뜻과 재능, 나아가 이 모두를 아우른 인격人格을 판단할 수 있기 때문이다. 컴퓨터가 보급되기 이전에는 회사에 입사를 하려면 꼭 본인이 쓴 '자필이력서自筆履歷書'를 제출해야 했다. 그 사람의 필적筆蹟, 즉 손수 쓴 글씨의 형태를 보고 사람됨을 판단하기 위해서였다.

서예는 글씨를 아름답게 쓰는 예술로서 단순히 기록하고 의사를 전달하는 것 이상의 기능을 가지고 있다. 특히 우리나라를 비롯한 중국과 일본 등 한자漢字 문화권에서는 매우 중요한 예술의 한 장르로서 일상생활에 깊이 침투해 있다.

우리 조상들의 생활에도 서예가 중요한 자리를 차지하였다. 조상들은 글씨를 써서 대문에 붙여 귀신을 쫓아내기도 하였고, 비석에 새겨 역사의 기록을 남기기도 하였다. 또한 부적으로 만들어 소망이 이루어지기를 간절히 기도하기도 하였으며, 도장을 파서 자신의 신분을 증명하기도 하였다. 조상들이 살았던 한옥의 기둥에는 으레 기둥마다 주련柱聯이란 것을 붙였다. 주련의 글들은 대부분 유명한 시구詩句들이나 격언格言들로서 유명한 서예가의 글씨를 받아 서각書刻(나무에 조각)하여 붙였다. 사찰의 건물 기둥에도 당대의 명필이나 고승들이 쓴 불경의 문구들을 판각板刻(나무판에 새김)하여 붙였다. 또한 정자나 공공 건축물에는 으레 이름을 쓴 현판懸板을 붙이고, 안에는 이 곳을 찾았던 선비나 시인묵객詩人墨客들이 찾아와 느끼고 지은 시들을 판각하여 붙였다. 어디 그뿐인가? 집 안에도 가훈이나 처세훈 등을 써서 액자나 족자로 붙였으며, 글씨를 쓴 병풍을 잔치를 하거나 제사를 올릴 때마다 꺼내어 둘렀다. 또한 절기에 맞추어 대문에 입춘방立春榜(입춘 때 대문이나 문지방에 써 붙이는 글귀 등)을 써서 붙였다.

최근 우리나라에서 첨단을 걷고 있는 회사들의 광고를 보아도 서예를 모티브로 한 것을 심심치 않게 볼 수 있다. 이런 광고가 만들어지는 이유는 선과 점의 예술인 서예가 지닌 품격 높은 예술성이 고급 제품의 광고나 기업이념에 잘 어울리기 때문이다. 또한 서예는 기업이 지향하는 목표나 이상, 상품의 내용과 이미지를 고급스럽게 담을 수 있는 훌륭한 표현 수단이기 때문이다. 컴퓨터로 글을 쓰는 작업이 일반화된 요즘, 다른 한편으로는 이렇듯 시각적인 변화와 조형미를 더욱 추구하고 있는 것이다. 이러한 기대와 요구에 부응하는 가장 좋은 방법은 우리의 전통에 바탕을 둔 서체를 활용하여 새로운 서체를 개발하는 것이다.

나는 언젠가 TV에서 그래픽 디자이너들이 책의 표지나 영화의 광고 포스터를 제작하면서, 제목을 쓰기 위하여 새로운 서체의 개발에 애쓰는 것을 보았다. 한 젊은 디자이너는 천으로 싼 나무가지들에 먹을 묻혀 글씨를 쓰기도 하였다. 나는 이러한 시도들의 바탕에는 서예의 아름다움에 대한 기본적인 욕구가 있다고 생각한다.

나는 모든 인간은 아름다움에 대한 미적 동경과 지향을 가지고 있다고 생각한다. 따라서 예술적으로 글씨를 쓰는 서예가들이 좀더 현실적인 방법으로 젊은 세대를 포함한 일반 국민들에게 한 걸음 다가가, 한국 사람들이 가진 서예에 대한 기본적인 향수 내지 그리움을 다시 일깨울 수만 있다면 서예의 앞날은 밝다고 생각한다. 왜냐하면 아직도 한국인의 피에는 서예의 맥이 흐르고 있기 때문이다.

나는 매년 해가 바뀌면 부적을 새해 선물로 받고 있다. 어머님이 꼬박꼬박 우리 가족과 집안의 안녕을 기원하는 뜻에서 안택부安宅符를 보내주신다. 단지 부적이 과학문명이 고도로 발달된 현대인의 생활 속에도 효험이 있다고 생각되는 것은 문자가 갖는 주술적 상징성과 영적인 요소를 믿는 동양인의 마음이 아직도 남아 있기 때문이다.

나는 십여 년 전 광주광역시에 고서를 사러갔다가, 골동품 가게에서 부적이 새겨진 돌도장을 하나 발견하여 샀다. 이 부적에는 "평일平日"이라는 예서체의 글씨와 함께 촛불과 같은 모습도 들어있고, 날일[日字]도 두 개가 새겨져 있는데, 전체적으로는 집 두 채의 모양을 그린 듯 하다. 아마도 집안의 평안과 화목을 기원하는 안택부가 아닌가 한다.

  우아하게 새겨진 부적 전각을 연말연시에 일가 친척이나 친구들에게 보내는 카드에 찍었다. 또는 카페 'Peace of Mind: 마음의 평화'를 찾아 오시는 분들께 "평화로운 날: Peaceful Day"를 기원하는 의미로 내가 쓴 책에 저자 서명과 함께 찍어드렸다. 모두들 이 붉은 부적을 받으시면 재미있어하고 좋아들 하였다. 우리나라 사람들은 아직도 이렇게 문자가 갖고 있는 신령神靈한 힘을 아직도 믿고 있는 것이다.

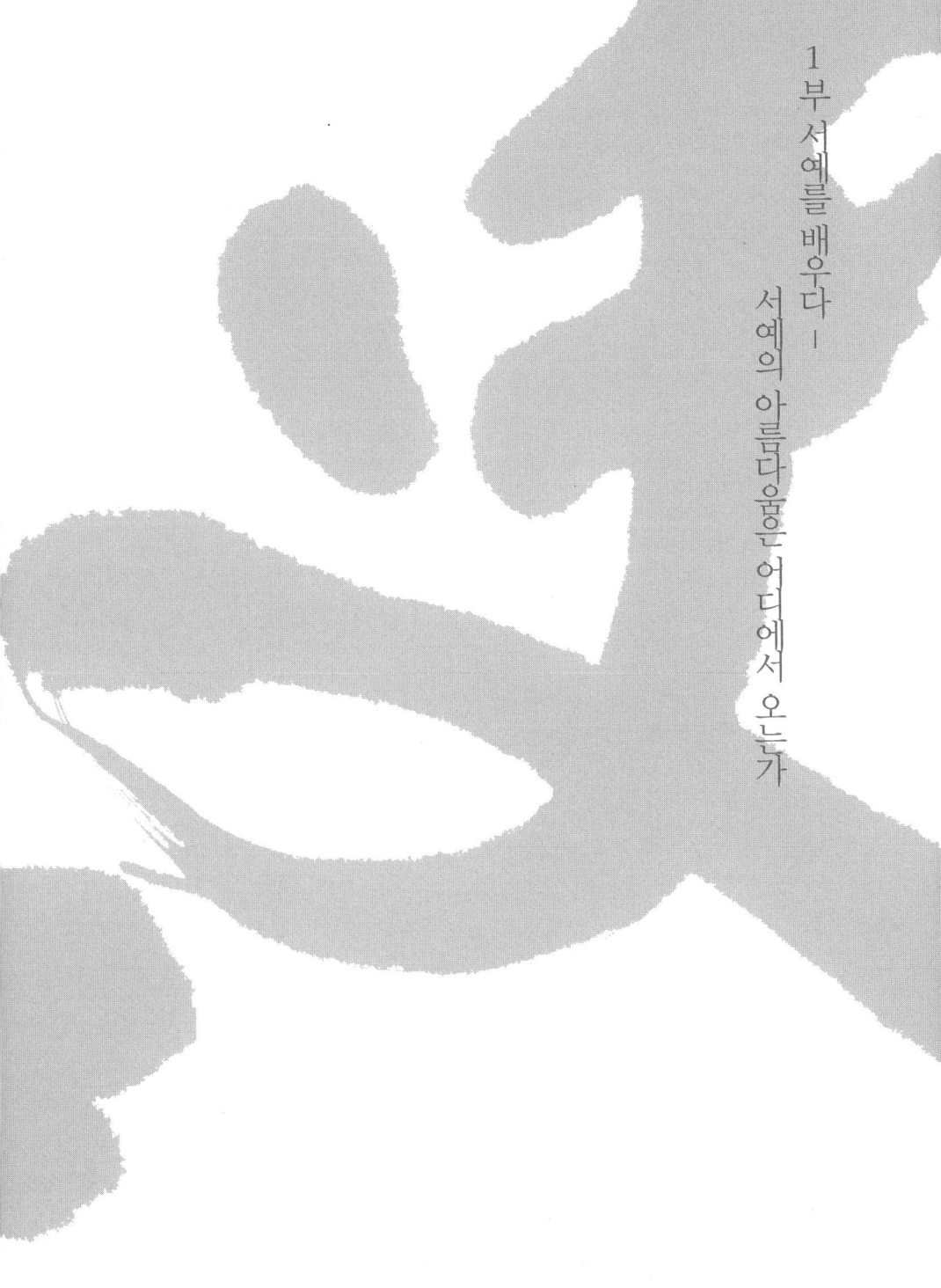

1부 서예를 배우다 ─

서예의 아름다움은 어디에서 오는가

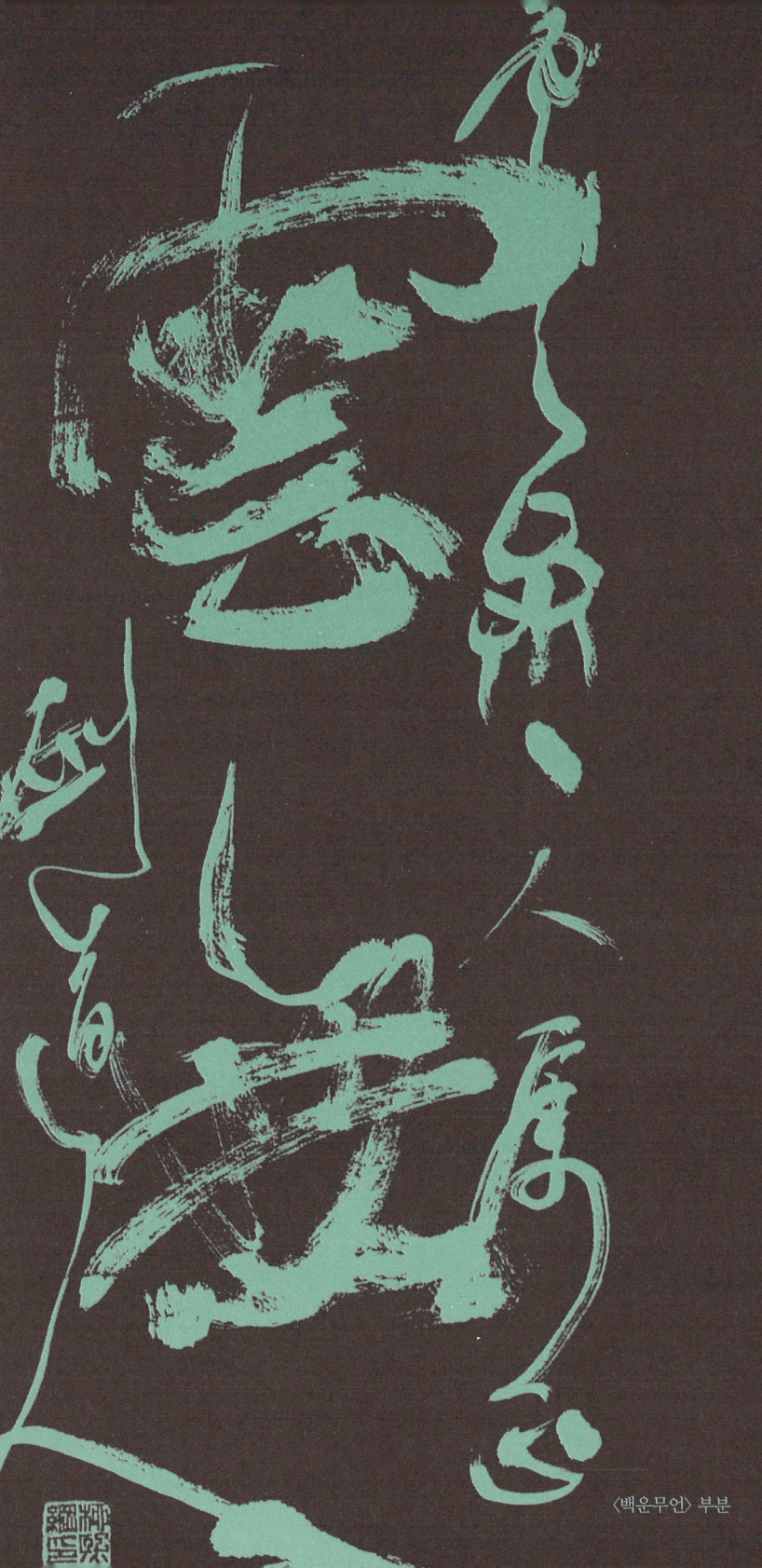

〈백운무언〉 부분

01

글씨가 기록을 위한 실용적인 목적으로 쓰일 때는 정확하고 빠르게 쓰는 것이 중요하였다. 즉 빨리 쓰되 정확하게 적어 잘 읽고 이해할 수 있게 하는 것이 중요하였다. 그러나 서예가 단순한 기록의 수단을 넘어 예술의 한 분야로 자리를 잡자, 사대부를 중심으로 서예의 형태미와 율동미에 더하여 운치까지 추구하는 경향이 나타나기 시작하였다. 최고의 지식과 학문을 갖춘 유식한 관리와 지식인들을 중심으로 한 이런 예술적 추구는 역사와 더불어 심화되었다. 또한 단순히 형태미만을 추구하지 않고 글씨에 정신적 요소들까지도 불어넣음으로써 더욱 격조 있는 예술로 발전할 수 있었다. 나아가 글의 내용까지도 중요하게 생각하는 서예는 글과 글씨를 쓴 사람의 정신과 사상,

인품과 인격이 다함께 드러나는 전인격적 표현수단이 되었다. 마침내 서예는 기록과 여기餘技의 단계를 넘어 하나의 완전한 예술로 발전한 것이다. 그러면 서예의 예술적 아름다움은 어디에서 나오는 것일까?

서예의 초기 단계에는 한 글자 한 글자를 우아하고 균형 있게 쓰려 노력하였다. 즉 균제미均齊美를 추구하였다. 그러나 행서나 초서와 같이 붓의 움직임이 빠르고 획이 단순하며 흐름이 있는 서체의 글씨가 나오자 생생한 율동미도 더불어 추구하게 되었다. 정적인 아름다움만이 아니라 동적인 아름다움도 함께 추구하게 된 것이다. 나아가 글씨에 주술적 · 정신적 요소를 불어넣기 시작하면서, 점과 획, 행과 면의 구성과 전개에 정신적 추상미를 더하게 되었다. 결국 서예가 추구하는 아름다움은 한마디로 '일필휘지一筆揮之'와 '기운생동氣韻生動'이라는 표현으로 함축될 수 있다.

천천히 휘두르는 칼은 연한 무도 자르지 못한다. 단숨에 정확한 각도로 휘두르는 칼만이 물건을 바르게 자를 수 있다. 붓도 마찬가지다. 꾸물거리며 굼뜬 붓의 놀림으로는 살아 있는 획과 바르고 생동감 있는 선을 내지 못하고 뭉개버린다. 이런 까닭에 현대 서예계의 거장 유희강은 자신의 아호를 '검여劍如'(칼과 같이)라고 정했는지도 모른다. 그는 칼과 같은 예리함과 준엄함을 글씨에 담으려 하였다.

서예는 검도와 마찬가지로 정신을 집중해 순간적으로 빠르고 능숙한 운필運筆을 보일 때 비로소 보다 좋은 획의 글씨를 쓸 수 있다. 붓의 움직임이 아주 빠를 때에는 먹물이 종이에 제대로 묻을 겨를도 없게 된다. 이때 '비백飛白'이라는 현상이 나타난다. 종이에 붓을 대고 순간 날아가듯 일필휘지할 때 획의 일부분에 먹물이 묻지 않은 흰 부분이 자연스럽게 표현되는 것이다. 비백도 아름다운 서예 예술의 한 요소다.

서예는 지극히 자유롭고 다양한 점과 선의 예술이다. 서예에서는 선의 움직임으로 기세와 율동미를 표현한다. 이때 선은 음과 양이라는 기氣가 서로 작용하여 쓰는 글자와 문장에 내재된 생명의 운동과 변화, 기세를 표현한다. 따라서 서예에서 선은 정태적이고 규격적인

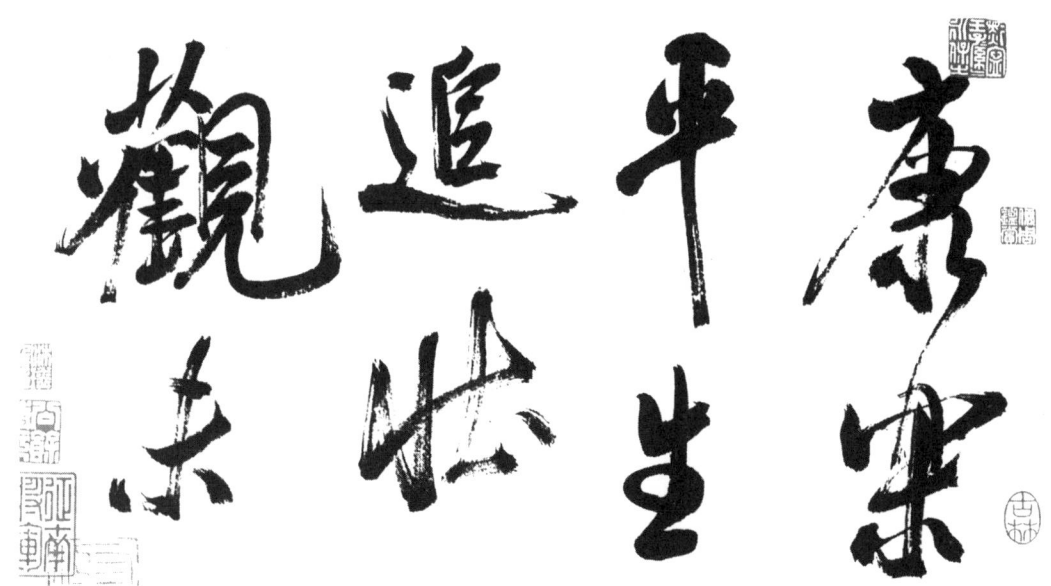

미불(송), 〈다경루시多景樓詩〉 부분, 행초서, 32.3×53.5cm
중국 송나라 시서화 삼절 미불米芾의 작품으로, 운필의 속도와 비백의 아름다움을 잘 느낄 수 있다.

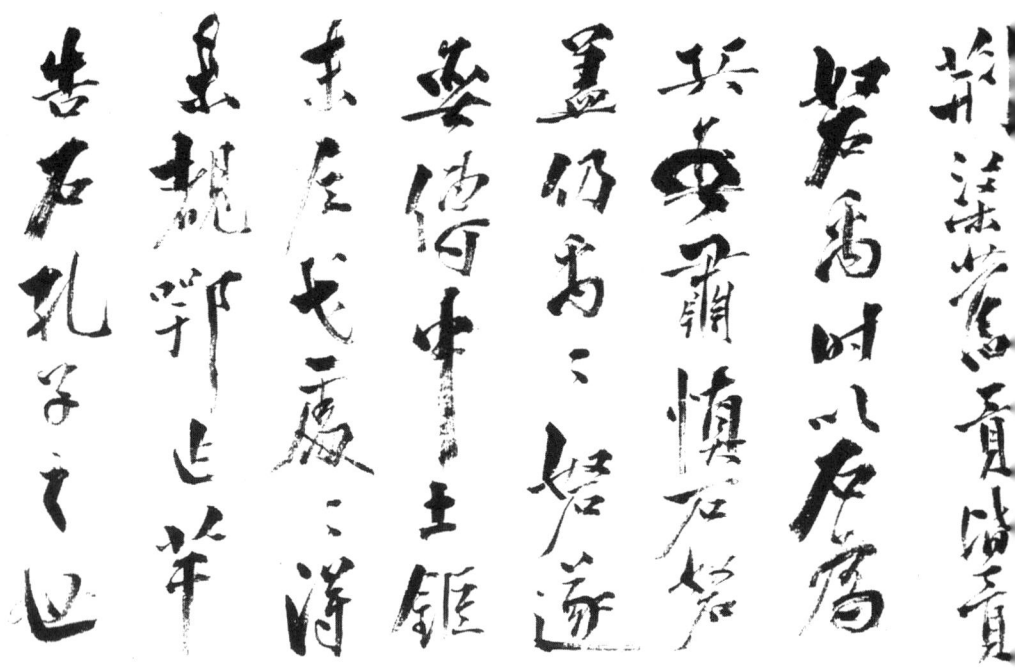

김정희, 〈석노가(石砮歌)〉 부분, 행서, 종이에 먹, 32.2×340.5cm, 호암미술관 소장

추사 김정희도 뛰어난 일필휘지로 자연스러운 비백이 잘 나타난 글씨를 썼다. 작품에서 보듯 그는 일필휘지하는 가운데 자연스럽게 쓰여진 다양한 필선과 아울러 여러 가지 획의 변화를 잘 구사하여 율동미가 살아나는 기운생동하는 글씨를 썼다.

형식의 틀에 머물지 않고, 작품 전체를 통해 살아 숨쉬고 생생하게 흐르며 관통하는 것이어야 한다. 먹물을 붓에 묻혀 쓰고 그리는 점과 선은 먹물의 진하고 엷음, 붓의 움직임의 빠른 달림과 느린 흐름, 그리고 멈춤을 통하여 마음의 움직임과 생명의 약동을 생동감 있게 표현하는 것이다.

활달한 점과 선을 내기 위하여는 먼저 마음이 무겁지 않아야 한다. 이는 결코 가벼운 마음을 가지라는 뜻이 아니라 차분한 가운데 정신을 집중하고 즐거운 마음을 가지라는 뜻이다. 이런 명랑한 마음에서 활달한 점과 선이 나타나기 때문이다. 마치 선승禪僧이 참선과 정진에 힘쓰다 한순간 득도하듯, 서예가는 정신을 집중하여 꾸준히 공부를 한 끝에 한순간 화선지 위에 활발하고 명쾌한 점과 선을 그리고 써내야 한다.

먹물은 종이에 닿는 순간 먹물의 번짐으로 인한 발묵潑墨이라는 독특한 효과를 낸다. 그렇기 때문에 두 번, 세 번 붓질을 더하는 가필加筆을 하면 앞서 만든 점·선·면과 겹쳐지면서 본래의 모습과 효과가 사라진다. 아울러 붓의 첫 움직임이 만들어낸 형태와 속도와 농담濃淡을 잃게 되고 발묵의 효과는 사라진다. 즉 서예는 회화와 달리 이른바 '개칠'이라고 하는 재필再筆이나 보필補筆 또는 가필加筆을 금기禁忌로 여긴다.

따라서 서예에서는 붓을 종이에 대는 순간 단 한 번에 그리고 써야 예술적 가치가 살아난다. 그래서 서예가는 용필묵用筆墨(먹을 묻힌 붓의 쓰임새)에 정신을 집중하고 운필運筆에 신중하여야 한다. 즉 일필휘지가 되지 않으면 운필의 자연스러운 멋과 맛, 흥과 재미를 드러낼

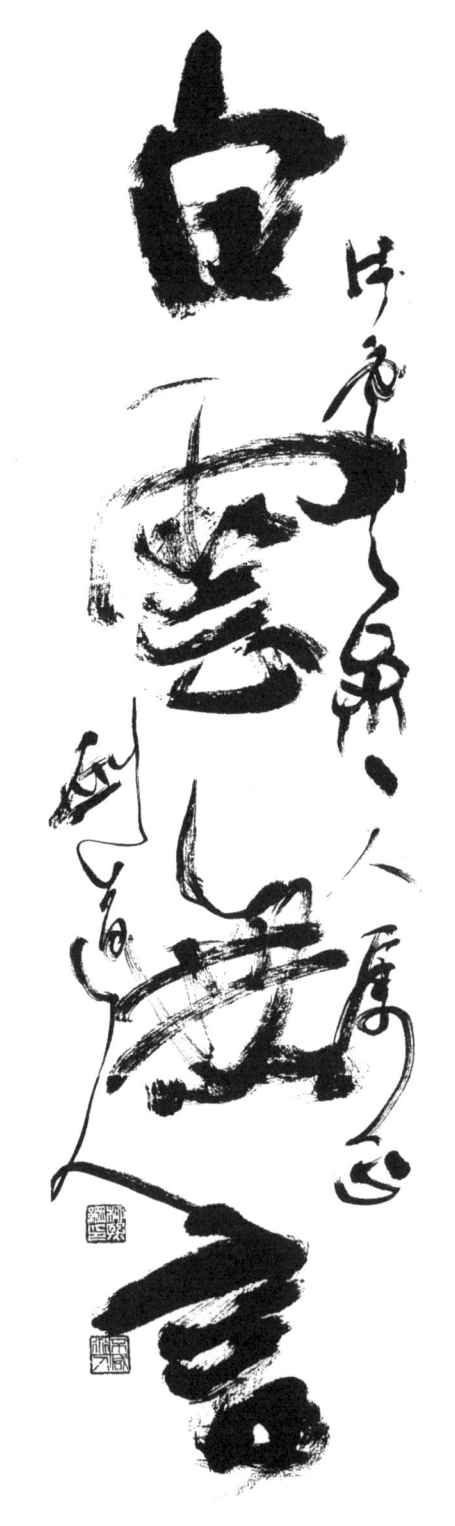

수 없다. 이런 일필휘지의 필법을 통하여 쓰고 그리는 서예와 문인화에서는 예술가의 경지, 즉 예술가가 도달한 정신세계와 기량이 붓을 종이에 데는 바로 그 순간에 일회적으로 한꺼번에 드러난다고 할 수 있다. 일필휘지 기운생동은 서예와 문인화의 처음이자 끝이다. 그리고 이는 현대 행위예술이 추구하는 정신과도 닮았다고 생각한다.

일필휘지하여 기운생동하는 작품을 내기 위해 예술가는 평소 수없이 많은 연습과 심신 단련을 해야 한다. 오랜 기간 연구와 연습을 통하여 내공을 쌓은 다음에야 한순간에 표출되는 필획이 나오기 때문이다. 일필의 뒤에는 천필, 만필의 붓놀림이 숨어 있으며 작가의 치열한 예술 정신과 수양이 배어 있는 것이다. 이런 까닭에 예로부터 글씨와 그림은 손끝 재주에서 나오는 것이 아니라, 예술가의 맑고 높은 마음과 정서에서 비롯된다고 여겼다. 일필휘지의 훌륭한 작품을 대하게 되면 작품에 대한 감탄은 물론이요, 작가를 향해 존경의 마음이 이는 것도 이런 까닭이다.

유희강, 〈백운무언白雲無言〉, 1966, 종이에 먹, 77.8×17.4cm, 조진형 소장
검여 유희강이 비백의 아름다움을 표현하기 위하여 작품 구상 처음부터 의도적으로 비백의 기법을 이용하여 쓴 작품이다. 이 작품에서 그는 자신의 운필 속도와 필력을 이 기법을 통하여 유감없이 발휘하고 있다.

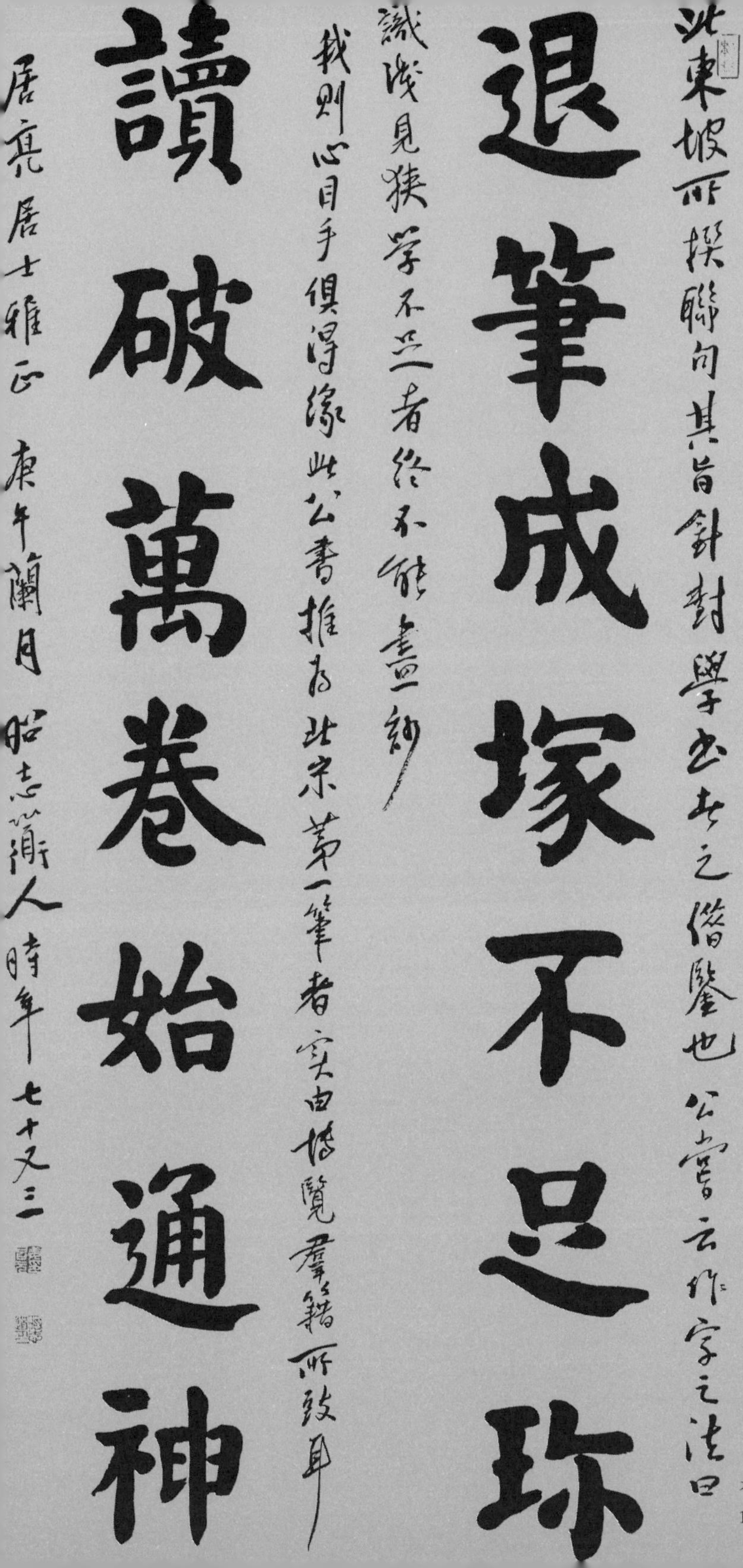

北東坡所撰聯句其旨針對學必古之偕鑒也公嘗云作字之法曰

識淺見狹學不足三者終不能盡妙

我則心目手俱得緣此公書推為北宋第一筆者實由博覽群籍所致耳

退筆成塚不足珎

讀破萬卷始通神

居亮居士雅正 庚午蘭月 昭志蘚人 時年七十又三

강창원, 〈소동파련구〉, 1990
137×34.5cm, 김종헌 소장

　서예에는 예로부터 내려오는 필법筆法이 있다. 훌륭한 서예가가 되기 위하여는 이런 정통적이고, 전통적인 바른 필법을 먼저 익히고 통달하여야 한다. 이를 위하여 서예가는 첫 단계로 위대한 서예가가 남긴 유명한 글씨들을 모범으로 삼아 수없이 반복하고 모방한다. 이를 임서臨書라 한다. 다시 말해 임서의 과정은 글씨 한자 한자의 모양과 특징을 손에 익혀가며 머리에 각인시키는 일이다.

　붓글씨를 지도하는 선생이 법첩法帖의 글씨를 시범적으로 써서 주면, 제자는 이 체본體本에 쓰인 글씨를 모방하여 쓴다. 처음에는 필획과 결구의 형태를 따라 쓰다가, 어느 정도의 수준에 이르면 글씨에 담긴 서예가의 필의筆意까지도 생각하면서 쓴다. 즉 작품의 전체적 구도며 숨은 예술적 뜻까지 살펴 쓰는 단계에 이른다. 그리고 작가가 표현하려 하였던 의도를 파악하고 포착하여 써본다. 이 단계를 의임意臨이라고 한다.

추사는 칠십 평생 벼루 열 개와 붓 일천 자루를 모두 닳아 없앴다고 한다. 열 개의 벼루가 닳아 없어지고, 일천 자루의 붓이 헤어질 정도로 열심히 임서하고 연구하였음을 뜻한다. 또한 추사는 서예가란 모름지기 팔뚝 아래에 삼백 아홉 개의 옛 비문 글씨를 완전히 익혀 간직하고 있어야 한다고 했다. 즉 옛 사람들이 남긴 훌륭한 글씨체 삼백 아홉 가지를 임서하여 익히고 배워야만, 마침내 자신의 글씨를 쓸 수 있다고 하였다. 중국 송나라 때 시인 소동파는 이런 과정을 다음과 같이 말했다.

退筆成塚不足珍　　쓰다 버린 붓이 무덤같이 수북이 쌓여도 하나도 진기한 일이 아니며
讀破萬卷始通神　　만 권의 책을 읽어야 비로소 신과 통할 수 있다.

옛 서예가들이 얼마나 열심히 글씨 공부를 하였는지 알 수 있는 글이다. 이와 같은 배움의 과정을 거친 소지도인 강창원 선생은 나에게 글씨를 열심히 쓰라고 격려하는 뜻에서 이 대구對句를 써 주셨다. 그리고 소동파의 고사를 협서脇書로 본문 옆에 따로 글을 지어 써 넣었다. 사랑하는 제자에게 글씨 공부를 독려하는 마음과 고인들의 공부 자세를 흠모하는 마음을 잘 읽을 수 있는 작품이다.

임서를 열심히 한 후에야 창의적 글자의 형태와 필획의 묘미를 낼 수 있는 창작의 단계에 이를 수 있다. 이 단계에 이르기까지는 무수한 인고의 세월이 필요하다. 고전을 두루 섭렵하여 공부하고 자기 나름의 글씨가 무르익어 창의적인 글씨를 쓸 수 있게 되면 자기만의 서체를 일필휘지할 수 있는 경지에 이를 수 있는 것이다.

이렇게 볼 때 서예란 글씨를 통하여 자연의 섭리를 깨우친 인간이, 글씨에 자신의 정신적 이념미까지 더하고 조화시켜 만들어내는 매우 품격 높은 예술이라고 할 수 있다. 따라서 서예 공부의 과정은 자연과 정신을 스스로 체득하여 아름다움으로 형상화하는 과정이라고 할 수 있다. 이런 자연의 섭리와 인간의 깨침이 하나의 글씨 속에서 조화를 이루는 서예는 고도의 정신적인 예술 행위로서 순수한 자기 수양의 방편이기도 하다. 서예가 비교적 쉽게 입문할 수 있으나, 배우면 배울수록 어렵게 느껴지는 이유가 여기에 있다고 할 수 있다.

몇 년 전 강창원 선생은 내게 또 다른 작품을 보내주었다.

志于道	도에 뜻을 두고
據于德	덕에 근거하며
依于仁	인에 의지하며
游于藝	예술에 노닌다

이는 《논어》 술이편에 나오는 글로 서예가와 선비들이 살았던 삶의 자세를 잘 보여준다. 공자孔子는 도덕만 강조한 것이 아니라, 예술 안에서 노니는 예술의 중요함도 역설한 것이다. 나는 소지도인 강창

원 선생의 정성과 사랑이 듬뿍 들어 있는 이 작품을 서재에 걸어놓고, 늘 뜻을 새기며 서예를 통하여 이와 같은 선비의 삶을 살려고 애쓰고 있다.

중국의 서예사를 살펴보면 서성書聖이라고까지 불린 왕희지는 고상한 운치가 감돌고 생동하는 신운神韻을 불어넣은 새로운 글씨를 썼다. 구양순은 나아가 법法을 불어넣어 글씨를 완성하였다. 뒤이어 소동파는 의意를 불어넣어 활달한 기상의 글씨를 썼다. 조맹부와 동기창과 같은 서예가는 새로운 태態(형태미)의 경지를 열어 보였다. 청나라의 정판교는 괴怪를 불어넣었다. 모두 옛사람들의 고전에서 새것을 찾아내는 입고출신入古出新의 정신으로 자신만의 서체를 창조하였다.

서예가 어려운 까닭이 여기에 있다. 아무리 임서를 잘하여도 마지막에는 자기만의 개성이 살아 있는 창조적 글씨를 써야 하는 것이다. 이것이 서예가로서 자신의 예술을 완성하는 단계이다. 끊임없는 노력에 이어 새로운 발상과 구성, 심미안이 없이는 이룰 수 없는 경지인 것이다.

입고출신의 정신에 가장 투철한 서예가는 추사 김정희다. 그는 이른바 추사체라는 독보적 경지를 이루었다. 옛사람들의 글에 숨은 장점을 모두 모아 하나의 새로운 조형미를 만들어낸 것이다. 오랜 인고의 세월을 거치며 연습과 연구와 수양으로 다듬어낸 추사 김정희의 끊임없는 노력의 결과다.

志于道攄于德

依于仁游于藝

金辰亮德翰齋主人

憶乙丑昇雪擇德翰齋寫之後歲月如矢今值丁丑巳十二年過矣不免感慨也 傘翁姉志澈人

강창원, 〈유어예遊於藝〉, 1985, 27×11cm
김종헌 소장

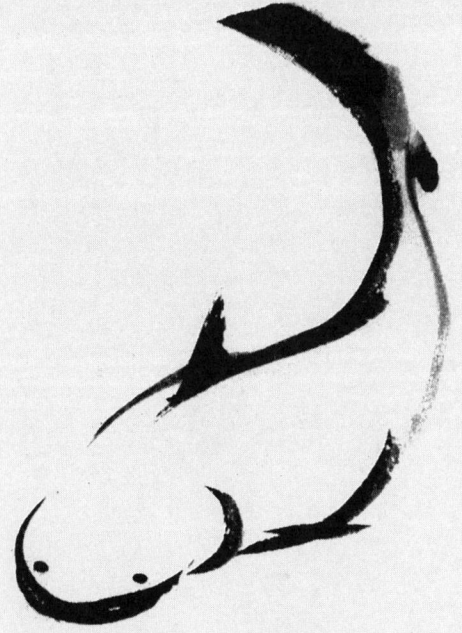

〈잡화책지팔〉 부분

여백의 미

빈 공간도 글씨이자 그림

서예와 문인화, 동양화에서 중요시 하는 미적 요소들 가운데 여백 餘白이라는 것이 있다. 여백의 사전적 의미는 '그림이나 글씨 이외의 빈 부분'을 말한다. 그런데 이 여백이라는 것은 서예와 문인화, 동양 화에는 단지 '비어있는 공간' 이상의 의미를 갖는다.

서예가가 흰 화선지를 펼쳐놓았을 때에는 하나의 흰 공간이 있을 뿐이다. 그러나 서예가가 붓을 들고 먹을 찍어 점과 획을 긋는 순간, 종이 위에는 흑과 백으로 나뉘면서 새로운 공간이 탄생한다. 계속하 여 점과 획을 더해감에 따라 흑과 백의 공간이 나뉘고 형성되어 새로 운 구성과 구도가 탄생하는 것이다. 이때 붓으로 쓰여지는 검은 점과 선은 흰 바탕을 배경으로 점과 점 사이에, 점과 획 사이에 또는 획과 획 사이에 서로 필력筆力과 운필의 흐름을 따라 옮겨가는 기氣를 주고 받으며, 네모난 공간 안에 점과 선이 조합된 하나의 글자가 쓰여진다. 하나의 글자를 쓰고 나면 이어 다른 글자를 쓰게 된다. 이때 먼저 쓴 글자와 이어 쓴 글자의 사이에 서로 힘과 기를 주고 받으며 새로운 공간이 형성되는 것이다. 이렇게 써 나가다 보면 한 줄의 행行이나 열列의 글씨가 쓰여지며, 행과 열 사이에도 역시 서로 힘과 기를 주고 받으며 또 다른 새로운 공간이 형성된다.

붓으로 쓰고 그려내는 공간만이 서예가의 힘과 기운이 흐르는 공간이 아니다. 먹물이 묻지 않는 흰 공간에도 보이지는 않지만 힘과 기운의 흐름이 존재하여 연결되는 것이다. 따라서 여백은 텅 빈 공간이 아니라 기가 충만하고 흐르는 공간으로 존재하는 것이다. 이렇듯 형태가 있는 먹물의 흔적과 흐름이 형상화되면서, 동시에 형태가 없는 기가 여백에 흘러 들어가 가득 차게 된다. 즉 음양의 운동이 형태와 여백 모두에서 동시에 표현되는 것이다. 서예와 문인화에서는 여백이 없으면 뜻의 경지가 나올 수 있는 공간이 없게 되고, 화면의 전체를 통하여 흐르는 기맥도 막히게 된다. 다시 말하면 기운의 관통이 불가능하게 되는 것이다.

여백의 미를 강조하는 동양화는 달을 직접 그리지 않고 주변에 구름을 그려 마치 달이 있는 것처럼 보이게 하듯 무無에서 유有를 느낄 수 있다. 여백을 살리는 기법은 서예에서도 중요하다. 서예와 문인화의 여백은 무의미한 텅 빈 공간이 아니다. 비어 있어 오히려 글씨가 쓰인 공간을 보완하며 한 요소로 남는 것이다. 서예가와 문인화가는 이 여백을 감상자가 자신의 감상을 채우는 자리로 남겨두는 것이다.

여기서 추사 김정희의 〈세한도歲寒圖〉에 표현된 여백의 미를 살펴보자.
추사는 화폭에 단지 집 한 채와 네 그루의 나무만을 간결한 필치로
그렸다. 이 그림에서 추사는 멀리 제주도에 떨어져 귀양살이를 하고
있는 자신의 처지를 홀로 있는 외딴집으로 그렸다. 그리고 사제師弟
사이의 변치 않는 의리를 한 겨울 추위 속에서도 늘 푸른 소나무와
잣나무로 표현하였다. 그리고 눈 덮인 나지막한 언덕 너머는 모두 여
백이다. 여기서 추사가 만든 여백은 '없음'의 빈 공간이 아니라 '절

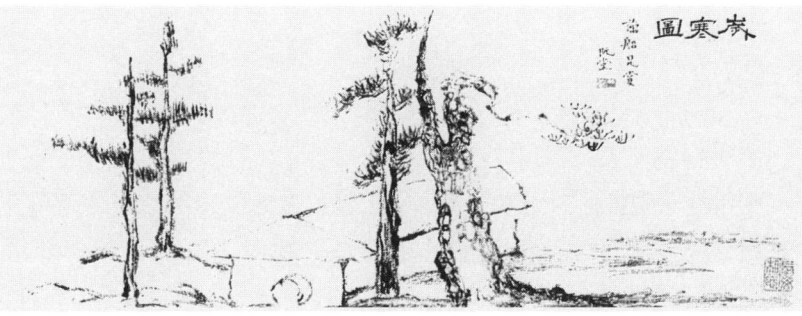

김정희, 〈세한도〉

제'된 중용中庸과 침묵의 공간이다. 추사는 이 그림을 보는 이가 여
백으로 들어와 자신과 함께 이심전심以心傳心의 뜻과 여운을 느끼기
를 고대하여 남긴 듯하다.
이번에는 검여 유희강이 1960년에 그린 초기의 채색 동양화를 보
자. 이 그림은 가깝게 선 소나무 한 그루와 멀리 원두막 같은 집 한 채
가 들어선 모습을 원근으로 나타내고 있다. 그리고 나머지 부분은 모
두 여백으로 처리하여 무한공간으로 표현했다. 오직 소나무와 집 사

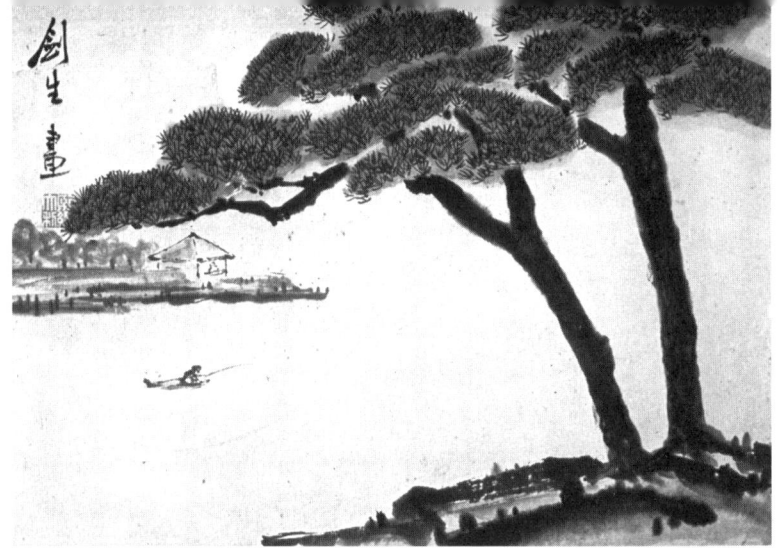

유희강, 〈산수화山水畵〉, 1960, 27×37cm, 동양표구사 소장

이의 강 또는 호수에 작은 배를 타고 낚시질을 하는 사람을 그려 넣어 선비가 동경하는 자연 속 일탈逸脫한 삶을 표현하였다. 그러나 검여가 이 그림으로 전하려는 진정한 메시지는 무한공간이 주는 마음의 확장성과 고요함이 아닌가 생각한다. 그리고 이 확장된 마음과 고요는 감상자가 여백에 스스로 채워 넣어야 하는 이미지와 상상의 세계인 것이다.

　서예와 그림에 뛰어났던 불교의 선승들도 종교적 깨달음의 경지를 그림으로 그리면서 여백을 중시하는 선화禪畵들을 많이 남겼다.

　중국 남송시대의 선승 법상목계法常牧谿가 그린 〈육시도六枾圖〉를 보자. 오직 감 여섯 개만을 먹물의 농담과 모양을 서로 다르게 하여 그렸다. 감들을 그림의 아래쪽에 교묘하게 배치한 이 수묵水墨 정물화는 참선의 침묵만큼이나 조용하고 안정된 마음속 세계의 신비감神秘感을 잘 표현하고 있다. 오히려 여백은 말할 수 없는 충만감을 더해주고 있다.

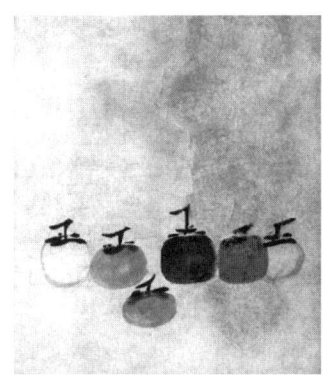

법상목계法常牧谿(남송), 〈육시도六柿圖〉

　일필휘지의 필선으로 생동감과 여백의 멋을 잘 보여주는 또 다른 그림을 하나 보자.

　청나라 초기 시서화의 삼절인 스님화가 팔대산인八大山人이 그린 이 그림은 마치 허공에 떠있는 듯한 물고기 한 마리만을 그렸다. 군

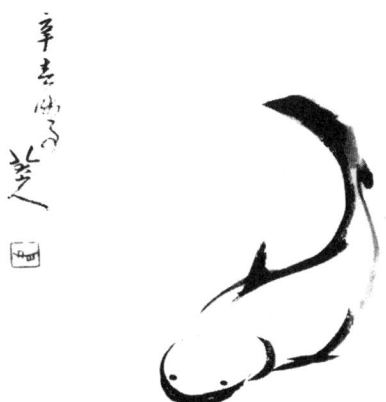

팔대산인八大山人(청), 〈잡화책지팔雜畵冊之八〉

더더기 없는 간소한 필치로 그의 탈속적 압축과 절제의 미학을 표현한 작품이다. 이 그림에서도 우리는 일필휘지의 기운생동하는 절묘한 필선의 수묵 정신과 오묘한 여백의 멋을 잘 느낄 수 있다.

　서예가들은 종종 이 여백에 유인遊印이란 제3의 전각을 찍어 또 다른 공간을 만들어내기도 한다. 흰 종이, 검은 먹이 만들어낸 흑백의 공간에 강렬한 붉은 색의 인주印朱로 전각을 찍어 흑백적의 삼색이 어우러지면서 서로 보완하고 긴장하는 공간을 연출하는 것이다.

　나는 어느 해 정월 초하루 소지도인 강창원 선생에게 세배를 갔다. 선생은 신년원단新年元旦의 기념휘호로 "붕비鵬飛"란 두 글자를 써 주었다. '붕鵬'이란 《장자莊子》의 소요유편逍遙遊篇에 나오는 세상에서 가장 큰 상상의 새다. 붕의 등허리는 몇 천리나 되어 이 새가 한번 힘을 내서 날면 날개가 하늘 전체를 뒤덮어 구름이 아닌가 생각되고, 바다가 뒤집힐 듯한 큰 바람이 불면 그 바람을 타고 북해 끝에서 남해 끝까지 날아간다고 한다. 장자는 이 붕이란 새를 빌려 세속의 상

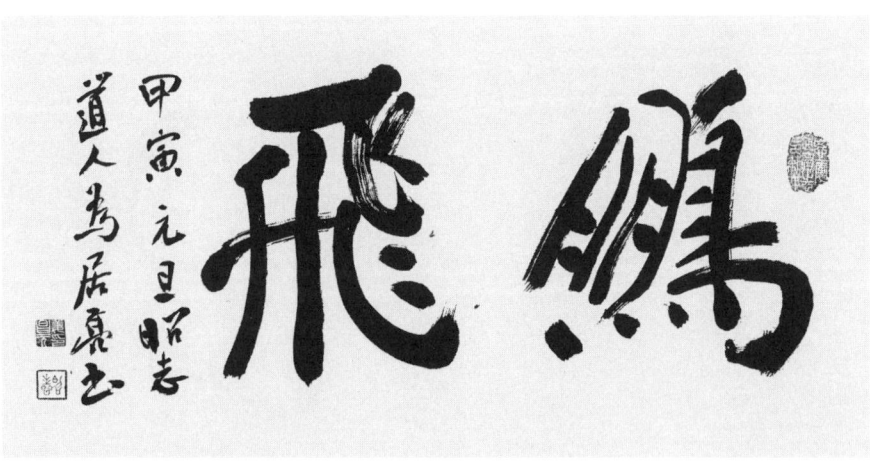

강창원, 〈붕비鵬飛〉, 1974, 김종헌 소장

식을 초월한 무한히 큰 것, 사로잡히지 않는 자유로운 정신을 지닌 존재를 비유하려 했다. 장자의 이야기에서 나온 "붕비鵬飛"라는 말은 크게 분발해서 일하고 도약하라는 비유다. 세배하러 온 어린 제자의 장래를 북돋는 뜻에서 설날 아침에 이 글자를 나에게 써 준 것이다.

그런데 늘 단아한 글씨만 쓰던 선생도 붕鵬이 큰 새이다 보니 깃털과 발톱을 아주 거칠게 표현하였다. 맞이어 나란히 쓴 달 월자[月]의 맨 마지막 획은 새 조자[鳥]와 함께 획을 공유하였다. 그리고 그 옆의 여백이 좀 빈 듯하여 허전하게 느꼈는지 그곳에 커다란 유인을 붉은 인주에 묻혀 눌러 찍었다. 이 유인은 검은 글씨와 흰 바탕의 여백 사이에 적색의 돌출로 인한 팽팽한 긴장을 만들어냈다. 아주 절묘한 여백과 유인의 활용이다.

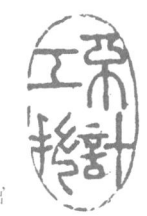

추사 전각 '불계공졸不計工拙'

추사 김정희는 전각에 뛰어나 많은 유인을 스스로 판 것으로도 유명하다. 그의 예술 정신을 가장 잘 나타낸 대표적 유인이 '불계공졸不計工拙'이다. '잘 되고 못 되고를 가리지 않는다'라는 의미로 서예 예술이 완숙의 경지에 올라 달관한 듯한 그의 예술정신을 잘 표현한 유인이다. 추사 김정희도 이러한 유인을 절묘한 자리를 찾아 잘 씀으로써 여백의 미를 한껏 살리곤 하였다.

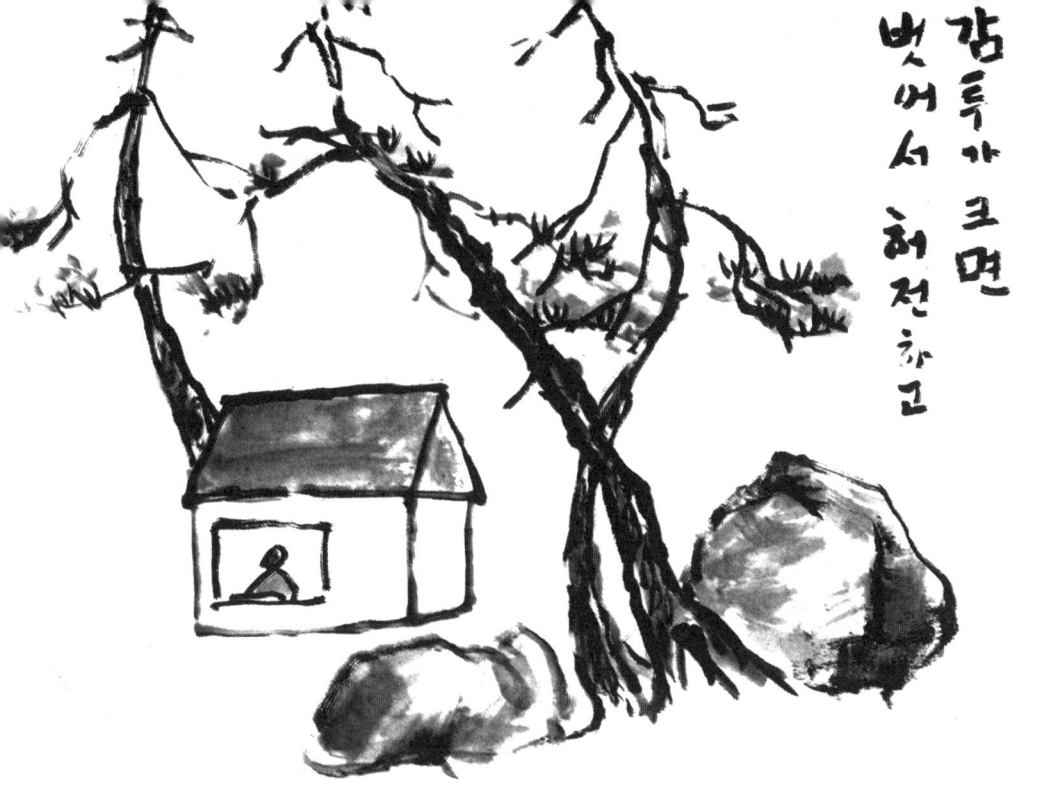

감투가 크면
벗어서 허전하고

김원룡, 〈솔나무 암자庵子에서〉, 1984, 32×55.7cm

선비의 이상세계

시서화 삼절과 예술의 완성

서정적으로 잘 지은 시는 형태가 없는 그림이다. 잘 그린 그림은 형태를 갖춘 시이다. 또한 시를 아름다운 글씨로 쓴 서예는 형태를 가진 시이자 그림이다. 그림 속에 시가 있고, 시 속에 그림이 들어 있는 한 폭의 문인화나 동양화, 마음속에서 우러나는 시상詩想을 시와 그림으로 옮기고 평생을 닦아온 자신의 독창적인 붓글씨 솜씨로 써넣은 한 폭의 작품에 담긴 시, 글씨, 그림 세 가지가 모두 뛰어나 절정에 이른 것은 시서화詩書畵 삼절三絶의 경지에 이르렀다 한다. 글씨가 시와 그림과 어우러질 때 마침내 보다 차원 높은 예술의 경지가 열린다. 그리고 이때 시서화 전 분야에 걸쳐 빼어난 사람을 삼절이라고 불렀다.

그러나 삼절로 표현되는 이상적 경지에 이르기는 마치 하늘의 별을 따는 것만큼이나 어렵고 힘든 일이다. 서예가나 화가가 자신의 감정과 지식을 전달하는 데 시서화의 일치보다 완벽한 것은 다른 예술에서 찾기 어렵다. 잘 지은 글과 시는 서예라는 시각 예술의 옷을 입어 그림과도 잘 어울릴 수밖에 없다.

한자 문화권인 중국과 한국, 일본에서 3대 주요 예술 장르라고 할 수 있는 시서화에서 삼절이 되기 위해서는 인문철학적 지식이 풍부해야 한다. 꾸준히 축적되고 도야된 학문적 바탕이 없이 기능적 테크닉만으로는 대가의 위치에 오를 수 없다.

시서화 삼절 가운데서도 특히 글씨[書] 부분이 이런 학문적 소양을 요구한다. 시가 읽는 예술이라고 한다면, 그림[畵]은 보는 예술이며, 글씨는 시와 그림의 특징을 모두 갖고 있다. 즉 서예는 글씨의 의미를 읽는 예술인 동시에 글씨와 글씨로 쓰여진 문장 전체의 조형적인 아름다움을 눈으로 보면서 감상하는 예술인 것이다. 이런 까닭에 한자문화권에서 서예가 시나 그림보다도 상대적으로 더욱 존중되었다.

그렇다면 이러한 시서화 삼절의 추구는 무엇을 의미하는 것일까? 옛 사람들은 서화동원書畵同源, 즉 글씨와 그림이 같은 근원에서 출발하였다고 생각하였다. 또한 심정필정心正筆正이라 하여, 마음이 올바른 다음에야 바른 글씨를 쓰고 바른 그림을 그릴 수 있다고 하였다.

공자는 《시경詩經》에서 사무사思無邪(마음에 어떤 나쁜 일도 생각함이 없음)하여야 시를 쓸 수 있다고 하였다. 시는 마음의 바탕이 소박하고 바른 데서 나온다는 것이다. 또 회사후소繪事後素(그림 그리는 일은 흰 바탕이 있은 이후에 가능)하다며, 동양화에서 하얀 바탕이 없으면 그림을 그리는 일이 불가능한 것과 마찬가지로 소박한 마음의 바탕이 없이 좋은 그림을 그릴 수 없다고 하였다.

옛 사람들은 시서화의 근본을 마음에 두었던 것이다. 이런 까닭에 바른 시와 글, 바른 글씨, 바른 그림은 바른 마음이라는 같은 바탕에서 출발하고 서로 맥이 통하였던 것이다. 이것이 전통적으로 유불선儒佛仙의 자연관과 인간관에 기초하고 그 영향을 받은 동양인의 마음이며, 우리 선비들의 마음이었다.

선비나 문인, 사대부들은 글씨를 쓰다 남은 먹으로 문인화文人畵를 그리는 것을 여기餘技로 삼았다. 전문 직업 화가들이 사실 묘사에 치중한 한편, 선비들은 그들의 정신적 이상세계를 심의적心意的, 사의적寫意的으로 그리는 데 치중하였다. 따라서 문인화는 자연 추상성에서도 서예와 일맥상통一脈相通한다. 그들은 그림을 그리고 화제畵題, 나아가 그들이 그림으로 표현하려 한 마음을 스스로 시와 글로 지어 개성 있는 서체로 화폭 위에 써넣었다. 이런 과정을 통하여 시서화는 자연스럽게 한 폭의 그림과 글씨와 문학이 어우러져 완성되었다.

문인화의 대표적 소재인 사군자四君子를 그린 묵화는 춘하추동 사계절의 순서에 맞춰 그린 그림이다. 찬 눈과 바람에도 꿋꿋하게 피어나는 매화는 기개 있는 선비들이 좋아하였다. 청초하고 선이 아름다운 난은 높은 선비의 기질을 갖춘 사람들의 표상이다. 찬 서리와 눈에도 굴하지 않고 늦가을까지 피는 국화는 지조 높은 선비의 상징이다. 군자의 지조와 충절, 여자의 정절를 대표하는 대나무 역시 선비의 상징이다.

이러한 문인화는 꼭 문인들만의 전유물은 아니었다. 흥이 날 때 그리고 쓸 수 있으며, 자신의 진솔한 생각을 자연스럽게 그려낼 수 있는 사람은 누구나 문인화가가 될 수 있는 것이다. 이러한 문인화는 먹물과 붓으로 그리고 쓴 까닭에 서예와 동양화처럼 여백까지도 중요시 한다. 따라서 문인화는 서예의 기법과 정신을 뼈대로 한다.

문인화는 전통적으로 유교와 불교 및 도교의 영향을 많이 받았다. 직업적으로 그림을 그리는 화원畵員이나 전문화가들이 기교적이며 외형묘사를 위주로 한 사실적이며, 장식적인 화려한 기법을 중요시한 반면, 문인화는 보다 단순하면서도 편안하고 온화한 그림을 통하여 내적 풍경을 그리는 것을 중시하였다. 이를 사대부계급은 여기로서 마음에 품은 뜻을 그림으로 그려내려 하였다. 자연 부드럽고 온유한 필법을 써서 그림을 그렸으며, 색채도 담묵淡墨을 위주로 하였다. 문인화는 중국의 남종화와 맥이 닿아 형식에 구애를 받지 않고 인간의 자유로운 개성표현을 추구하는 방향으로 발전하였다.

나는 많은 문인화가 중에서도 중국의 석도石濤, 팔대산인八大山人, 판교 정섭을 필두로 한 양주팔괴揚州八怪와 같은 개성 있는 사람들을 좋아한다. 그들은 소재와 형식에 구애받지 않고 인간의 개성 표현을 중시하였으며, 형식주의에 빠지지 않고 독특한 예술의 경지와 정신을 개척하였다.

그러나 이러한 시서화 삼절의 추구를 꼭 한문 서예와 사군자의 소재에만 국한한다면 이는 박물관과 골동상 안에서 과거의 시간 속에만 머무는 죽은 예술이 될 것이다. 또한 현대의 작가가 옛 전통만 따라 흉내를 낸들, 선인들의 경지를 뛰어넘을 수도 없는 일이다.

나는 이런 점에서 삼불三佛 김원룡金元龍 박사(1922~1993)의 문인화의 세계를 좋아한다. 1960년대 서울대학교의 서울 종로 동숭동 캠퍼스 시절, 나는 교수님의 고고학과 강의를 들었다. 그때 느낀 그의 학문과 인품에서 풍겨나는 문자향은 지금도 생생하다.

그는 1950년대 미국 유학 시절, 공부하는 틈틈이 외로움을 달래기 위해 붓을 잡았다고 한다. 그의 학문적 열정과 소탈함은 해학과 동심으로 가득찬 그의 문인화 속에 잘 나타나 있다. 나는 삼불 김원룡 박사야 말로 현대적인 시서화의 삼절이라고 생각한다.

그는 비록 현대에 살고 있었으나, 고고학을 전공한 탓인지 옛선비와 같은 높은 격조와 정신을 현대적 문인화로서 잘 소화해 냈다. 앞의 그림(40쪽 참조)을 통하여 우리는 현대를 살았던 한 학자의 삶의 태도를 읽을 수 있다. 수채화보다도 담백하고 간결한 필선은 마치 현대판 세한도를 보는 듯하고, 그가 한글로 쓴 글 또한 이해하기 쉽고 재미있다. 그러나 이 작품의 소재는 아직도 옛 선비들이 좋아하였던 소나무와 돌과 오두막집이다.

재미있는 구도와 재치 있고 해학이 가득찬 한글 발문은 오늘을 사는 현대인 누구나도 공감하고 즐길 수 있는 것이다.

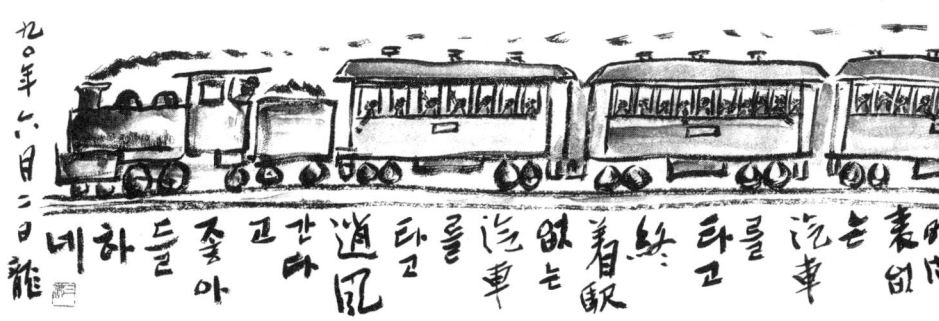

김원룡, 〈시간표 없는 기차〉, 1990, 22×62.2cm

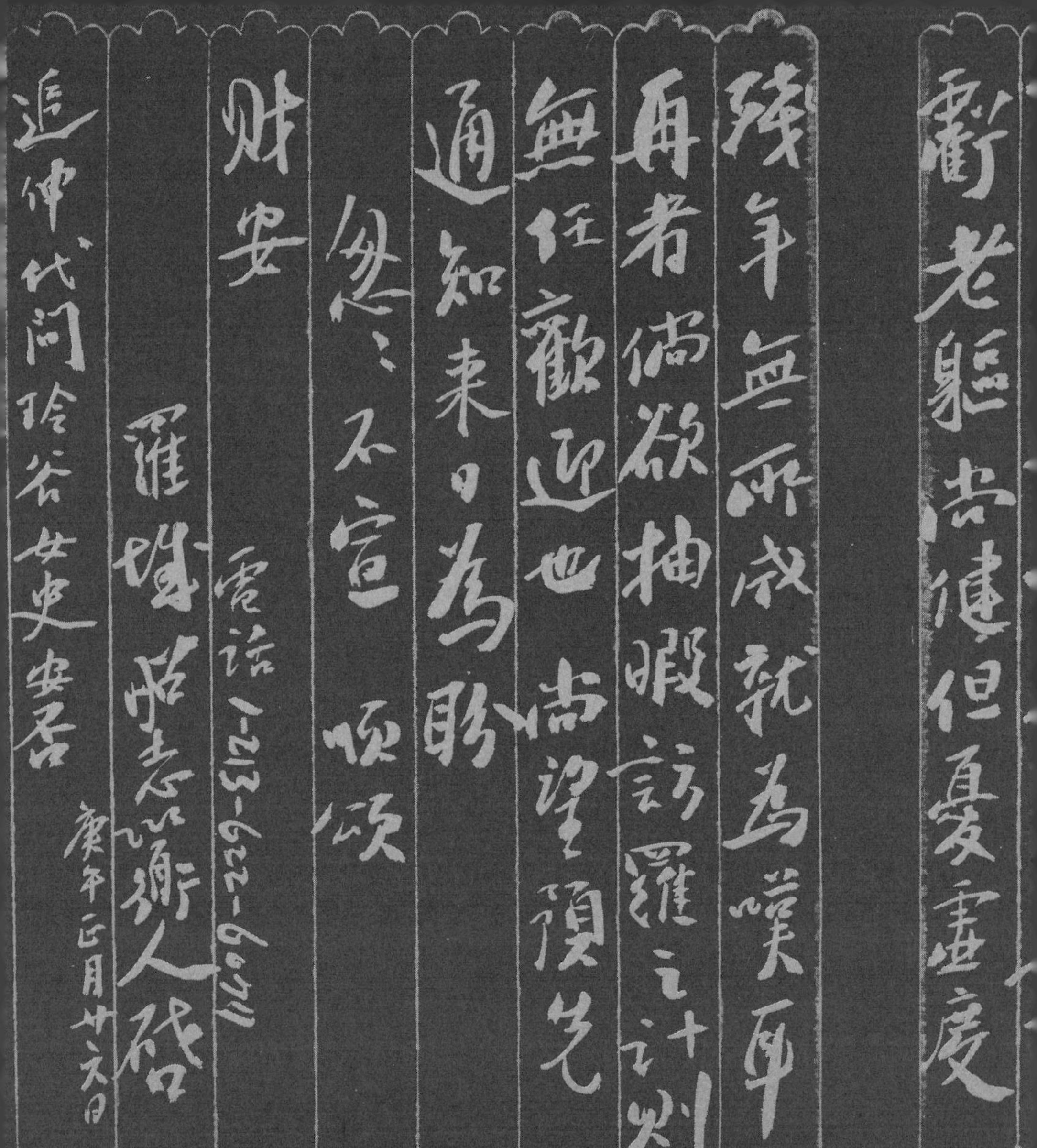

鬝老軀尚健但憂盡廈

殘年無所成就為嘆耳

再者倘欲抽暇訪羅之計劃

無任歡迎也尚望預先

通知來日為盼

念念不宣順頌

財安

羅振玉志於廋人啓　電話 二八三—六二二—六○三

近伸代問玲谷女史安否　庚午正月廿六日

05

선비의 살아 있는 글씨와

죽은 글씨

소지도인 강창원은 늘 모든 점과 획마다 붓끝이 만들어내는 '핵核의 씨눈'이 살아 있는 글씨를 써야 한다고 가르쳤다. 그리고 이런 글씨를 쓰기 위하여는 반드시 오지제력五指齊力하고 만호제력萬豪齊力하여 중봉中鋒으로 글씨를 써야 한다고 가르쳤다. 즉 붓을 잡을 때 다섯 손가락의 고른 힘으로 바르게 붓대를 잡아, 모든 붓털이 힘을 골고루 발휘하며, 붓끝이 늘 가운데로 오게 하여 어느 한쪽으로도 치우침이 없어야 한다는 것이다.

강창원은 명필의 글씨를 보면 늘 이와 같은 원칙을 잘 지킨 까닭에, 점과 획 어디서나 '씨눈'을 찾아 볼 수 있다고 강조하였다. 점을 찍던, 가로 획을 쓰던, 세로 획을 쓰던, 영자팔법永字八法의 여덟 가지

가운데 어떤 획을 쓸 때에도 중봉으로 쓰고 안필按筆과 수필收筆을 잘 하여야만, 붓이 치우치고 미끄러져 빠져버리는 일이 없는 까닭에 반드시 점과 획의 어느 곳에도 '씨눈'을 남기게 된다는 것이다. 즉 명필은 붓에 끌려다니지 않고 자유자재自由自在로 붓을 마음대로 움직여 쓰기 때문에, 붓을 댈 때와 거둘 때, 머무를 때와 꺾고 당기거나

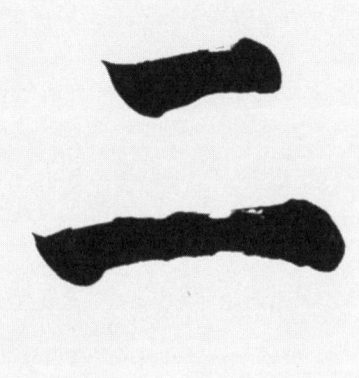

끌 때, 붓을 빠르게 하거나 천천히 할 때, 어느 단계에서도 흐트러짐이 없는 자세로 중봉으로 시작하여 중봉으로 끝낸다고 한다. 특히 붓을 거둘 때(수필收筆을 할 때)에도 순간적으로 안필한 다음 수필하는 관계로 '씨눈'을 남기게 된다고 하였다.

자연의 모든 식물의 생명은 씨앗에 있고, 씨앗의 생명은 씨눈에 있

다. 생명의 비밀이 숨겨진 씨앗 속에 씨눈이 살아 있어야만 하듯이, 글씨의 점과 획도 씨눈을 살려 써야 살아 있는 글씨가 된다.

또한 현침을 쓸 때도 중봉으로 붓의 끝이 항상 획의 중앙에 위치하면서 지나도록 쓰고, 붓이 미끄러지지 않고 마지막에 필세筆勢를 더하여 붓에 힘을 한 번 더 넣었다 떼면 이런 씨눈이 생기게 된다.

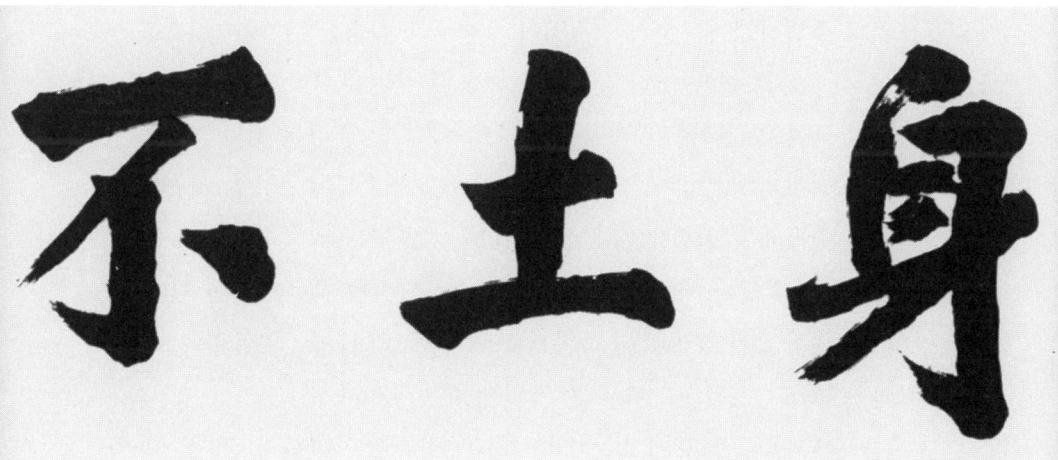

정하건, 〈신토불이身土不二〉, 1991, 농협중앙회 소장

즉 수필의 단계에서 미끄러짐 없이 중봉을 유지하고 적당한 힘으로 눌러 안필을 한 다음 수필하여야 함을 강조한 것이다.

특히 획이 끝나 붓을 뗄 때에도 붓을 들어올리기 전에 그 획이 오던 방향으로 되돌아 붓을 들어 올리면서 절묘한 힘의 세기로 절묘한 순간에 적당한 시간 동안 안필을 하면 반드시 이 '씨눈'이 생기면서 획이 살아나는 것이다. 선생은 안필과 돈필頓筆을 구별하여 가르쳤다. 안필이 순간적으로 체득한 짧은 순간에 부드러우나 단호하게 붓을 누르는 것이며, 돈필은 보다 강하고 느리게 누르는 것으로 구분했다. 점과 획을 쓸 때 안필이 명확할수록 선의 생명감이 살아나고 절도감이 확실해지는 점에서 살아 있는 글씨를 쓰기 위한 중요한 기법이라 하겠다.

앞의 작품은 농협에서 장을 보는 많은 주부 및 일반인에게도 잘 알려져 유명하게 된, 송천 정하건이 우리나라 농협을 위하여 〈신토불이身土不二〉라 현액懸額한 글씨다.

이 글씨의 각 획이 시작되는 곳과 꺾이는 곳, 끝나는 곳의 모습을 잘 살펴보기 바란다. 모든 획의 시작과 끝에서 독자 스스로 붓끝이 만들어내는 '핵核의 씨눈'을 찾아보라.

이처럼 훌륭한 서예가들이 쓴 작품에는 필획의 씨눈이 살아 있다. 이런 핵이 없는 점과 획과 중봉으로 쓰지 않고 편봉偏鋒(붓이 한쪽으로 기울어지게 운필하는 법)으로 쓴 글씨는 죽은 글씨다.

나는 서울 성북동에 있는 간송미술관에 소장된 추사 김정희의 아래와 같은 대련 작품을 서울 인사동의 한국서각사에서 판각하여 집에 걸어 두고 늘 즐겨 감상하고 있다. 이 글씨를 볼 때마다 나는 추사 김정희의 글씨 한점 한점, 한획 한획마다에는 모두 이런 '씨눈'이 박혀 있음을 알아내고, 추사체의 예술적 완성과 아울러 판각을 한 분이 이런 '씨눈'을 뭉게버리지 않고 잘 살려 새긴 것에 늘 감탄하며 감사하고 있다.

또한 글과 글, 행과 행, 열과 열 사이에 행기行氣(붓의 움직임에 따른

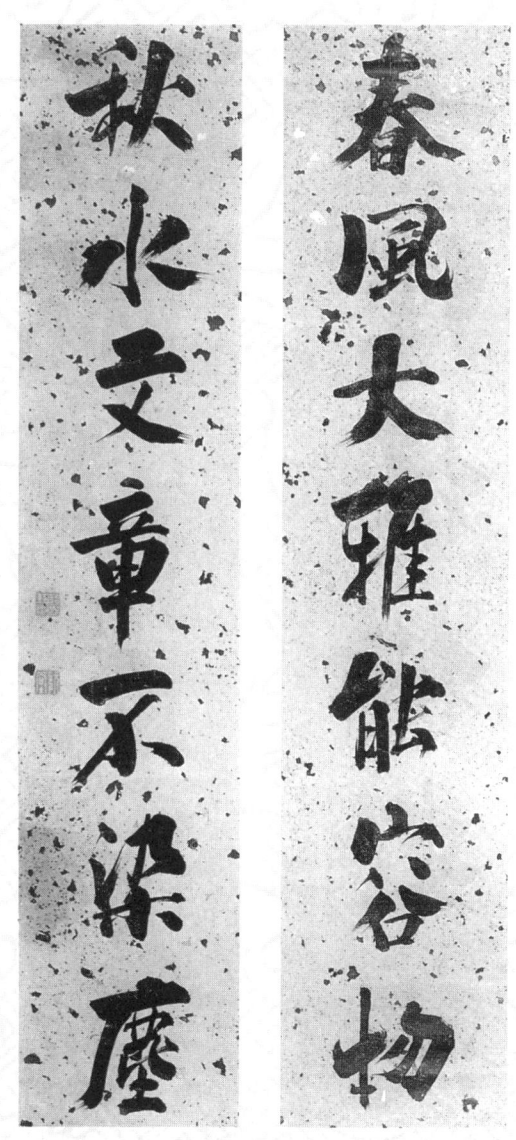

김정희, 〈춘풍대아〉, 각 폭 130.5×29.0cm, 간송미술관 소장

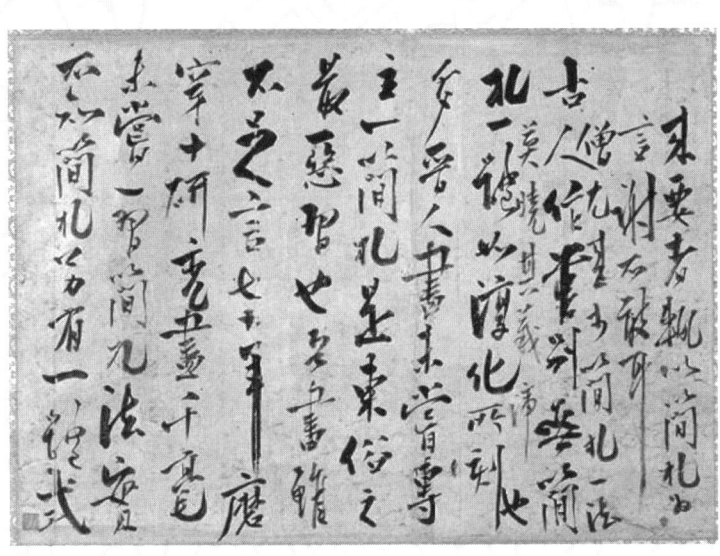

김정희, 〈마천십연磨千十研〉, 42×44cm

강창원, 〈간찰簡札〉, 1990, 23.5×32.5cm, 김종헌 소장

기운의 흐름)가 끊어져 없는 글씨도 죽은 글씨다. 이는 붓의 움직임이 느리고 빠른 것과 깊은 관계가 있다.

글자간의 강약과 리듬이 없어 율동미가 없는 글씨도 죽은 글씨다. 처음부터 끝까지 흐름이 없는 단조롭게 써내린 민밋한 글씨는 마치 강약과 고저가 없는 단조로운 노래처럼 느껴진다.

반복되는 글자를 똑같이 쓰는 글씨도 죽은 글씨다. 마치 활자로 찍은 듯 같은 모양의 글자가 반복됨은 서예가 아니라 글자의 대량생산일 뿐이다.

여백의 멋이 없는 글씨도 죽은 글씨다. 서예와 문인화는 적당한 여백의 미를 살려야 제멋이 나는 것이다.

또한 뜻도 모르며 쓴 글씨도 죽은 글씨다. 나는 쓰는 글의 내용도 잘 이해하지 못하면서, 그저 수백 번 이상 연습한 끝에 형태만을 그려 쓴 작품은 죽은 글씨라고 생각한다. 그런 까닭에 나는 오히려 붓을 잡아 생각나는 그대로 옮겨 쓴 원고나 간찰簡札(편지)과 같은 글씨를 오히려 더 살아 있는 글씨로 친다.

강창원도 이런 점에서 매우 뛰어난 서예가다. 그가 미국에 살면서 서울에 사는 제자인 나에게 손수 써서 보낸 간찰을 살펴보자. 그의 자상한 인품과 제자를 아끼는 애정이 물씬 배어 있는 문장을 오래 간직하고 있던 옛 편지지를 꺼내어 직접 한문으로 써서 보낸 것이다. 나는 요즘도 선생에게서 종종 이런 예스런 편지를 받고 무척 감동하곤 한다.

甘梪諫果
三分澀苦
到蓮心一
味清

글씨 속에 깃든 음과 양

　　우리나라 최초의 본격 서예이론서라고 할 이서의 《옥동필결玉洞筆訣》의 첫 번째 장은 서예의 기본 법규를 다음과 같은 글로 시작하고 있다.

　　글씨는 《주역》에서 근원이 되니, 《주역》에는 음양이 있고, 세 가지 멈춤[三停]이 있고, 네 가지 오른 방향[四正]이 있고, 네 모퉁이[四隅]가 있다. …… 서예가는 하늘의 이치를 터득한 자도 있고, 땅의 이치를 터득한 자도 있으니, 뭇 형상이 빽빽하되 하나의 밝고 원만하고 혼융 광대함으로 통합한 것은 하늘의 이치이고, 기괴 장엄 방정이 조밀하면서도 무한한 것은 땅의 이치다. 왕희지는 하늘의 이치를 터득한 자이로구나.

　서예가 동양의 정신을 잘 표현한 예술의 한 장르인 까닭에 서예가들은 그들의 글씨에서도 동양철학의 기초가 되는 음양사상의 원리를 적용하고, 음양의 배합이라는 우주적 토대 위에서 글씨를 쓰려 하였다. 따라서 음양 원리에 잘 따르고, 음양의 요소가 잘 배합된 글씨가 좋은 글씨라 하겠다.

　가는 획과 굵은 획, 긴 획과 짧은 획, 강한 획과 약한 획, 둥근 획과 각진 획, 곧은 획과 굽은 획, 밖의 획과 안의 획, 위에 있는 획과 아래에 있는 획, 왼쪽에 있는 획과 오른쪽에 있는 획 등 여러 가지 획과 점이 결합하고 어우러져 한 글자를 이룬다. 이런 어우러진 글자를 쓸 때 서예가들은 당연히 자연의 섭리에 따른 음양의 질서를 따르고 조화를 꾀하려 하였다. 나아가 서예 작품의 행과 열, 그리고 전체적으로 크게 쓴 글자와 작게 쓴 글자, 빽빽하게 쓴 글자와 성글게 쓴 글자, 단단하게 쓴 글자와 부드럽게 쓴 글자, 건조하게 쓴 글자와 습하게 쓴 글자, 마른 글자와 살찐 글자, 빠르게 쓴 글자와 느리게 쓴 글자가 서로 잘 어우러지도록 음과 양의 질서를 따르고 조화를 꾀하였다. 또한 획마다 그 향배向背로 음과 양의 조화를 꾀하려 하였다.

　삼라만상 가운데 하나도 똑같은 게 없는 것과 같이, 활자로 매번 똑같이 찍어내는 글씨가 아니고 한자 한자마다 자리한 위치와 쓰인 뜻에 따라 변화를 주고 음양을 맞추어 쓰면서 글의 내용과 쓰는 사람의 마음을 표현하였다. 이렇게 음양의 조화와 변화를 한 폭의 화선지 위에서 잘 나타나게 하는 것을 장법章法이라고 불렀다. 즉 장법이란 화면의 전체적 구성의 조화를 말하며, 음양사상이 깊이 배어 있는 필법에 따라 쓴 글씨를 법서法書라 하였다.

나는 강창원 선생에게서 주로 안진경의 해서체를 많이 공부한 편이다. 안진경의 여러 유명한 비문의 글씨 중에서도 〈근례비勤禮碑〉가 전통적 음양의 대비對比가 비문 전체에 걸쳐 가장 고르게 안배되어 쓰였다.

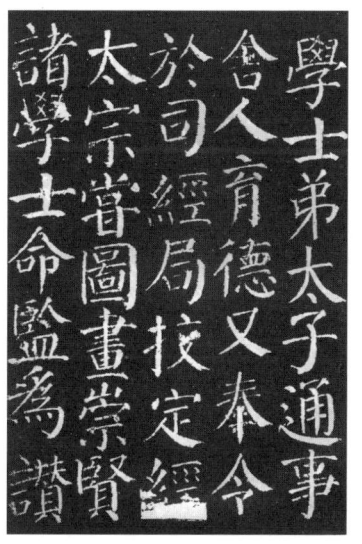

안진경, 〈근례비〉

전체적으로 옆으로 쓴 가로의 획보다는 내려 쓴 세로의 획이 더 굵게 양의 기세로, 같은 획이라 할지라도 왼쪽의 획은 가늘고 오른쪽 획은 보다 굵게 양의 기세로, 안쪽의 획보다는 바깥쪽의 획을 굵고 힘차게 양의 기세로 썼다. 이런 필법이 전통적인 음양의 배치다.

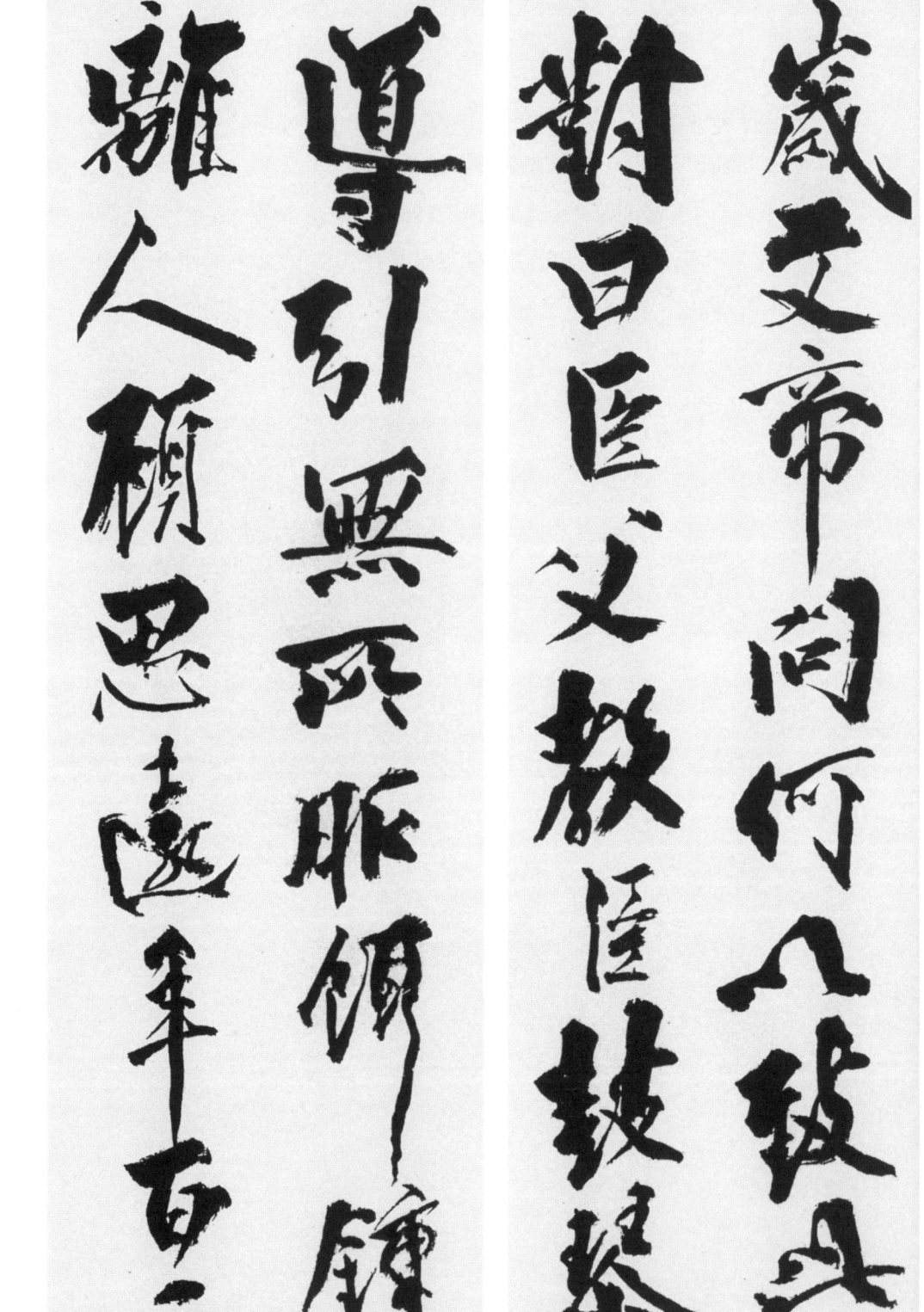

歲文帝問何八錢丑
鞘曰匠父教匠鼓瑟

導引無兩脈傾鍾
難人願思遠年百二

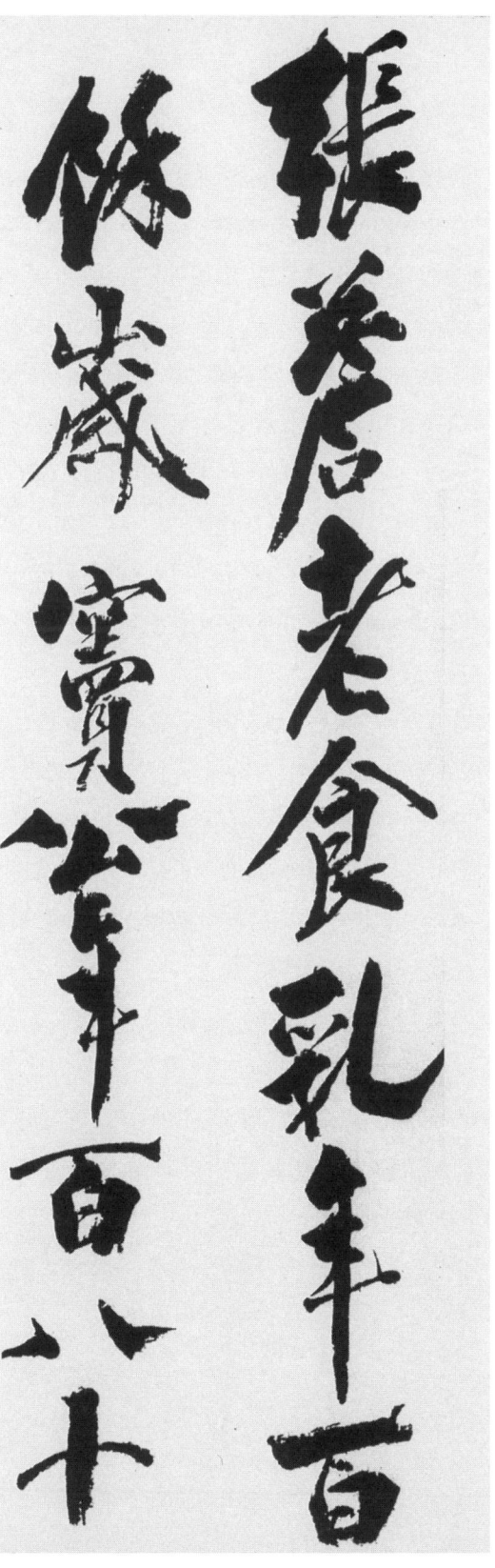

김정희, 〈장창노식유張苍老食乳〉, 행서,
크기 및 소장처 미상

추사의 해서인 〈감어첩甘於帖〉의 글씨를 살펴보면(54페이지 참조), 그 역시 추사체가 성립되기 이전에는 이렇게 구양순의 〈예천명醴泉銘〉에 가까운 필획으로 정통의 음양의 배치를 잘 따랐음을 볼 수 있다. 그러나 만년의 추사체, 특히 행서와 예서를 보면 이런 전통적 음양의 배치가 추사 김정희 특유의 필법과 장법에 의해 도치, 변형되는 가운데 독특한 미학을 만들어내고 있음을 볼 수 있다.

〈장창노식유張蒼老食乳〉의 행서에서 보인 추사의 필법에는 전통적 음양의 배치가 곳곳에서 도치된 형태로 나타난다. 좌우, 상하, 내외의 음양이 뒤바뀐 몇몇 글자에서는 일부 획의 강세의 변화나 크기의 변화를 통하여 역전된 음양관계를 묘하게 조절하여 나름의 미학을 꾀하고 있다.

추사의 글씨가 파격적이긴 하지만 이런 음양의 원리를 잘 따르고 때때로 음양의 기묘한 도치까지도 꾀한 까닭에 독특한 서풍과 아름다움을 느끼게 되는 것이다. 추사 김정희는 《주역》을 깊이 연구하여 자신의 추사체를 완성했다고 할 수 있다. 추사체라는 독특한 서체가 품격 높은 글씨로 평가받는 까닭과 매력도 그의 《주역》에 대한 깊은 연구 및 응용과 관련이 있다 하겠다.

추사는 이와 관련 다음과 같은 글을 남겼다.

서도의 음양획에 대하여는 본시 알기 어려운 게 아니다. 확실히 일정한 음획 양획이 있으나, 음 가운데도 양이 있고 양 가운데도 음이 있어, 마치 여의주가 어울려 끼고 서로 비치어 만억의 변상變相이 이루 다 헤아릴 수 없는 것 같다. 지금 이 양획을 음획으로 만들

수도 있으며, 음획에 있어서도 역시 그러하듯 좌우로 도는 데에 있어서도 역시 또 그러한데, 어떻게 한 위치만 고집하여 변통變通이 없을 수 있겠는가?

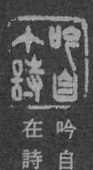

吟自
在詩

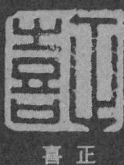

喜正

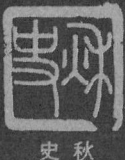

史秋

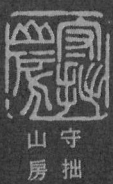

山 守拙
房

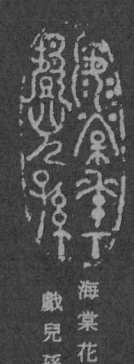

海棠花下
戲兒孫

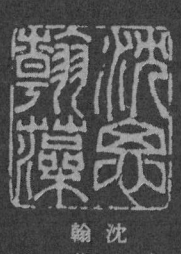

沈思
翰藻

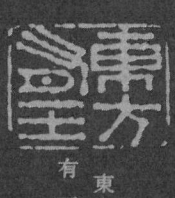

東方
有一士

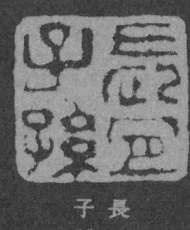

長宜
子孫

率眞

史經緯經

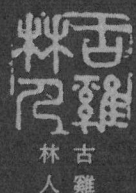

古雞
林人

子孫
永寶

추사 김정희의 여러 전각들

사방 한치의 공간에 담긴 우주,

전각

　서예가들은 전각을 할 때에도 성명인姓名印을 음각陰刻한 경우에는 아호인雅號印은 양각陽刻하여 나란히 찍어 음양의 조화를 꾀하였다.

　전각이란 말은 본래 전서의 서체로 도장을 새긴다는 뜻이었다. 옛날에 도장을 팔 때, 보통 전서체篆書體로 쓴 다음 칼로 새겼기 때문이다.

　옛사람들은 나무나 돌, 또는 금속 등에 글자와 그림 등을 조각하여 도장으로 사용함으로써 개인이나 관직을 표시하거나 장서藏書 따위에 소유의 증표로 삼았다. 이를 좀더 예술적으로 만들어 새기는 것을 전각이라고 한다.

　먹과 종이의 흑백이 주류를 이루는 서예와 문인화 등에서 전각의 붉은 인주印朱가 던지는 기막힌 색채 대비는 그 예술적 역할과 효과가 매우 크다. 조그만 도장 하나가 꼭 있어야 할 자리를 찾아 붉은 인주를 묻혀 낙관이 되어 찍힐 때 비로소 글씨와 그림은 서화로서 생명을 얻게 된다. 마치 화룡점정畵龍點睛(용을 그리고 마지막에 눈동자를 그려 살아있는 용을 그려내는 것)과 같은 효과를 내는 낙관은 비록 작지만 화폭을 통어統御하는 독특한 힘을 가졌다.

옛사람들은 문자를 숭상하여 자신의 이름과 호를 도장으로 새겨 신성시하고 자신의 상징으로 삼았다. 글씨와 그림의 끝에 자신의 이름을 새긴 성명인姓名印과 좋아하는 호를 새긴 아호인雅號印을 찍어 자신의 작품임을 알리고, 이어 적당한 여백에 수인首印 또는 유인遊印(작품의 머릿 부분 또는 빈 여백의 자리에 찍는 도장으로 자기가 좋아하는 글귀를 새긴 도장)을 찍어 운치를 더하였다.

전각을 새길 때에는 일반적으로 세 개의 도장을 한 벌로 팠다. 보통은 성명인과 아호인, 더불어 수인 또는 유인, 이렇게 세 개를 새겼다. 특히 서예가들은 많은 아호인을 가지고 있어, 작품의 내용이나 흥취에 맞는 아호인을 함께 찍기를 좋아했다. 가장 호를 많이 갖고 있던 사람은 추사 김정희로 모두 수백 개의 호를 사용한 것으로 보인다. 연민淵民 이가원李家源이 모아 정리한 것은 220개이며, 청남菁南 오제봉吳濟峰이 모아놓은 것은 무려 503개나 된다.

한때 열심히 서예를 공부하였던 나에게 전각 작품이 없을 수 없다. 1960년대 초 처음으로 서예를 가르쳐주신 원곡原谷 김기승金基昇 선생은 매우 명랑하고 자상한 성품을 지닌 분이셨다. 당시 청와대에서 박정희 대통령에게 서예를 개인지도했던 선생은 어린 중학생 제자인 나를 무척 아껴주셨다. 어느날 앞으로 열심히 글씨를 계속하여 쓸 사람이니 좋은 도서圖署를 한 벌 마련하는 것이 좋겠다고 말하며 당대 최고의 전각가인 철농鐵農 이기우李基雨 선생께 특별히 부탁하여 마련해 주었다.

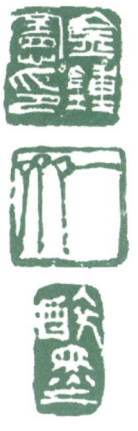

이기우 선생이 새긴 저자의 전각 세트

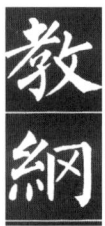

간가결구間架結構 — 간가間架란 집의 구조와 형식이라는 뜻으로, 글자의 이루어짐이 마치 집을 지을 때 서까래, 들보, 기둥 등이 어울려 지어지는 것과 비슷하여 붙여진 이름이다. 결구結構란 한 채의 집을 지을 때 어떻게 꾸미느냐를 말하는 것으로, 점획의 간격을 알맞게 하여 한 글자의 구성을 조화롭게 결합하고, 나아가 글자와 글자 사이의 간격을 조형적으로 아름답게 구성하는 것.

간찰簡札 — 간지簡紙 등 종이에 쓴 편지 글.

갈필渴筆 — 먹이 마르고 진하거나, 붓의 움직임의 속도가 빨라 종이에 먹이 묻지 않는 흰 부분이나 비백飛白이 생기게 쓰는 필획.

관각체館閣體 — 중국의 명청 시대에 과거를 볼 때 답안지에 쓰인 글씨체. 당시 관각館閣 및 한림원의 관료들이 주로 즐겨 쓰던 글씨체. 딱딱하고 근엄하고 판에 새긴 듯한 글씨로 관각체라 불렸다.

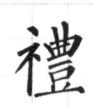

구궁격지九宮格紙 — 비첩을 임서臨書할 때 쓸 목적으로 정사각형의 칸 안에 우물 정井자형의 가로와 세로줄을 그어 작은 아홉 개의 모

눈 칸을 통하여 필획의 위치, 간격, 장단 등을 살펴 이해하기 쉽게 만든 서예 연습용 종이.

금석문金石文 ── 종정鐘鼎과 같은 청동기에 새긴 금문金文과 비갈碑碣과 같은 돌에 새긴 석문石文.

금석학金石學 ── 돌이나 금속에 새겨진 문자를 연구하는 학문.

기운氣韻 ── 글씨에 나타나는 정기精氣 및 운치韻致와 품격品格. 글씨를 쓰는 사람의 예술적 감각과 기량, 인품과 학문 및 정신세계가 융합되어 살아 움직이는 운필의 묘와 필획의 기세를 통하여 나타나는 것을 말한다. 기운생동氣韻生動함은 일필휘지一筆揮之와 함께 훌륭한 글씨를 판단하는 중요한 기준이 된다.

기필起筆 · 행필行筆 · 수필收筆 ── 한 점 또는 획을 쓸 때 종이에 붓을 처음 대어 시작하기와 붓을 움직여 점과 획을 만들고, 마지막에 점과 획의 끝마무리를 하면서 붓을 거두는 3단계의 기본 과정을 말한다. 아름답고 올바른 점획을 쓰기 위하여는 기필, 행필, 수필의 기법을 제대로 익혀야만 한다.

기필起筆: 붓을 가고자 하는 방향의 반대쪽으로 역입逆入시킨 다음 붓끝이 나타나지 않도록 화선지에 댄다. 즉 가로획의 경우에는 붓을 가고자 하는 방향의 역방향인 왼쪽으로 댄 후 다시 오른쪽으로 움직이며, 세로획의 경우에는 붓을 내려 긋고자 하는 방향의 역방향인 위쪽으로 향하여 댄 다음 다시 아래로 향한다. 이렇게 기필의 단계에서 역입을 하여야만 붓의 봉(필봉筆鋒)에 힘이 모아지고 탄력을 갖게 된다.

행필行筆: 붓의 움직이는 속도를 기필과 수필보다 빠르게 하고, 한 획마다 적당한 지점에서 붓을 세우는 과정을 2~3회 반복한다.

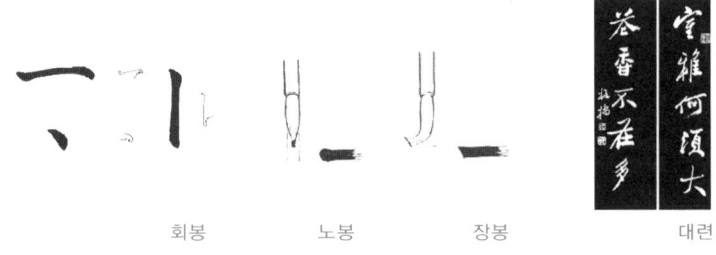

회봉   노봉   장봉   대련

수필收筆: 붓을 거둘 때는 오던 방향으로 다시 돌려서(회봉回鋒) 붓끝이 나타나지 않게 한다. 가로획의 경우에는 오른쪽으로 가던 것을 꺾어서 왼쪽으로 향하게 하며, 세로획의 경우에는 아래쪽으로 가던 것을 꺾어서 위쪽으로 향하게 하여 거둔다.

낙관落款 ── 서화書畵 작품을 완성하고 나서 작품의 제작 연도, 아호, 성명 등을 차례로 쓰고 도장을 찍는 행위를 말한다. 일반적으로 도장도 낙관이라 부른다. 낙관은 서예 작품의 본문과 유기적인 관계에 있으며, 작품의 구성이나 장법을 감안하여 본문과 조화를 이루도록 하여야 한다.

노봉露鋒과 장봉藏鋒 ── 점획을 기필起筆하여 쓸 때 필봉筆鋒의 끝이 필획筆劃에 나타나 보이는 것과 감추어져 나타나 보이지 않는 것. 장봉으로 쓸 때 더욱 우아하고 품격을 갖춘 글씨를 쓸 수 있다.

대련對聯 — 세로가 긴 족자나 액자 두 개로 한 쌍을 이룬 작품. 대련에서 낙관의 위치는 좌측에 있는 작품의 끝에 한다.

마애磨崖 — 석벽에 글자나 그림을 새김

명문銘文 — 금석이나 기물器物에 새겨 넣은 글.

묘지墓誌 — 죽은 사람의 이름, 생존 연월일, 행적, 무덤의 방향 등을 적어 무덤 앞에 묻는 돌 또는 도자陶瓷.

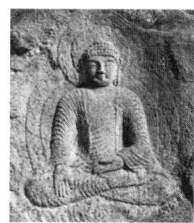 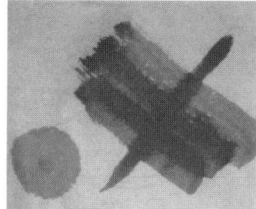 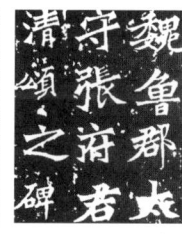 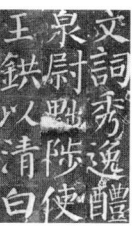

마애　　　　　　　　발묵　　　　　　방필　　　　　원필

문방사우文房四友 — 문방사보文房四寶라고도 한다. 옛날 문인들의 거실인 서재에서 쓰던 서화에 필요한 네 가지 용구 및 용재로서 종이, 붓, 먹, 벼루를 말한다.

발묵潑墨 — 서화를 그리고 쓸 때 화선지에 먹물이 번지는 현상. 발묵의 정도에 따라 작품의 효과가 다르게 나타난다.

방필方筆과 원필圓筆 — 기필과 수필에서 모가 나는 방형方形의 필획을 구사하여 장중한 느낌을 나타내어 쓰는 것을 방필이라 하며, 반대로 둥근 원형의 필획을 구사하여 우아하고 유창한 기운이 들게 쓰는 것을 원필이라 한다. 방필은 획의 모양이 모가 난 까닭에 방정하고 골력骨力이 밖으로 드러나 강직하고 굳건한 멋을 풍긴다. 한나라 시대의 예서와 북위北魏의 해서, 당나라 구양순의 해서에서 많이 구사되었다. 원필은 붓을 댄 곳과 뗀 곳이 둥근 형태를 이루어 그 필획이 둥글고 힘이 세고 속으로 살이 찐 듯하다. 골력骨力을 밖으로 드러내지 않고 안으로 함축하여 넉넉한 멋을 풍긴다. 전서의 글씨와 당나라 안진경의 해서에 많이 구사되었다.

배자配字 ── 글자간의 사이를 아름답게 배치하는 것.

백서帛書 ── 비단에 쓴 글자.

법서法書와 속서俗書 ── 전통적 서법과 필법에 근거하여 모범이 되는 글씨를 법서라 하며, 서법과 필법에 따르지 않고 자기 나름대로 쓴 글씨를 속서라 한다.

법첩法帖 ── 훌륭한 옛법서法書의 글씨들을 탁본하고 영인影印하여 서예 학습을 위해 만든 책.

봉鋒 ── 글을 쓸 때 종이에 직접 닿는 붓털의 뾰족한 끝 부분. 필획을 내는 데 가장 중요한 부분임.

분간分間 ── 문자의 획과 획 사이를 적당히 배치하는 것.

비갈碑碣 ── 비석으로 사각의 형태를 이루고 있는 것을 비碑라 하고 둥근 모양의 것을 갈碣이라 한다.

비백飛白 ── 붓털이 지나가는 사이에 마른 붓 또는 부지불식간에 매우 빠른 운필의 속도로 인하여 희게 나오는 특수한 선의 질을 일컫는다.

비수肥瘦 ── 필획의 굵거나 마른 정도.

비첩碑帖 ── 비석에 새겨진 글자를 탁본하여 종이에 박아낸 다음 첩帖으로 만든 것.

비학碑學과 첩학帖學 ── 돌에 글씨를 새겨 넣은 비碑의 원류, 연대, 체제, 탁본의 진위와 내용 등을 연구하고 고증하는 학문을 비학이라 하며, 그 서파를 비학파碑學派라 한다. 반면에 비단에 쓰인 글씨나 비석의 글씨를 탁본하거나 임모한 법첩法帖의 원류, 연대, 체제, 탁본의 진위와 내용 등을 고증하는 학문을 첩학이라 하며, 그 서파를 첩학파帖學派라 한다. 중국의 서예와 미술은 양자강과 황하를 중심으로 하여 남북의 풍습과 습관이 다르듯이 그 서체와 풍격을 달리하였다. 따라서 웅건하고 질박한 필체와 기상을 중요시하는 비학파는 북비北

碑를 중요시하므로 북파北派라 하고, 우아하고 표일한 필체와 기상을 중요시하
는 첩학파를 남파南派라 하였다.

사경寫經 — 유교 또는 불교의 경전을 베껴 쓰는 것.

서각書刻 — 글씨를 돌이나 나무 등에 새김.

서법書法 — 집필, 용필, 운필, 장법章法 등 서예 표현에 필요한 방법이나 법칙.

서진書鎭 또는 문진文鎭 — 글씨를 쓸 때 종이가 움직이지 않도록 누르는 도구.

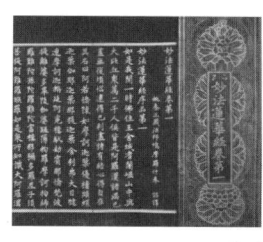 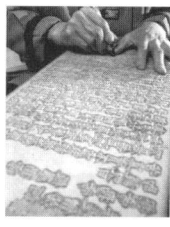 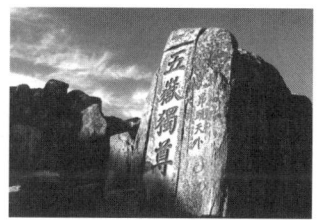

| 사경 | 서각 | 석각 |

서체書體와 서풍書風 — 서체書體란 시대에 따라 발전된 문자의 형形과 양식樣式으
로 전서, 예서, 행서, 초서, 해서 등을 말한다. 서풍書風이란 같은 서체의 글씨
를 쓰더라도 사람에 따라 다르게 나타나는 서예적 표현, 즉 서가書家의 개성이
나타나는 것을 말한다.

석각石刻 — 돌에 글자나 그림을 새김, 또는 돌을 재료로 한 조각.

선면扇面 — 부채 모양의 종이에 그리거나 쓴 작품.

세자細字 — 매우 작게 쓰는 글자.

소밀疏密 — 점과 획 또는 글자와 글자, 행과 행 간의 성김과 빽빽함.

수인首印 – 서화의 앞부분에 찍는 도장.

신운神韻 – 신비롭고 고상한 운치.

심정필정心正筆正 — 당나라의 서예가 유공권이 목종穆宗에게 올린 필간筆諫의 내
용. 즉 마음이 올바르면 붓도 올바르게 된다는 서예에 임하는 기본 자세와 마

음가짐을 의미한다.

아호인雅號印 – 호를 새긴 도장. 주로 양각陽刻으로 새기며, 낙관을 하였을 때는 붉은 필획의 주문朱文으로 찍힌다.

안근류골顔筋柳骨 — 힘줄을 근본으로 하는 안진경顔眞卿과 골격을 근본으로 하는 류공권柳公權의 대조적인 필법과 풍격의 차이를 설명하는 말.

양각陽刻 — 글자를 볼록판으로 새기는 것. 양각으로 새긴 도장을 찍었을 때 붉게 찍힌 문자를 주문朱文이라 한다.

영련楹聯 — 두 쪽의 나무나 두 장의 종이에 짝을 이루는 대구對句를 쓴 대련對聯을 통칭하여 영련楹聯이라고 한다. 영련에 쓰이는 좌우의 글은 자수가 같으며, 상호 내용과 형식에서 대칭과 조화를 이룬다. 영련은 서예와 한문학의 아름다움이 함축적으로 결합된 종합예술이다.

영인본影印本 — 원본의 작품을 사진이나 탁본, 판각 등의 방법으로 복사하여 제작한 인쇄물.

역입평출逆入平出 — 점획을 쓰기 시작할 때 필봉筆鋒을 나아가려고 하는 방향의 반대 방향으로 들어가 붓을 대는 것을 역입이라 하고, 평출이란 운필을 마감함에 붓털이 종이 위에 펴져 있는 상태에서 공중에서 붓을 거두어 수필收筆함을 뜻한다. 역입하여야만 장봉藏鋒이 가능하고, 역입평출하여야만 탄력 있는 글씨를 쓸 수 있다.

영자팔법永字八法 — 한자에서 쓰이는 기본적인 점과 획들을 고루 갖추고 있는 길 영永자의 여덟 가지 부분의 점과 획을 통하여 운필의 기초를 배우는 방법. 즉 〈영永〉자를 구성하고 있는 측側, 늑勒, 노努, 적趯, 책策, 약掠, 탁啄, 책磔의 점획들을 연습해 필법의 기초를 연마하는 방법.

오지제력五指齊力과 만호제력萬豪齊力 — 붓을 잡을 때는 다섯 손가락의 힘이 모두 고르게 붓대에 보내져야 하는데, 이를 오지제력五指齊力이라고 한다. 또한 중봉中鋒의 필법으로 글씨를 써 모든 붓털의 힘이 골고루 발휘되도록 하는 것을

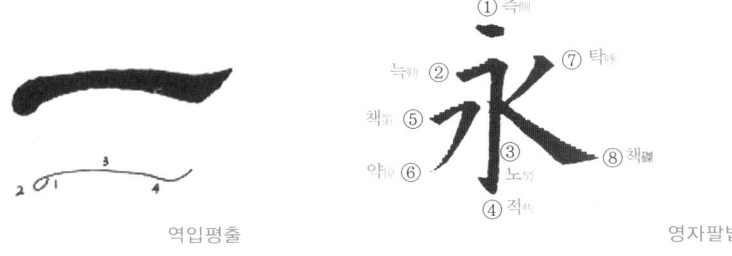

역입평출   영자팔법

만호제력萬豪齊力이라 한다.

완법腕法 또는 운완법運腕法 ― 완腕이란 팔뚝, 팔목을 뜻하는 한자로, 완법이란
글씨를 쓸 때 팔의 위치와 자세 및 팔의 움직임에 관한 방법과 법칙이다. 글씨
는 손가락으로 쓰는 것보다 팔과 관절의 움직임을 통하여, 즉 운완運腕하여 쓰
는 것이 좋다. 운완하여 쓸 때 비로소 전신의 힘이 팔을 통하여 붓에 전달되어
필력筆力이 붙게 된다. 즉 힘차고 활발하며 탄력이 있는 필획은 올바른 팔의
움직임을 통하여 손가락, 팔꿈치, 어깨, 등, 허리와 몸 전체의 힘이 전달되고
합쳐질 때 쓸 수 있게 된다. 반면에 손가락의 움직임만으로 쓸 때에는 작은 글
자의 경우가 아니고는 붓이 움직일 수 있는 범위가 좁고 역량이 미약하여 힘
있는 글씨를 쓸 수 없다. 손목을 다소 안쪽으로 오무려 관절과 함께 팔을 충분
히 움직여 써야만 부드러우면서 굳센 글씨를 쓸 수 있다. 이렇게 글씨를 쓰는
것을 회완回腕이라 한다. 점획의 가볍고 무거움, 필획의 느리고 빠름 등이 모
두 팔의 움직임에 달려 있다. 따라서 팔의 움직임은 활달하고 품격이 있는 글
씨를 쓸 때 필요한 가장 중요한 기술이다. 운완의 방법에는 대표적으로 현완
懸腕, 제완提腕, 침완枕腕의 세 가지가 있다.

현완법懸腕法: 왼손으로 종이를 누르고 오른쪽 팔꿈치를 지면과 나란하게 들고
쓰는 방법으로 큰 글씨나, 중간 정도 이상의 글씨를 쓸 때에 적합하다. 즉 팔
을 책상에 대지 않고 들어 올리고 글씨를 쓰는 현완법은 자유로운 팔의 움직
임을 통하여 전신의 기력을 충분히 발휘할 수 있다. 즉 팔, 팔뚝, 팔목, 손가락

이 모두 움직여져서 온 힘이 붓끝筆鋒에 도달할 수 있게 된다. 붓을 바르게 잡아 넓은 범위에서 자유자재로 쓸 수 있는 까닭에 큰 글씨와 행서 및 초서와 같은 생기발랄하며 막힘없는 글씨를 쓸 수 있다.

제완법提腕法: 왼손으로 종이를 누르고 오른 팔꿈치를 책상의 모서리에 가볍게 대고 쓰는 방법으로 중간 정도 크기의 글씨를 쓸 때에 적합하다. 제완법은 팔목 부분만을 올리고 쓰는 방법이기 때문에, 소자小字와 중자中字를 쓸 때에는 적당하나, 대자大字를 쓰거나 붓의 움직임의 범위가 큰 행서나 초서를 쓸 때에는 적당하지 않다.

침완법枕腕法: 왼손을 오른손 손목의 밑에 받치고 쓰는 방법으로, 팔의 역량이 붓끝인 필봉筆鋒에 까지 충분히 미치지 못하는 까닭에 소자小字의 작은 글씨체를 쓸 때 쓰인다.

용필用筆 ― 점과 획을 표현하는 데 붓을 사용하는 방법과 과정. 즉 붓 끝을 올바르게 쓰는 방법으로 필법筆法 또는 운필법運筆法이라고도 한다.

운필법運筆法 ― 붓을 움직여 가면서 점을 찍고 획을 긋는 방법, 즉 붓을 종이에 대어 쓰기 시작함(기필起筆 또는 낙필落筆), 붓의 보냄(행필行筆)과 붓의 거둠(수필收筆)의 변화에 의해 필획을 표현하는 붓의 활용 방법을 말하다. 운필법에는 여러 가지 기법이 있으나 가장 기본적이며 중요한 것은 중봉中鋒이다. 중봉이란 붓을 움직일 때 붓의 끝인 필봉筆鋒이 항상 점과 획의 가운데 있으면서 상하 또는 좌우 어느 한쪽으로 치우치지 않는 상태를 이른다. 붓을 바르게 잡아 중봉으로 써야만 부드러운 가운데 굳세며 강한 맛의 글씨를 쓸 수 있다. 중봉의 상태를 유지하면서 점획의 변화에 따라 머물고, 꺾고, 당기고, 끌고, 빠르고, 느린 붓놀림을 할 때 아름답고 활기찬 글씨가 쓰인다. 그러나 운필은 단순한 기교에 그치는 것이 아니다. 운필은 마음과 손을 함께 쓸 때 가능한 것이다. 즉 마음을 바르게 하면서 동시에 손의 움직임을 바르게 하여야 좋은 운필이 된다. 즉 심수병용心手並用 하여 심정즉필정心正卽筆正의 경지를 드러내야 한다.

의임意臨 — 시각적 자형字形뿐만 아니라 서예가의 내면적 정신과 의도를 좇아 임서하는 방법.

인보印譜 — 전각한 도장을 찍어 모아 엮은 책.

인재印材 — 도장의 재료로서 옥, 금, 동, 나무, 돌 등이 있음.

임서臨書 — 옛날의 훌륭한 비의 탁본이나 법첩을 체본으로 삼아 보면서 쓰는 것. 또는 그렇게 해서 쓴 글씨를 말한다. 모摹가 형체形體에 중점을 두는데 비해 임臨은 필의筆意를 중히 여긴다. 서예의 학습에 가장 기본적인 방법이며, 정확한 임서를 통하여만 서예 학습의 효과를 얻을 수 있다.

임지臨池 — 한漢나라 때의 서예가였던 장지張芝는 못 옆에서 서예를 연습하며, 못의 물로 벼루를 자주 씻어 물이 검게 변했다고 한다. 이런 고사에 따라 글씨 공부를 임지臨池라 한다.

자체字體 — 글자의 형체. 이를테면 전자체, 예자체, 해자체 등을 말한다.

장법章法 — 한 글자를 구성하는 점획들의 격식에 맞춘 구성을 결구라 하며, 한 문구 또는 문장의 공간적 배열과 배자를 격식에 맞춰 예술적으로 하는 것을 장법이라고 한다. 행간의 좁고 넓음, 자간의 좁고 넓음에 따라 서예 작품의 분위기와 격이 크게 달라지는 데, 이러한 글자의 배자와 공간을 포백佈白하는 법을 장법이라고 한다. 장법章法은 서書와 화畵뿐만 아니라 전각에도 중요하다. 작품 전체를 통하여 글씨의 흐름이 자연스럽고 연결에 일관성이 있으면서 조화를 이루는 공간구성을 의미한다.

장봉長鋒 — 붓털이 긴 붓.

장봉藏鋒 — 점과 획을 쓸 때 붓의 끝이 필획에 나타나지 않도록 감추어 쓰는 필법. 반대로 노봉露鋒은 붓의 끝이 필획에 나타나도록 쓴다. 하나의 점획을 쓸 때 처음에 필봉을 어떻게 들이대느냐에 따라 장봉과 노봉의 차이가 생긴다. 즉 붓끝을 점획의 처음 부분으로 역입逆入하여 밀어서 대면 붓끝이 감추어지게 된다. 이러한 역입장봉逆入藏鋒으로 글씨를 써야 필력이 강하게 나타난다. 반대로 점획의 방향대로 붓을 대어서 필봉이 밖으로 노출되어 나타나도록 하는 것을 노봉이라고 한다. 노봉은 작은 글자나 행서나 초서를 쓸 때 많이 나타난다.

전각篆刻 ─ 전서를 새긴다는 뜻으로, 서화에 사용되는 도장에 문자를 새기는 일이나 문자가 새겨진 도장을 뜻한다. 음각으로 새겨 도장의 문자가 희게 찍히는 것을 백문白文이라 하고, 양각으로 새겨 도장의 문자가 붉게 찍히는 것을 주문朱文이라 한다.

전절轉折 ─ 획의 방향을 바꾸는 것으로 방향이 바뀔 때 붓을 둥글려 모가 나지 않게 하는 원필圓筆의 방법을 전轉이라 하고, 모가 나게 하는 방필方筆의 방법을 절折이라 한다.

전지全紙 ─ 서화 전문 용지인 화선지의 한 장 크기의 단위. 보통 전지 한 장의 크기는 가로 70cm, 세로 130cm 정도다. 세로로 반으로 자른 것을 반절이라 하고, 전지의 1/4, 1/6, 1/8의 크기를 사절, 육절, 팔절이라고 한다.

절임節臨 ─ 비문이나 법첩의 일부분을 택하여 임서하는 방법 또는 그 작품.

제발題跋 ─ 서적이나 비첩, 서화 따위에 서명을 하거나 제목 또는 설명을 다는 것을 말한다. 본래는 앞에 쓰는 것을 제題라 하고 뒤에 쓰는 것을 발跋이라 하였다. 지금은 일반적으로 작품의 본문을 쓰고 난 뒤에 서명이나 설명 따위를 쓰는 것을 말한다.

조상기造像記 ─ 석상, 동상 따위를 만든 인연이나 유래를 적은 기록.

중봉中鋒과 측봉側鋒 또는 편봉偏鋒 ─ 행필할 때 붓대를 곧바로 세워 필봉筆鋒, 즉 붓의 끝이 필획의 한가운데를 지나도록 하며 어느 한쪽으로 치우치지 않게 함을 중봉이라 한다. 반대로 붓을 비스듬하게 하여 필봉이 한쪽으로 치우치게 하여 쓰는 것을 측봉 또는 편봉이라 한다. 중봉으로 용필하면 먹물이 종이에 고르고 힘 있게 침투하여 입체적이며 살아 있는 듯한 글씨를 쓸 수 있다. 모든 획의 변화를 자유자재로 구사할 수 있다. 따라서 모든 서체는 중봉을 위주로 쓴다. 편봉으로 운필하면 서선의 한쪽은 매끈한 반면 반대편은 거칠게 보이기 때문에 글씨는 자연 평평하고 가벼우며 힘이 없어 보이게 된다.

죽간竹簡 — 옛날에 종이가 없을 때 글을 쓰던 대나무.

집필법執筆法 — 붓을 잡는 방법이 바를 때에만 아름다운 글씨를 자유자재로 쓸 수 있다. 즉 운필의 묘는 집필에 따라 발휘된다. 따라서 편안하고 자연스러운 가운데 필요한 만큼의 힘으로 쓸 수 있도록 붓을 잘 잡는 것이 중요하다. 붓을 잡는 여러 방법이 있으나, 어떤 경우에도 손가락 사이는 조밀하게 하며, 손바닥은 비게 하여야 하고, 팔목은 평평하게 하여야 한다. 즉 손가락 끝에 힘을 주되 필요에 따라 힘을 빼고 더하기를 마음대로 할 수 있도록 잡아야 한다. 다섯 손가락의 마디를 모두 꺾고 손가락 끝에 힘을 주어 붓을 잡으면 손바닥은 텅 비게 된다. 이런 허장실지虛掌實指를 제대로 하여야만 붓끝에서 나오는 천변만화千變萬化하는 점획을 자유자재로 쓸 수 있다.

쌍구법雙鉤法: 엄지, 집게, 가운데 손가락 끝을 모아 붓을 잡고, 약손가락으로 붓대를 밀어서 받치고 그 약손가락을 새끼손가락이 다시 받쳐 쓰는 방법. 큰 글씨를 쓰는 데 적합하다.

단구법單鉤法: 엄지와 집게 손가락으로 붓대가 지면과 수직이 되도록 잡고, 가운데 손가락, 약손 가락, 새끼 손가락으로 안에서 받쳐 쓰는 방법. 작은 글씨를 쓰는 데 적합하다.

체본體本 — 임서臨書할 때 본보기가 되는 글씨본. 일반적으로 지도하는 선생이 법첩의 글씨를 임서하면서 필법, 운필, 결구의 시범을 보여주며 써준 것을 체본으로 삼는다.

파세波勢 또는 파책波策 — 예서의 가로획(횡획橫劃)을 쓸 때 수필收筆할 때 붓을 누르면서 조금씩 내다가 오른쪽 위로 튕기면서 붓을 떼는 방법과 그 필획의 형태. 예서의 한 특징.

포백佈白 — 결구結構에 따라 쓰여진 하나 하나의 문자들이 모여 문장으로 쓰여질 때 조화롭게 배열하고 배자하여 공간의 격식을 꾸밈. 장법章法이라고도 한다.

표구表具 — 서화 작품을 액자나 족자 등으로 모양을 갖추어 아름답게 꾸미는 일.

필단의연筆斷意連 — 연이어 쓴 글씨에서 비록 획은 끊겨 있으나 필세筆勢나 필의筆意는 이어져 있음을 말한다. 즉 점과 획이 비록 형태적으로는 떨어져 있어도, 일필휘지一筆揮之 기운생동氣韻生動의 기맥이 살아 이어짐을 뜻한다. 특히 빠른 운필의 행서나 초서에서는 자연스럽게 이어지는 필의筆意를 중요시한다.

필력筆力 — 글씨의 점획 및 서예의 작품에서 드러나는 힘을 말한다. 필력은 올바른 자세와 집필執筆을 통하여 손가락, 팔, 팔꿈치, 어깨, 허리 나아가 전신의 힘을 붓끝에 효율적으로 보내어 자유롭게 운필運筆하는 가운데 드러난다. 필력은 필획의 빠르고 더딤, 필획의 굽음과 곧음(곡직曲直), 두터움과 얇음(후박厚薄) 및 경쾌함과 무겁고 침착함(경중輕重), 형태, 먹색의 농담 변화 등이 잘 조화됨으로써 나타나는 것으로 쓰는 사람의 기량과 기교와 숙달의 경지를 보여준다.

필법筆法 — 붓의 올바른 사용법과 움직임의 방법을 말한다.

필봉筆鋒 — 붓털의 맨 끝의 뾰족한 부분. 필봉이 긴 붓을 장봉長鋒이라 한다. 필봉이 길수록 붓의 탄력성이 좋고, 먹을 함유하는 양도 풍부하여 보다 자유롭고 원활하게 글씨를 쓸 수 있다. 붓을 움직일 때 필봉이 점획의 중심부에 오게 하

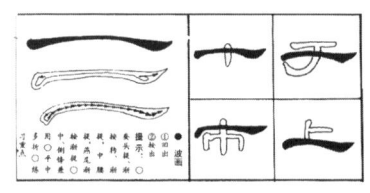

파세

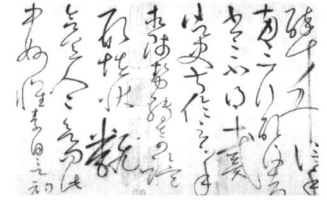

필단의연

여 글씨를 쓰는 것을 중봉中鋒이라 하고, 필봉을 감추어 그 모서리가 드러나지

않게 하는 것을 장봉藏鋒이라고 한다. 장봉長鋒을 이용하여 중봉中鋒과 장봉藏鋒의 필법으로 글씨를 쓰면 온후하고 중후한 모범적인 점획을 낼 수 있다.

필세筆勢 ─ 글씨의 획에서 드러나는 기세.

필순筆順 ─ 필획을 긋는 순서.

필의筆意 ─ 필의에는 두 가지 의미가 있다. 하나는 글씨를 통하여 서가가 드러내는 사상과 정신, 기량이며, 다른 하나는 운필에서 점, 획의 상호 간에 비록 필선과 필적으로 나타나 보이지는 않으나 연결성이 있는 붓의 움직임이다. 필의는 글씨에 표현된 의도와 정신이다. 예부터 의재필선意在筆先이라하여 붓을 들고 쓰기 전에 무엇을 어떻게 쓸 것인지에 대한 생각이 앞서 형성되어야 함을 강조하였다. 이러한 필의는 필법과 필세와 함께 중요한 요소다.

필적筆跡 ─ 붓으로 쓰여진 문자나 그 문자가 실려 있는 책이나 문서.

필획筆劃 ─ 붓으로 쓴 자형을 구성하는 갖가지 형상의 점과 선.

향배向背 ─ 점획이 서로 마주 향하여 응하는 형태의 필세筆勢를 상향相向이라 하고, 서로 등을 지고 있는 형태의 체세體勢를 상배相背라 한다. 이를 합하여 줄여 향배라 한다.

향세向勢 ─ 마주 보는 두 획을 서로 바깥쪽으로 부푼 듯이 휘게 쓰는 것으로 원필의 경우에 나타나며, 안진경의 해서체에서 많이 볼 수 있음.

행간行間 ─ 여러 줄의 글씨를 쓸 때 줄과 줄 사이의 간격과 공간.

행필行筆 ─ 점획을 긋는 데 붓이 나아가는 것을 행필 또는, 송필送筆이라고 한다.

현판懸板 ─ 글자를 새겨 문 위나 벽에 단 횡액 형식의 조각된 널조각. 흔히 절이나 누각, 사당, 정자 따위의 들어가는 문의 위 또는 처마 아래에 걸어 놓는다.

형임形臨 ─ 글자의 형태에 치중하여 사실적으로 임서하는 방법.

호豪 ─ 붓의 털.

횡획橫劃 ─ 가로로 긋는 필획.

2부 서예를 만나다 —

근대 서예의 최고봉 판교 정섭과 추사 김정희

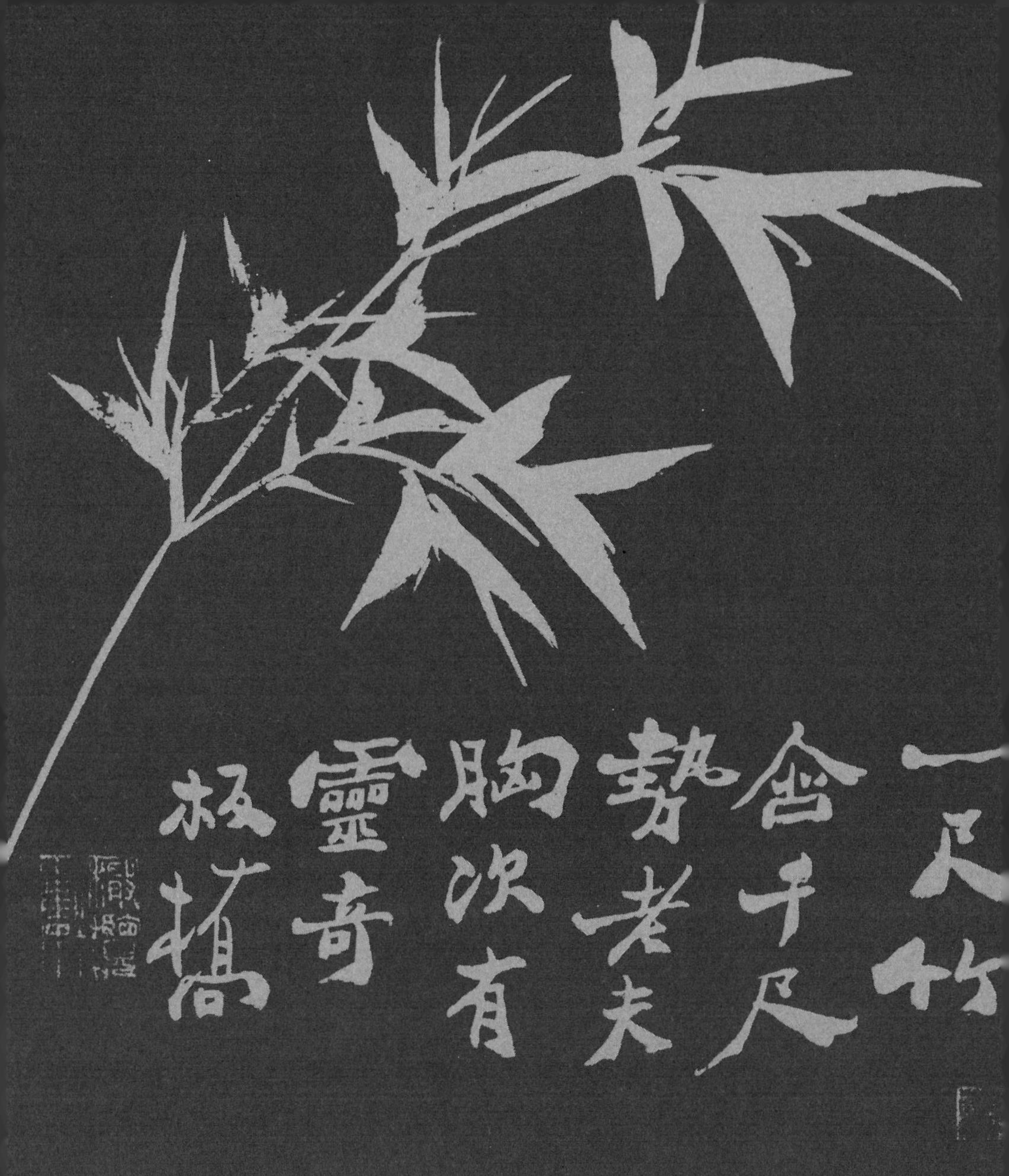

一尺竹 畵千尺 勢老夫 胸次有 靈奇 板橋

정섭, 〈묵죽두방墨竹斗方〉

판교 정섭

전통의 틀을 깬 중국 최초의 전위적 민중 작가

판교 정섭을 만나 추사에 눈뜨다

서예에서는 항상 전통과 법이 중시되었다. 이런 전통성과 법을 지키면서도 전통의 틀에서 과감하게 벗어나 자신만의 새로운 예술 세계를 펼친 대표적 서예가로 나는 판교 정섭과 추사 김정희를 손 꼽는다.

나는 추사체라는 추사 김정희의 독특한 글씨와 그의 문인화가 나오게 된 배경에는 판교 정섭의 영향이 크다고 생각한다. 서로 100년이라는 세월을 사이에 둔 중국과 한국의 두 위대한 서예가에게는, 그들이 귀중하게 생각하였던 문자향文字香과 서권기書卷氣로 이어지는 보이지 않는 끈과 인연이 있는 것이다.

이런 점에서 나는 판교를 추사를 이해하기 위한 하나의 징검다리라고 생각한다.

내가 판교를 좋아하게 된 것은 1980년대 초 독일 뒤셀도르프에서 유럽 지사장으로 일할 때였다. 나는 시간이 날 때마다 시내 중심가에 있는 일본 책방 두 곳과 중국 책방을 단골로 드나들며 책을 사서 읽곤 하였다. 일본 책방이 번화가의 최첨단 건물 안에 위치한 반면 중국 책방은 한산한 뒷길에 있는 옛 건물의 반지하에 있었다.

밍판明砚이라는 책방은 중국인 여주인이 늘 혼자 지키고 있었다. 내가 서예와 문인화 및 동양화, 유학과 철학에 관한 책들에 관심이 있는 것을 알게 된 여주인은 어느날 미술을 전공한 자신의 남편을 소개해 주었다. 당시 백남준 교수가 출강하던 뒤셀도르프의 유명한 미술대학에서 조각을 공부한 중국인 남편은, 나를 그가 운영하는 화랑으로 안내하였다.

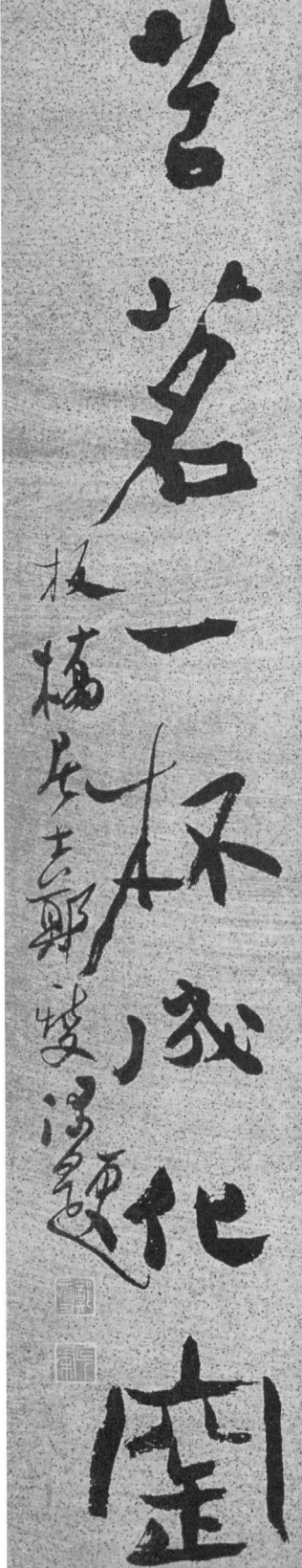

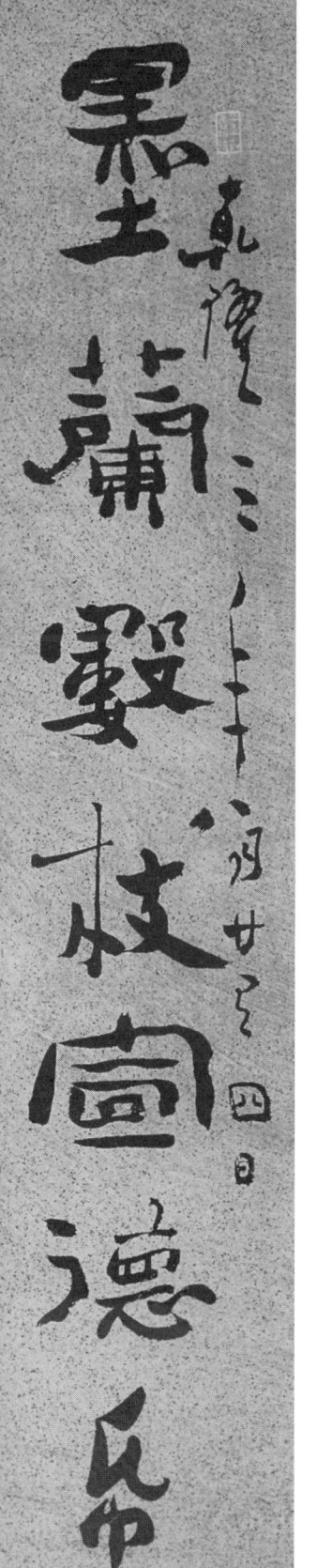

화랑의 벽에는 청나라 말에 서예와 문인화, 전각의 대가인 오창석과 제백석 등의 오리지널 작품이 걸려 있었다. 그리고 홀의 안쪽에 있는 두 개의 기둥에는 붉은 종이에 쓴 서예 대련 작품이 걸려 있었다. 나는 그 작품을 보는 순간 고압전기에 감전된 듯한 전율을 느꼈다. 나는 작품에 다가가 찬찬히 살펴보았다. 판교의 글씨를 수인화水印畵 기법으로 찍어낸 족자 대련이었다.

墨蘭數枝宣德紙
苔茗一盃成化窯
선덕지 위에 난초 잎 몇 개를 치고
성화의 도자기 찻잔에 명차를 달여 마신다.

판교가 창조한 서체인 육분반서六分半書(여러 서체를 뒤섞고 크기가 서로 다른 서체)의 특징이 잘 나타난 작품이었다. 전반적으로 예서의 필의筆意가 분위기를 주도하고 있으나, 지枝와 배

정판교, 〈묵난태명墨蘭苔茗〉, 1738, 각 폭127×27.5㎝, 김종헌 소장
이 작품은 판교의 실험정신과 재기가 돋보이는 것으로 글씨의 형태는 예서와 행서를 주로 취했으며, 획을 굵게 쓴 자와 가늘게 쓴 자, 길이를 짧고 납작하게 쓴 자와 길게 늘려 쓴 자를 적절히 배열하여 시각적인 율동감을 추구하였다. 서예의 새로운 미감을 추구하려는 대담한 실험이자 시도인 것이다.

杯는 행서行書의 자형字形, 난蘭과 선宣, 요窯에서는 예서隸書의 자형을 쓰고 있으며, 협서夾書(글줄과 글줄 사이에 적어 넣은 글)의 자획은 행서와 초서草書의 자획으로 구성되어 있었다. 또한 일부 획은 사군자의 획이라고 해도 좋을 만큼 회화적인 필획을 과감하게 섞어 썼다.

즉 판교의 탈속脫俗하고 청아淸雅한, 문기文氣 높은 문장을 특이한 획의 변화와 장법을 구사하여 기이한 글자의 형태로 잘 보여주고 있다. 그러나 전체적으로는 자유롭고 탈속한 가운데 우아한 아름다움을 고루 갖추고 있다. 글자의 모양과 구도는 그야말로 난숙한 멋을 부리고 있는 것이다. 몇 가지 서체를 한 작품 속에 집결시켜 새로운 형태미를 추구하면서 서로 잘 조화되게 한 것은 판교의 미적 감각이 전통 서예의 요체와 멋을 깊이 감지하고 난 후 한껏 여유를 부려 자신의 개성을 표현하고 있다. 내용에 어울리는 글씨의 형태며 필획의 긴장감과 안정감, 아울러 생동감 넘치는 필의筆意를 동시에 느낄 수 있는 걸작이다.

판교는 서예 역사상 최초로 그리고 본격적으로 전통 서예의 단정하고 균일한 글씨의 스타일을 깨뜨린 작가다. 단아하고 고전적인 글씨만 좋아했던 나에게 판교의 파격적인 글씨는 충격이었다.

나는 화랑 주인에게 작품의 가격을 물었다. 주인은 싱긋이 웃으며 대답하였다. 이 작품은 개인적으로 좋아하여 늘 감상하는 작품으로, 소장하기 위해 구한 것이지 팔려는 물건이 아니라고 하였다. 나는 화랑 주인이 작품의 가격을 올려 받으려는 수작으로 알고 첫날은 그냥 물러서 나왔다. 그 후 나는 독일을 떠날 때까지 2년여를 그 화랑에 들릴 때마다 가격을 물었고, 돌아오는 주인의 대답은 늘 같은 것이었다. 꼭 그 대련 작품을 갖고 싶었던 나는 독일을 떠나기 일주일 전 편지봉투에 성심성의를 다하여 준비한 돈을 넣어 다시 화랑 주인을 만나러 갔다. 그리고 다음과 같이 말하였다. "제가 지난 2년간 틈만 있으면 정판교의 작품을 보러 왔음에도 사장님이 박대하지 않아 잘 감상할 수 있었습니다. 참으로 고맙습니다. 그런데 제가 일주일 후면 곧 고국으로 돌아갑니다. 솔직히 물어 보겠습니다, 제가 정판교의 작품을 더 좋아하는지 사장님께서 더 좋아하는 지를. 만약 제가 더 좋아한다고 생각하신다면 저에게 이 작품을 주십시오. 제가 한국으로 가져가 잘 간수하며 감상하겠습니다. 만약 사장님께서 보고 싶으시다면, 연락하시는 즉시 제가 서울까지 찾아오실 수 있는 왕복 비행기표를 마련하여 보내드리겠습니다."

내 얘기를 들은 화랑 주인은 봉투 속의 돈은 세어보지도 않은 채 받아 탁자 위에 놓고는 바로 족자 대련를 떼어 내게 건네주었다. 그리고 낮은 목소리로 말하였다. "작품마다 다 제 주인이 있는 모양입니다."

나는 내 안목과 어렵게 구한 판교의 작품을 품평받고 싶어 스승인 송천 정하건 선생에게 보여주었다. 선생은 판교 정섭의 대련 족자를 펼치고 찬찬히 감상하였다. 그리고 늘 좋은 작품을 만났을 때처럼 "오늘 아주 돗자리를 펴고 종일 제대로 보아야겠는데"라고 말하였다. 이 말은 수집가나 감상자들이 좋은 작품을 만났을 때 즐겨 하는 말이다.

선생께서는 집을 나서며 나직이 말하였다. "거량居亮은 안목이 있어 이 작품을 멀리 독일에서 구하여 왔고, 나는 오늘 안복眼福이 있어

판교 정섭 87

잘 감상하였습니다. 고맙습니다."

난득호도, 호도노인에게서 얻은 삶의 지혜

한 일간신문이 서울대학교 권장도서 100권에 선정된 《변신인형變
身人形》이란 소설을 소개해 읽은 적이 있다. 나는 이 소설을 읽기 시
작하자마자 깜짝 놀랐다. 소설이 정판교의 글씨로부터 시작되기 때
문이다.

주인공인 언어학자 니자오는 1980년 독일을 방문하여 아버지의
옛 친구인 한 독일인 학자의 집을 찾아간다. 그는 그곳에서 "난득호
도難得糊塗"라는 판교의 글이 쓰인 편액扁額을 발견하고 읽는다. "어
리석어지기가 어렵다"는 뜻의 글과 글씨를 보며 오랫동안 잊고 있던
유년 시절을 회상하는 내용으로 이야기가 시작된다.

니자오의 시선이 오른쪽으로 움직여 문이 있는 쪽의 벽을 향했다.
눈이 부릅떠지고 입이 벌어졌다. 그는 놀랐다. 〈난득호도難得糊塗〉
라는 고자古字가 탁본으로 횡폭이 보였던 것이다. 왜 가슴이 뛰는지
알 수 없었다. 그는 일어나서 그 횡폭으로 다가갔다. 맞아. 바로 이
거야. '난難'자가 '난鸞'으로 씌어 있었다. 이건 정판교의 글씨였
다. 필체는 힘찼고, 그 밑으로 "총명하기도 어렵고 어리석기도 어
렵지만 총명함에서 어리석음으로 나아가기는 더욱 어렵다. 내버려
두고 한 걸음 물러서면 곧 마음이 편안해지나니, 뒤에 복이 오기를

바라는 것이 아니다. 판교가 적는다"라고 씌어 있었는데, 이는 그가 이미 옛날에 마음속 깊이 익혀 욀 수 있었던 문구였다. 그때는 그 뜻을 알지 못했었고, 그 뒤로는 깨끗이 잊어버렸던 것이다(왕멍, 전형준 옮김, 《변신인형》, 문학과지성사, 2004, pp.35~36).

이야기에 나오는 〈난득호도〉라는 작품은 여느 중국인 집에서 흔히 볼 수 있을 정도로 유명한 판교의 글과 글씨다. 아마 이 소설에 나오는 독일인 주인은 중국에 살 때 이 작품의 사본을 한 점 사가지고 독일까지 가져온 모양이다. 나도 이 작품을 매우 좋아하여 홍콩, 대만, 중국 등지를 여행하다 눈에만 띄면 구하여 모았다.

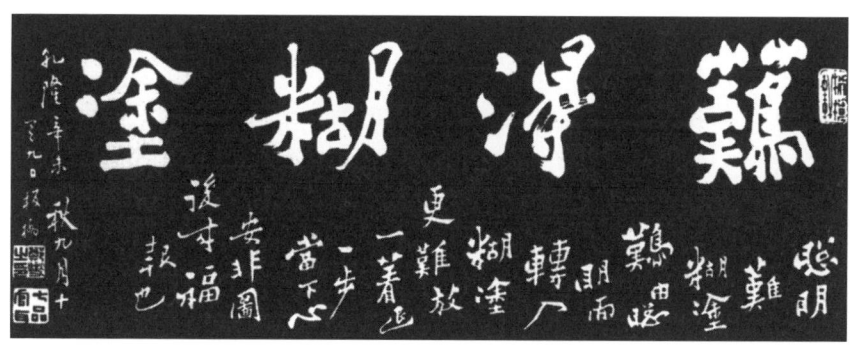

정섭, 〈난득호도難得糊塗〉, 탁본, 43.5×101cm

'난득호도'는 판교가 산둥 지방에서 벼슬을 하고 있을 때 만난 호도노인糊塗老人(어수룩한 늙은이)이라는 숨어 사는 옛 고관의 비범함에 놀라 지은 글이다.

판교가 하루는 내주 지방의 거봉산을 찾았다. 육조 시대에 세워진
정문공비鄭文公碑를 찾아보기 위함이었다. 가다가 시간이 늦어 산속
에 있는 모옥茅屋(띠나 이엉 따위로 이은 허술한 집)에서 하루를 묵게 되
었다.

모옥의 주인은 유생儒生(유가의 도를 닦은 선비)의 티가 나는 노인으
로 스스로 호도노인이라고 소개하였다. 모옥에는 네모난 탁자만큼
이나 큰 좋은 돌에 조각을 잘 새긴 벼루가 있었다. 판교는 좋은 벼루
를 보고 크게 감탄하였다.

다음날 아침 어수룩한 노인은 판교에게 벼루에 새기기 좋게 글을
하나 써달라고 부탁하였다. 판교는 즉석에서 '난득호도'라는 네 글
자를 먼저 쓰고 이어 다음과 같은 글을 써 남겼다.

康熙秀才	강희제 때 수재 합격
雍正擧人	옹정제 때 거인 합격
乾隆進士	건륭제 때 진사 합격

당시의 과거제도는 3단계의 시험을 치렀는데, 고향 마을에서 치르
는 1단계 시험인 향시鄕試에 합격을 하면 수재秀才라 불렸고, 각 성省
에서 치르는 2단계 시험에 합격하면 거인擧人, 마지막으로 황제 앞에
서 치르는 3단계의 전시殿試에 합격을 하면 진사進士가 되었다. 정판
교는 글재주가 매우 뛰어났으나, 과거시험에는 좀 늦어 늦은 나이에
산동의 현령縣令이 되었을 뿐이다.

벼루가 워낙 컸으므로 정판교는 자신의 글을 쓰고 남은 빈자리에 노인에게 발문跋文을 써줄 것을 부탁하였다. 노인은 다음과 같은 글을 썼다.

得美石難	아름다운 돌은 얻기 어렵다.
得頑石尤難	굳센 돌 역시 얻기 어렵다.
由美石轉入頑石更難	아름다운 돌이 굳센 돌로 바뀌기는 더더욱 어렵다.
美於中頑於外	아름다움은 속에 있고, 굳셈은 밖에 있으니
藏野人之廬	시골사람 오두막에 숨어 살 뿐
不入富貴門也	재산과 지위를 위해 드나들지 않는다.

글을 지어 쓰기를 마친 다음 노인은 낙관을 썼다.

院試第一	원시에서 일등
鄕試第二	향시에서 이등
殿試第三	전시에서 삼등

노인이 쓴 대구對句를 읽고 판교는 깜짝 놀랐다. 그제야 비로소 이 모옥에 묻혀 사는 노인이 보통 사람이 아님을 알게 된 것이다. 노인은 고관을 지냈고 은퇴하여 은거 중이었다. 판교는 다시 붓을 들어 앞에 쓴 '난득호도' 네 글자에 보태어 다음과 같은 대구를 썼다.

聰明難 糊塗難

由聰明而轉入糊塗更難

放一着退一步當下心安

非圖後來福報也

총명하기도 어렵고, 어수룩하기도 어렵다.

총명한 사람이 어수룩해지기는 더 어렵다.

한 생각을 버리고 한 걸음 물러서면 마음이 편안해 지리니.

도모하지 않아도 나중에 복된 응보가 올 것이다.

이후로 '난득호도'는 판교의 좌우명이 되었고 이 글을 자신의 독특한 서체로 써서 책상 머리에 붙여놓았다. 그러나 판교가 '난득호도'의 진정한 의미를 깊이 느끼고 깨달은 것은 관직을 떠나 고향 양주로 돌아갈 때였다.

판교가 관직에 있는 동안 큰 가뭄이 들어 농민들이 굶주림에 시달리자 즉각 관청의 창고를 열어 백성들의 기근을 구하였다. 상부에 허가를 받기 위해 공문을 올리고 조정의 비준을 기다리다가는 백성들이 모두 굶어 죽고 말 형편이었다. 한시가 급한 사정에 판교가 관청의 창고를 모두 열어 구재미救災米를 나누어주니, 현성縣城 안팎의 길 위에는 벌떼와 같은 백성들이 아침부터 저녁까지 끊이지 않았다. 이로 인해 잠시나마 집집마다 기아의 위협에서 벗어날 수 있었다. 판교는 그때 백성의 어려움을 〈도황행逃荒行〉이란 시에서 다음과 같이 묘사하였다.

十日賣一兒	열흘 만에 아이 하나 팔고
五日賣一婦	닷새 만에 부인을 팔고
來日勝一身	내일은 제 몸만 남아
茫茫郞長路	망망한 유랑길 오르네.

　그러나 이런 판교의 선행은 도리어 부패한 고관들과 돈 많은 부호들의 미움을 사는 빌미가 되었다. 그는 관직을 버리고 고향으로 돌아가게 되었는데, 그의 나이 예순한 살 때 일이다. 마침내 그가 근무하였던 현縣을 떠날 때 현의 모든 백성들이 거리로 나와 울며 그를 전송하였다. 이때 세 필의 당나귀 가운데 한 필에는 자신이 타고, 또 한 필에는 길을 인도하는 서동書僮 한 사람을, 나머지 한 필에는 자신의 옷과 서화 그리고 거문고 하나를 실었다. 12년이라는 긴 세월을 현령으로 지낸 판교의 삶이 얼마나 청빈했는지를 미루어 짐작할 수 있는 장면이다. 관직에서 물러나면서 그는 '난득호도'의 뜻을 다시금 절감하였다. 그는 예순을 넘긴 나이에 파면을 당하고서야 비로소 삶의 예지를 처절하게 깨닫고, 스스로 총명함보다는 '호도'의 길을 택하였다.

　호도란 바보라는 뜻으로도 통한다. 따라서 '난득호도'는 바보인 척하기도 어렵다는 말이다. 이 말은 혼란한 세상에서 자신의 능력을 다 드러내 보이지 말고 되도록 자신의 재주를 감추고, 그저 바보인 척 인생을 살아가라는 뜻을 지니고 있다. 지혜로우나 어수룩한 척하고, 기교가 뛰어나나 서투른 척하고, 강하나 부드러운 척하고, 곧으나 휘어진 척하며……

판교가 이 글을 짓고 쓴 다음부터 '난득호도'는 많은 중국인들이 좋아하는 격언이자 금언이 되었다. 대부분의 중국인들은 집의 거실이나 서재, 또는 현관 아니면 사무실에 판교가 쓴 '난득호도'라는 편액을 즐겨 걸고 있다. 이 판교의 바보철학이 중국인들의 인생철학이자 생활철학의 하나가 된 것이다.

중국인들은 본래 자신의 깊은 속내와 생각을 남에게 잘 드러내지 않는 편이다. 집이나 건물의 밖도 될 수 있으면 요란하게 치장하지 않는다. 그저 처음 집을 지을 때의 모습 그대로 꾸밈없이 가꾸고 산다. 판교의 난득호도의 영향 때문인지도 모를 일이다.

기괴奇怪하고 참신한 새로운 글씨를 창조하다

그러나 판교가 중국인들에게 사랑받는 것은 '난득호도' 때문만은 아니다. 중국인들은 그의 시서화 삼절의 경지를 존경하고 사랑한다. 그는 새로운 서체를 창조한 서예가이자 애민愛民과 평등을 그린 화가이며, 참신한 스타일의 시와 문장을 쓴 문인이다.

중국 사람들은 전통적으로 유가의 중용을 중시하는 사상에 힘입어 중화미中和美를 추구하였다. 그리고 이런 기준에서 벗어난 것은 광狂 (미친) 혹은 기奇(기이한) 또는 괴怪(괴팍한)한 것으로 여기고 이단시하여 배척하였다. 따라서 서예에서도 중화미를 대표하는 왕희지의 글씨와 같은 단아한 글씨를 으뜸으로 삼고 따라 배웠다.

판교도 초기에는 왕희지, 안진경, 소동파, 황정견 등의 전통 서법을 배우고 연구하였다. 옛사람들의 법첩과 비석에 새겨진 서체에 담긴 정신을 되살리려 하였으나 결코 그 겉모양만을 베끼려 하지 않았다. 오히려 판교는 서예 예술의 핵심이 되는 정신만 그들에게서 취할 뿐 형태와 필법에서는 자신의 개성과 창의를 발휘하여 참신하고 특이한 서체를 발전시켰다. 그는 자신의 공부와 창작의 태도를 이렇게 말하였다.

學一半 厀一半 未嘗全學 非不欲全 實不能全 亦不必全也
반은 배우고 반은 버려 일찍이 전부를 배운 적이 없다. 전부를 이루고자 욕심내지 않으며 실제 전부를 이룰 수도 없으니 또한 반드시 전부를 이룰 필요도 없다.

판교는 그가 스스로 만들어 쓰기 시작한 새로운 스타일의 서체를 이름하여 육분반서六分半書라 불렀다. 그는 옛 예서인 팔분서八分書의 기본 정신과 형태에서 반을 취하고 나머지는 전서와 행서, 해서 및 초서, 나아가 사군자의 획과 기법을 나름대로 조화롭게 섞어 썼다. 다시 말해 전통의 서체들을 혼합하여 격조 높고 특이한 글씨를 새롭게 만들어 쓴 것이다. 따라서 그가 쓴 글자에는 오체의 필법과 사군자의 화법이 뒤섞여 있는 것이다.

마치 난초를 그리듯 글자를 썼고, 글자를 쓰듯이 난초를 그렸다. 또한 대나무를 그리듯 글자를 썼고, 글자를 쓰듯 대나무를 그렸다. 그는 전통을 충실히 배우고 따랐으나 전통의 기법을 발전적으로 해체하고 자기 나름의 대담하고 창의적인 서체를 구사한 것이다.

이러한 새로운 표현의 방법을 창작하는 데 그는 두 가지 옛것을 타파하였다. 기존의 전, 예, 행, 해, 초서의 다섯 가지 기본 서체가 가진 형식적 제약과 표현의 한계를 극복하고 문자의 획과 결구를 문장의 뜻에 따라 안배하였다. 이들을 서로 섞어 썼을 뿐 아니라 대나무와 난초를 그리는 화법을 서예의 기법 속에 넣어 융합을 시도한 것이다. 이렇게 하여 판교의 서체는 그림과 좀더 잘 어울리고, 그림은 서체와 조화를 꾀할 수 있었다.

한 작품에서 판교가 구사한 점과 획은 거침과 섬세함, 농담의 짙음과 옅음, 길이의 장단을 모두 가졌다. 결구 또한 성근가 하면 빽빽하기도 하고, 글씨가 바른가 하면 기울기도 했다. 모든 것이 자연스럽게 뜻에 따라 쓰여진 것이다. 아울러 과감한 생략이 있는가 하면 또한 매우 과장된 표현도 있었다. 판교는 이렇게 서체에 새로운 기세를 불어넣었다.

행서칠언시行書七言詩(행서로 시를 쓴 족자 작품)를 통해 우리는 판교의 육분반서의 풍모를 엿볼 수 있다. 그의 예서와 해서를 보면 한나라와 위나라 시대의 옛 비문의 서체를 모두 습득했음을 알 수 있다. 또한 이후에 발전된 여러 서체를 연구한 다음 서체의 변화를 대담하게 시도하고 구사하였음을 볼 수 있다.

판교의 작품을 잘 들여다 보면 예서를 닮은 글자는 납작하고 해서를 닮은 글은 길게 되어 있다. 글자들을 보면 대체로 왼쪽이 낮게 기울어 처지고 오른쪽이 높게 올라간 모습을 하고 있다. 이런 글자의 특징과 글자의 형태로 인하여 그의 장법도 자연 특이하게 되었다. 세로로 써내려간 글씨는 그런대로 질서 있게 줄이 맞게 쓰였으나, 가로

줄은 도저히 줄을 맞출 수 없게 되었다. 즉 과거 서예가들은 가로와 세로로 정연하게 비슷한 크기의 글자들을 바둑판에 써 넣듯 한 가지 스타일의 글씨로 썼다. 판교는 이런 전통의 틀을 깨버린 것이다. 그 대신 문장의 내용에 따라 글자의 크기와 필획의 굵기에 자신의 감정을 불어넣어 자연스러운 변화와 형태를 꾀하였다. 근대적 아니 현대적 표현주의의 정신을 그는 이미 300년 전에 서예 작품을 통해 시험하고 있는 것이다.

판교의 글씨는 소박하고 힘이 있으며, 기이하고 고아하다. 필세가 변화무쌍해서 때로는 거칠게 흘러가다가 때로는 단단하게 모이고, 예서와 해서가 그 속에 섞여 있고, 삐침의 획에는 치졸한 맛이 있다. 서체는 다양한 구조, 확장된 정신, 과장된 형태가 예상 밖 공간에 배치되어 새로운 조화와 형태미를 만든다. 천진난만하고 자연스러운 미감美感이 있다. 그는 획의 굵기를 다양하게 변주하면서도 변화에는 나름의 질서를 부여하고 있다.

이런 판교의 글씨는 서예사에 하나의 혁명적 사건이었다. 판교 이전의 글씨는 왕희지 이래로 중국 황실이 좋아한 서법에 따른 우아하며 단아한 정통적 계보에 따른 서체였다. 즉 왕희지에서 시작하여 당나라 시절의 구양순, 저수량, 송나라의 조맹부로 이어지는 정통주의 서예가들의 서체만이 황실과 사대부들의 사랑과 존경을 받고 널리 쓰였다.

반면 판교의 서체는 당나라 안진경과 송나라 소동파로 이어지는 왕희지의 반대 입장에 선다는 점에서 반골적이며 반정통파의 맥을 이었다. 그는 청나라의 새로운 시대적 조류에 편승하여 과거로부터

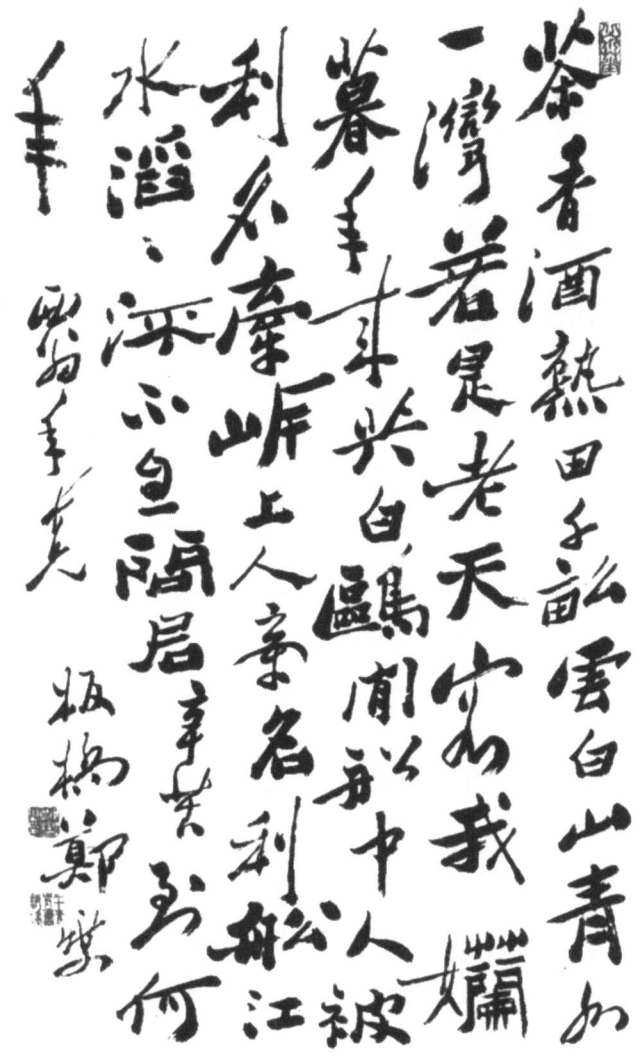

정섭, 〈행서칠언시行書七言詩〉, 연대미상, 70.8×43.1cm, 상해박물관 소장

위의 작품에서도 예서와 행서를 해서와 섞는 동시에 초서와 전서의 필획을 더하였다. 꼿꼿한 파책
波策은 분명히 예서의 필치에서 나왔다. 필획은 소동파의 글씨를 보는 듯 활달하며 서체의 짜임새는
드넓으면서도 법도를 잃지 않고 있다. 운필의 기세가 맑고 신선하며 활발하다.

위의 작품에서 보이는 글씨는 마치 서당에서 처음 글씨 쓰기를 배운 어린 아이가 쓴 듯이 줄도 잘 안 맞고 획의 굵기도 제각각이다. 결구를 맞추려고 하기보다는 오히려 붓글씨를 잘 쓰지 못하여 제멋대로 그려 쓴 듯하다. 사람들은 판교의 이런 글씨의 모양을 보고 '자잘한 돌이 길에 깔려 있는' 것 같다고 했다.

내려온 주류의 흐름을 막아내고 새롭게 창작한 스타일의 글씨를 썼다. 오히려 판교 정섭의 글씨는 그의 천재적 개성이 전통적인 구습에 도전하여 새로운 활력을 글씨에 불어넣은 것이라 할 수 있다. 판교는 비로소 왕희지 이래 성행한 우아한 첩학파帖學派의 전통적인 틀을 깨고 홀연히 새로운 서예의 미학을 개척한 것이다.

그림이 된 글씨, 글씨가 된 그림

판교는 글씨뿐만 아니라 그림 특히 문인화로 유명하다. 화훼화花卉畵를 두루 잘 그렸으나 특히 난초와 대나무, 바위 그림에 뛰어났다. 그러나 여기서는 그의 대나무 그림을 위주로 살펴보겠다.

〈난죽석도〉는 대나무, 난초, 바위가 함께 어우러진 것이다. 판교는 대나무를 그릴 때 특이한 필묵으로 독특한 구조를 꾀하고 비상하는 기력을 불어넣은 다음 서예와의 조화와 융합을 시도하였다. 판교 정섭의 대나무는 우뚝 솟은 가지의 끝까지 생기가 흐른다. 함께 그린 바위와 난이 글씨와 어울려 대나무의 기운과 호응한다. 그는 대나무, 난, 바위를 한 화면에 생동적으로 조합해 자유롭게 그려냄으로써 필묵 밖에서 더 많은 것을 느끼게 한다. 그는 이와 같이 화격畵格과 화력畵力이 높은 그림을 그렸고, 더하여 스스로 좋은 문장을 지어 육분반서의 서체로 써넣었다.

독일에서 판교의 대련 글씨를 만난 다음부터 나는 그에 관한 책과 자료를 한참 모았다. 비록 진품은 못 구할지라도 작품의 탁본이나 수

정섭, 〈난죽석도(蘭竹石圖)〉, 1756, 184×93cm, 상해시문물상점 소장

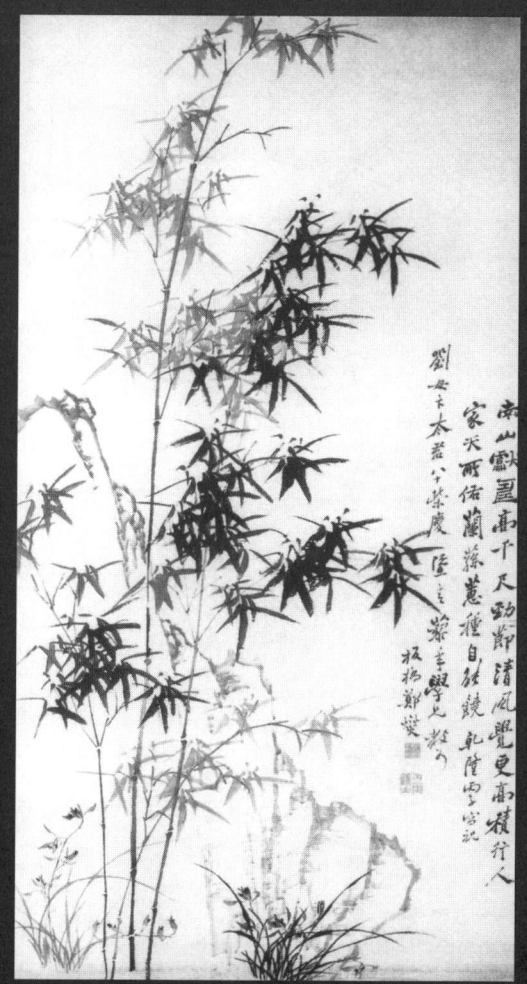

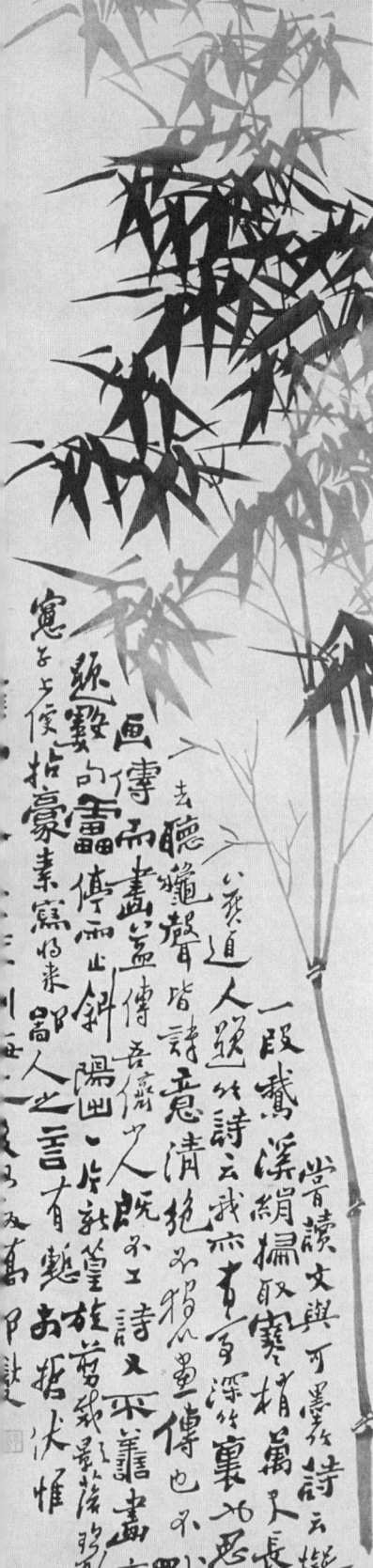

인화를 모으는 것도 충분히 의미가 있고 감상할 만하였다. '개의 눈에는 똥만 보인다'는 옛말처럼 내가 한참 정판교의 시서화의 세계에 빠져 있을 때 우연히 동경의 한 화랑에서 대나무 그림을 수인화水印畵의 기법으로 찍은 판교의 족자 한 점을 발견하게 되었다. 판각된 이 그림을 자세히 들여다 보면 판교의 작품에 시서화가 어떻게 조화되고 일치되어 있는지를 잘 알 수 있다.

판교는 가는 대나무를 한 주株(한 그루)만 그리고 그림 아래에 스스로 지은 서화론書畵論을 특유의 육분반서로 써내려 갔다. 전체적 구도는 왼쪽 위의 모서리에서 오른쪽 아래의 모서리까지 그은 대각선을 중심으로 오른쪽 윗부분은 대나무의 가지와 잎으로 채우고 나머지 왼쪽의 아랫부분에는 글씨를 써 넣었다. 이 작품을 보면서 나는 비로소 글씨와 그림이 어떻게 하나의 작품 속에서 잘 조화되고 서로 보완하고 있는가를 깨칠 수 있었다.

판교의 글씨는 대나무만큼이나 힘차

고 시원스러우며 대범하고 호방하다. 그의 작품의 구도와 필법은 독창적이며 격이 높다. 그의 제발은 정연하게 쓰인 것이 아니라 내용에 따라 문자의 크기가 크기도 하고 작기도 하며, 삐뚤기도 하고 납작하기도 하다. 판교는 행서, 해서, 예서, 초서 등의 서체에 대나무를 그리고 난을 치는 필획을 섞어 하나의 묘한 종합을 이끌어냈다. 정판교의 육분반서는 마음대로 쓴 듯하나 이미 자연스러운 가운데 정통의 서법을 잘 함축시킨 것이다. 나는 이 작품을 구한 다음 정판교에 더욱 매료되어 계속 그의 대나무나 난초 그림을 비록 수인본 이나 탁본이라도 즐겨 구하고 감상하게 되었다.

　대나무는 난초, 매화, 국화와 함께 사군자로 불린다. 사군자 중에서도 사시로 청청불변靑靑不變하는 상록수로서 그 고고한 자태와 함께 군자의 인품과 비유될 수 있는 탈속의 취향, 즉 강인함, 지조, 절개, 겸허 등으로 사군자 중 제일군자로 특히 문인들의 찬사를 받아왔다. 또 대나무는 고래로부터 충신, 열사의 절개에 비유되어 그 명칭도 다양하여 죽자竹子, 용손龍孫, 청허자淸虛子 등으로도 불렸다.

　서예가와 문인들이 대나무를 즐겨 그린 또 다른 이유는 대나무가 문학성을 내포하고 있고, 대나무를 그리는 법이 서예 기법과 유사하기 때문이다. 대나무와 시의 관계는 서로 일맥상통하는 점이 있다. 대나무를 그리는 순서는 처음에 줄기(간竿)를 그리고 나서 가지(지枝)를 그리고 그 위에다 잎(엽葉)을 그리고 마지막으로 대나무 특징인 마디(절節)를 그린다. 이러한 붓을 쓰는 순서는 다른 사군자에서도 마찬가지이긴 하나, 특히 대나무 그림에서 가장 분명하다. 그리고 이 순서는 시의 기승전결起承轉結과 통한다.

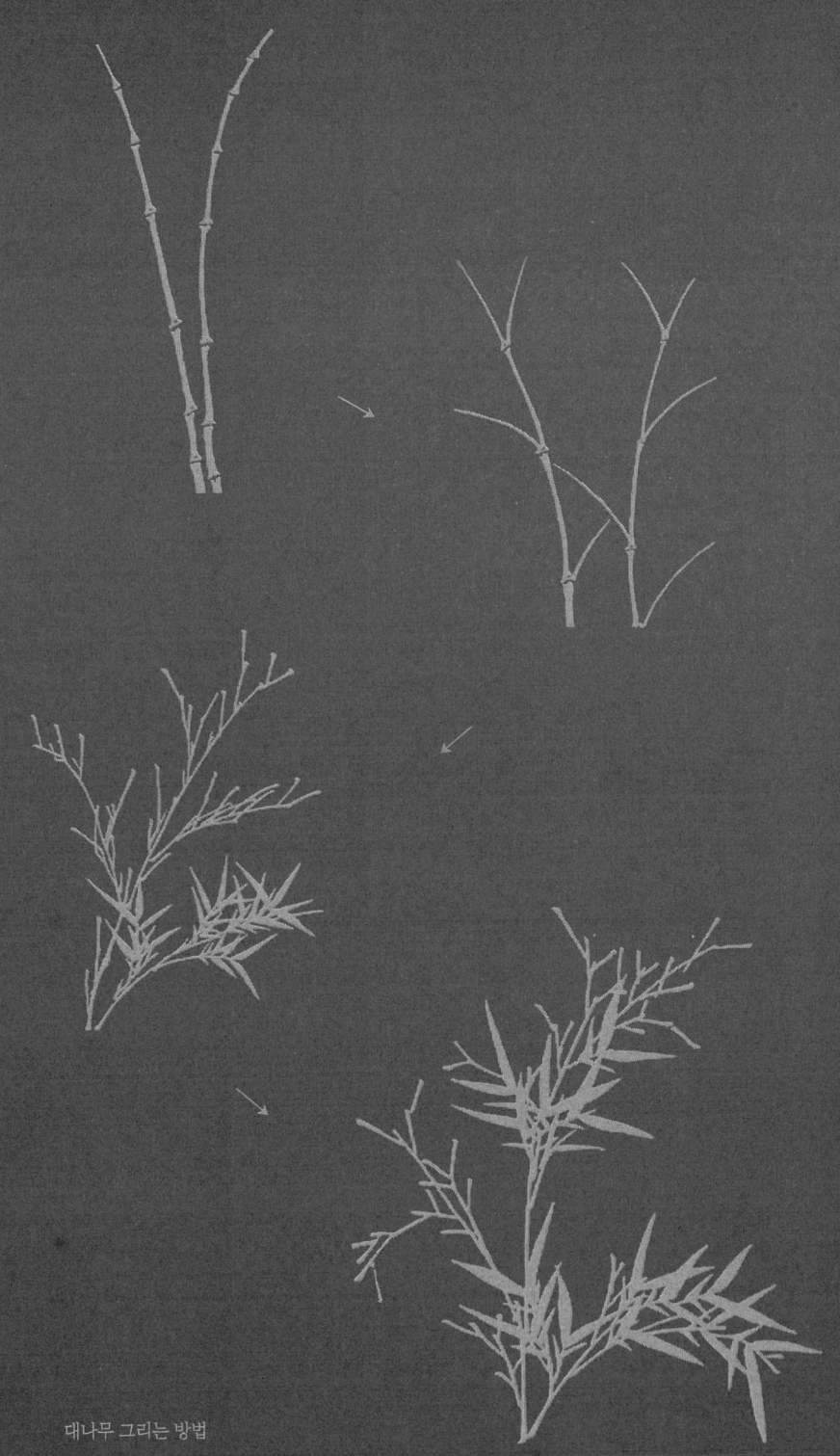

대나무 그리는 방법

글씨를 쓰는 먹의 한 빛깔로 그려진다는 점과 이런 기법의 유사성으로 서예가들은 대부분 대나무 그림을 잘 그렸다. 추사가 난초를 치는 데 예서의 필법과 정신을 강조하였듯이, 판교는 그의 육분반서 기법을 대나무 그림에 적용해 특색이 있는 대나무를 그렸다. 어떤 점에서는 오히려 대나무 그림으로 자신의 서예를 완성하려 하였다.

판교는 대나무를 그릴 때 번잡한 것을 모두 떨쳐버리고 극진하게 깎아낸 듯 그렸다. 따라서 그가 그린 대나무는 청수淸瘦(맑고 삐쩍 마른 듯한)한 모습이 되었다. 판교는 자신이 그리고 있는 대나무가 기운이 생동할 때까지 밤낮으로 오직 대나무만 생각하여 영감이 떠오르는 순간 붓을 들어 단숨에 일필휘지의 정신으로 그렸다.

그는 대범하면서도 세련된 필법으로 생동감 넘치는 가지와 잎을 그렸다. 먹의 색깔은 생기가 넘치는 가운데 농담濃淡과 건습乾濕(먹물의 마름과 습함)의 효과가 어우러져 대나무의 윤택하고 푸른 맑은 느낌을 그대로 살려냈다. 다양하면서도 어지럽지 않고, 많은 것을 그려넣지 않으면서도 성글게 느껴지지 않게 그렸다. 당시 많은 서화가들이 따랐던 세속의 유행과 관습을 벗어버리고, 자신만의 힘찬 그림을 그려냈다.

정판교는 대나무를 그림에 있어 독특한 이론을 갖고 있었다. 그는 한 대나무 그림을 제題하면서 다음과 같은 이론을 펼친다.

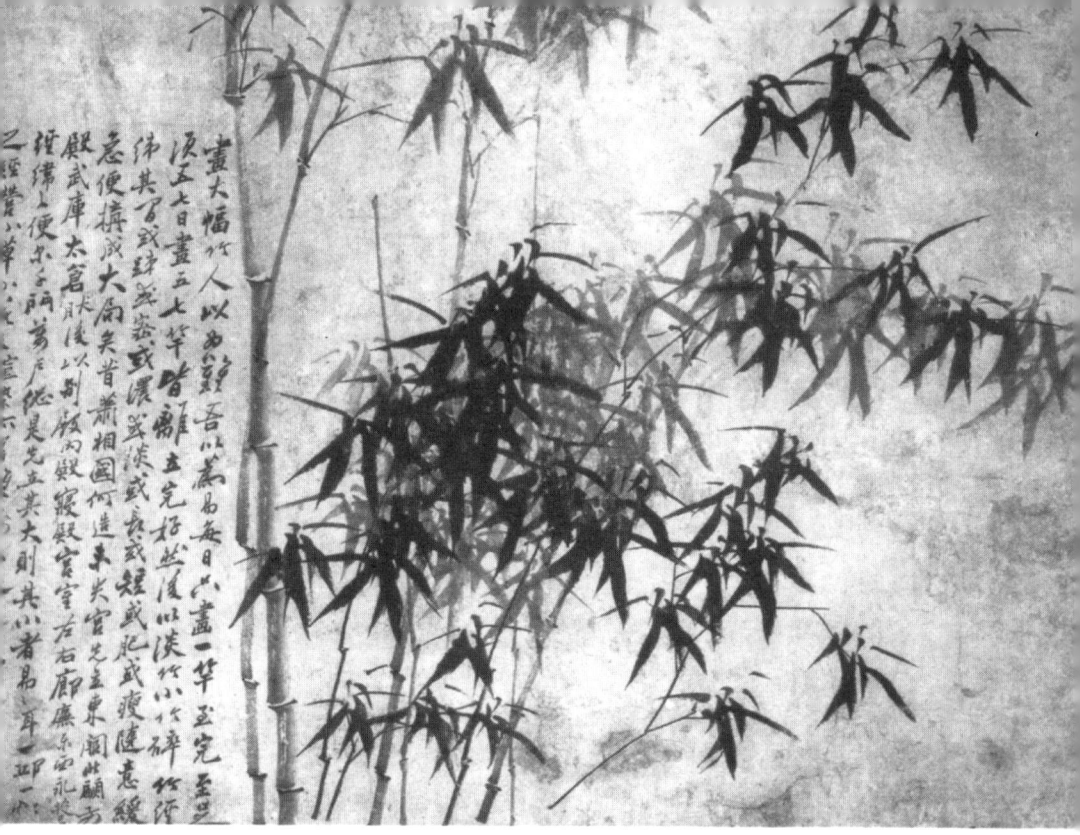

정섭, 〈묵죽墨竹〉, 104.5×146.5㎝, 양지우 박물관 소장

판교의 대나무는 엄숙한 가운데 견실하고 호방하면서도 산뜻하고 명랑한 풍격까지 갖추고 있다. 또한 굳센 줄기와 마디를 가지고 있어 추위와 더위를 견디고 시들지 않는다. 그의 눈을 통해 포착된 대나무 는 인품을 거쳐 한차례 정화된 '인격화된 대나무'가 된다. 이런 까닭에 그의 대나무 그림은 수묵화지 만 여느 채색화보다도 매혹적이다. 원근감을 주기 위하여 사용한 옅은 먹물의 미묘한 농도에 의해 처 리된 대나무들의 모습과 대나무 사이 사이로 보이는 하얀 여백 사이로 안개 낀 대나무 숲의 모습은 그 가 마음으로 그린 것이다.

江館清秋　　　　　　　晨起看竹
烟光日影露氣　　　　　皆浮動于疏竹密葉之間
胸中勃勃　　　　　　　遂有畫意
其實胸中之竹　　　　　并不是眼中之竹也
因而磨墨展紙落筆作變相　手中之竹又不是胸中之竹也
總之意在筆先者　　　　定則也趣在法外者化機也
化機也　　　　　　　　獨畫竹乎哉

강관의 맑은 가을 새벽에
일어나 대나무를 바라보다.
안개 빛과 해 그림자 그리고 이슬의 기운이
듬성듬성한 대나무 줄기에 붙은 빽빽한 잎 사이에 둥둥 떠 움직이
고 있다.
내 가슴 이를 보고 고동치니
끝내 그림으로 그리고 싶다.
그러나 마음으로 느낀 대나무는
결코 눈으로 본 대나무가 아니다.
먹 갈고 종이 펴고 붓을 대는 순간
바로 모양이 변하기 때문이다.
손으로 표현한 대나무는 또한 가슴으로 느낀 대나무가 아니었다.
요컨대 붓을 대기 전에 무엇을 그릴 것인지 생각해야 하는 것은
정해진 법칙이지만
그림의 멋이란 법칙 밖의 것 영감인 것이다.
어찌 유독 대나무 그림뿐이랴.

정판교의 그림에 대한 생각과 이론을 잘 표현한 글귀다. 그가 처음으로 말한 안중지죽眼中之竹은 실제의 객관적 세계에 존재하고 있는 대상으로서 대나무를 있는 그대로 보고 느낀 것을 의미한다. 이것은 당연히 그림의 기초가 된다.

두 번째로 말한 흉중지죽胸中之竹은 객관적 대상이 마음에서 형상화되어 주관적으로 받아들여진 대상을 의미한다. 이것은 예술가에 의하여 예술적으로 변용된, 이미지화된 대나무다.

마지막으로 말하는 수중지죽手中之竹이란 무엇일까? 이는 예술가의 공력功力과 기교를 통해 표현된 대나무를 말한다. 즉 객관적 대상이 주관을 통하여 변용되고 다시 예술적 기교를 통하여 표현되는 과정이다. 따라서 흉중지죽과 수중지죽은 대상의 단순 모방이 아니라 예술정신의 표현인 것이다.

추사로 이어지는 정판교의 창조적 예술정신

정섭은 양저우 지방의 예술가들과 함께 새로운 시서화 예술을 시도하고 중국 예술사에 커다란 역동적 흐름을 만들어냈다. 그는 매우 창조적인 시풍과 서풍, 그리고 화풍을 개발하였다. 또한 시와 서예와 회화의 결합을 시도해 성공하였다.

이는 단지 서체와 필획과 붓놀림에 국한된 것이 아니라 장법이라는 공간의 구성에서도 시도되었다. 그는 단지 그림의 제목에 해당하는 화제를 몇 자 적고 아호와 이름만 낙관하는 방식을 넘어, 시와 서예, 회화의 결합을 시도해 마음껏 시를 짓고 그림을 그렸다. 이른바 시서화 삼절의 경지를 이룬 것이다.

판교가 글씨와 그림에서 보인 과감한 구도와 파격 속의 균제미는 그대로 추사에 이르러 더욱 심화, 발전되었다. 추사는 판교 이후에 발달한 금석학의 성과를 종합하였다. 그리고 판교가 이룬 표현주의 서예의 성과 위에 옛사람들의 정신과 법식을 집대성하여 판교가 추구한 세계를 한 단계 더 높여 예술적 완성을 이루었다.

好古有待搜

研經裏日龍

추사 김정희

고독한 선비정신이 빚은 삼절의 경지

추사의 옛집을 찾아서

나는 종종 충청남도 예산을 찾아간다. 추사 김정희의 옛집인 추사 고택古宅을 방문하고 묘역을 찾아 참배하기 위해서다. 번듯한 명당들이 그러하듯이 추사의 옛집도 양지바른 자리에 위치하고 있다. 추사의 묘역은 고택을 지나 계곡 하나를 지난 자리에 있다. 나지막한 봉분에 석물石物의 치장도 화려하지 않아 지나치기 쉽다. 나는 그의 영정이 모셔진 곳에서 분향을 올리며 추사의 높고 너른 인품과 깊은 학문, 예술을 뜨겁게 사랑하였던 마음을 그려본다.

1976년에 지어진 이 집은 추사가 살던 터에 인간문화재 이광규 옹

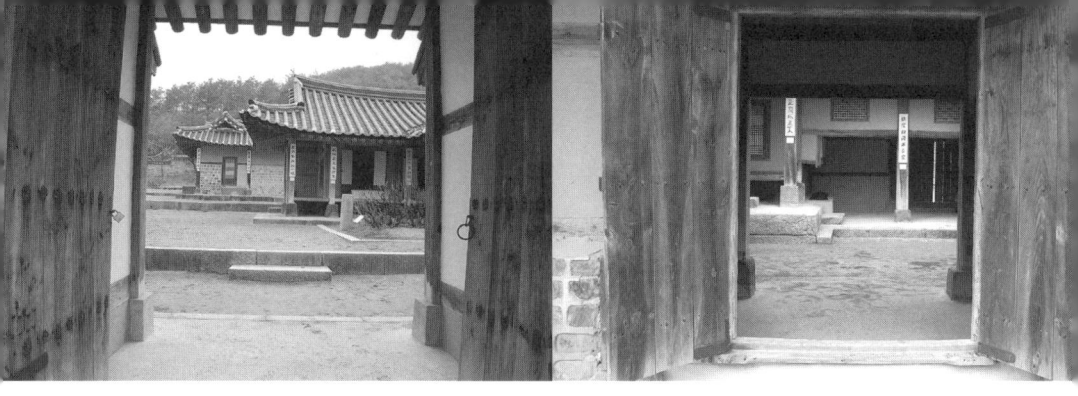

이 옛 양반들이 살던 저택의 일반적인 모습을 살려 새로 지은 것이다. 그러나 추사의 글씨가 새겨진 돌로 된 해시계 '석년石年'과 옛 우물 '석정石井'은 당시 모습 그대로다. 이 집은 짜임새 있는 구조에 꼭 필요한 공간만큼을 살려 지은 절제미가 풍기는 매력적인 건물이다.

조선 후기의 실학자이자 금석학자이며 대표적인 서예가였던 추사의 생가는 부엌과 안대문, 협문, 광 등을 갖춘 80여 평에 이르는 ㅁ자형의 가옥이다. 이 고택에 들어서면 그의 체취를 그대로 느낄 수 있다. 나는 고택의 주련柱聯마다 새겨진 그의 글들을 마주 보고 있노라면 슬그머니 무아無我의 경지에 빠진다.

전형적인 사대부의 한옥을 복원한 추사 고택은 가장 이상적이며 한국적 아름다움의 한 전형이다. 조화롭게 잘 배치된 건물이며, 추사 선생의 글씨를 판각하여 걸어놓은 주련 등을 보고 있노라면 시간이 가는 것도 잊곤 하였다.

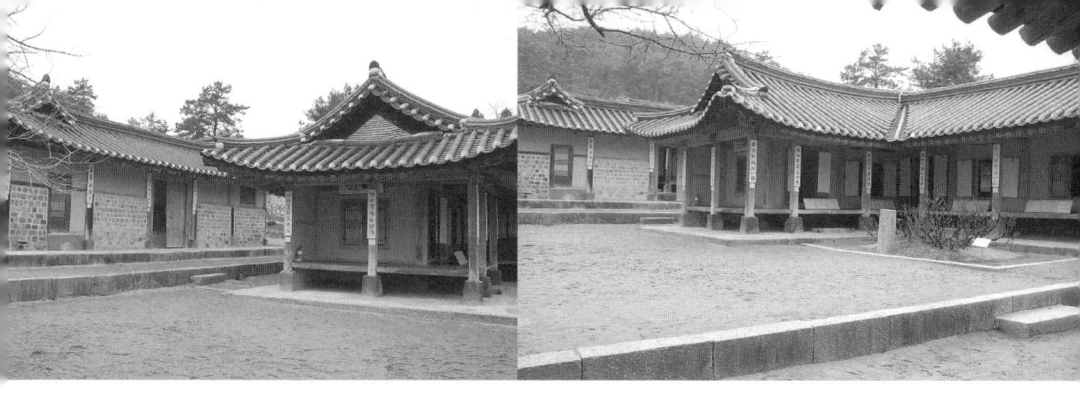

추사체를 이해하기 어려운 까닭

유홍준 교수는 "추사라는 거봉"은 "우러러보자니 아득하고 오르자니 막막하기만 한 신비로운 천인절벽이다"라고 하였다. 또한 "오르기 힘든 높고 아득한 산"이라고 하였다(《완당평전》의 1권 20쪽). 그러나 추사가 다다른 높은 예술의 경지와 학문의 세계가 아무리 높다고 하여도 우리는 그를 이해하지 않고는 추사 이후의 우리나라 근현대 서예와 문인화를 이해할 수 없다. 이런 까닭에 우리는 그의 삶과 그가 남긴 시서화의 작품들을 이해해야만 한다. 추사를 이해하기 어려운 까닭은 어디에 있을까? 추사를 쉽게 이해할 수 있는 코드는 무엇일까?

추사의 삼절에 이른 시서화의 예술을 잘 이해하기 위해서는, 그의 예술을 표현할 때 자주 쓰는 다음과 같은 몇 가지 중요한 개념을 이해해야만 한다.

淸高古雅청고고아 : 진정한 글씨와 그림을 쓰고 그리기 위해서는 맑은 마음과 높은 뜻, 예스럽고 우아한 인품과 정신을 먼저 갖추어야 한다.

文字香 書卷氣문자향 서권기 : 글씨와 그림에는 깊은 학문과 인품의 향기가 배어 있어야 하며, 많은 앞선 사람들이 쓴 책들의 정신과 정기가 배어 있어야 한다.

奇崛奔放기굴분방 : 글씨의 획과 형태가 남다르게 특이하고 기이하며 걸림이 없이 자유롭다.

글씨와 그림과 인품의 일치는 추사의 작품을 관통하는 기본 정신이다. 그는 좋은 글씨나 그림을 위하여 따로 법식을 배울 것이 아니라 맑은 마음과 고상한 뜻, 그리고 우아한 인품과 밝은 정신을 먼저 갖추어야 한다고 말한다. 명필과 명화는 단순히 글씨 쓰기와 그림 그리기의 반복만으로 이루어지는 것이 아니라 학문을 닦고 뜻을 맑게 하여 그 도道를 깨쳐 경지에 이르면 자연히 우러나온다고 하였다.

추사가 새롭게 만든 추사체는 책과 학문의 기운[書卷氣]이 배어 있고, 시문과 글씨에서 풍기는 감성적 아름다움과 향기[文字香]를 아울러 갖추고 있다. 추사의 시서화에 담긴 고답적 예술성 때문에 추사는 살아 있을 당시에 이미 한중일 삼국의 서예계를 놀라게 하였다.

그는 서화 예술에 관한 자신의 생각을 다음과 같이 표현하였다.

畵法有長江萬里   그림 그리는 법에는 장강 일만 리와 같은
                 멀고 긴 연원이 있고
書勢如孤松一枝   글씨의 필획의 힘은 외로운 소나무 가지의
                 굳세고 곧음과 같다.

김정희, 〈화법서세畵法書勢〉, 예서, 129.3×30.8cm, 간송미술관 소장

畫法有長江萬里

畫勢如孤柏一枝

藤蓮春人

추사는 자신의 그림은 멀리 중국 서부의 칭하이성靑海省 커커시리可可稀立에서 발원하여 만 리의 길을 유유히 흘러 황해로 들어가는 장강처럼 그 연원이 멀고 길며, 글씨의 필획의 힘은 외로이 홀로 선 소나무의 가지와 같이 독보적이며 굳세고 곧음을 말하고 있다.

추사는 당시 중국에서 막 연구하기 시작한 금석학을 실증적으로 연구하는 가운데 서예의 원류를 공부한 사람이다. 그러므로 추사체와 추사의 예술을 이해하기 위해서는 최소한 그의 학문과 예술의 형성 과정을 이해해야 한다.

옛 돌비석과 학문에서 태어난 추사체

어려서부터 글과 글씨에 재주가 뛰어났던 추사는 실학의 대가인 연암燕巖 박지원朴趾源의 눈에 들어 그의 문하생으로 학문의 기초를 닦았다. 또한 18세기 후반 북학파北學派 대가이자 청나라를 오가며 학문의 폭을 넓힌 박제가朴齊家(1750~1805)의 제자가 되면서 고증학에도 눈을 뜨게 된다.

고증학의 발달은 서예예술에 획기적 변화를 가져왔다. 그때까지 서예의 교범이 된 것은 대부분 법첩法帖이었다. 법첩도 처음 한두 번은 원래의 것과 같거나 매우 비슷하겠지만, 몇 번이고 반복하여 베껴쓰다 보면 원본과는 큰 차이가 날 수밖에 없었다.

반면 비석에 새겨진 글씨는 원본의 글씨를 돌에 새길 때 한 차례만 변화가 있을 뿐 세월이 흘러도 원본의 모습과 가장 가깝게 보존할 수 있는 것으로 생각되었다. 이런 사실들은 고증학자들이 금석학金石學을 연구해 얻게 된 결과다. 자연 이런 토대 위에 서예에 관한 자료를 보는 방법과 서예 공부를 하는 법첩의 이용방법이 예전과 달라졌다.

마침내 청나라의 등석여鄧石如, 포세신包世臣, 강유위康有爲 등 금석학을 연구한 서예가의 활동으로 중국의 서예는 큰 변화를 맞게 되었다. 서예의 르네상스 시기라 할 만한 큰 변화의 전기를 맞은 것이다. 이런 금석학의 성과가 무르익어 서예사의 대 변혁기가 찾아온 시점에 추사가 등장한 것이다.

추사는 24세 때 동지사冬至使 겸 사은사謝恩使였던 생부 김노경을 따라 연경을 방문하게 된다. 그때까지 옛 서예가들의 작품을 임서하여 모범이 되는 글씨를 학습하였던 추사는 연경 방문을 계기로 당시 중국 서단의 서풍을 직접 확인하고 당대의 대가들을 두루 만날 수 있었다. 비록 한달 남짓의 짧은 시간이었지만 추사는 청나라 서예계의 흐름을 꿰뚫어볼 수 있었다.

추사는 연경에 머무르는 동안 옹방강翁方綱과 사제의 인연을 맺고, 완원阮元과도 교류하면서 북비파北碑派의 이론과 정신을 배울 수 있었다. 이들은 한나라의 전통적 예서를 계승하여 발달된 북쪽의 해서를 중심으로 한 웅건한 글씨를 연구하며 썼으며, 돌에 새긴 비석의 글씨를 통하여 옛사람들의 필치와 정신을 배워 서예 본래의 정신과 힘을 회복해야 한다고 주장하였다.

옹방강은 당시 중국 제일의 유학자이자 금석학자로서 경학經學에 정통하고 문장과 금석학, 시서화에 능한 학계 원로였다. 추사는 필담筆談(글을 써서 하는 대화)을 통하여 자기의 의사를 밝히고 소통하였다.

그는 빼어난 글과 글씨로 이 노대가를 감동시킨 듯하다. 추사의 서슴없이 써내는 훌륭한 문장과 아름답고 격조 높은 글씨를 직접 본 옹방강은 25세에 지나지 않은 추사의 높은 학문과 예술의 경지에 감탄하여 "경술문장해동제일經術文章海東第一", 즉 '경학과 예술과 문장에 있어 조선에서 제일인자'란 휘호를 써주었다. 그리고 그는 추사를 자신의 제자로 삼아 자신의 학통을 전수하려 하였다. 추사는 옹방강에게 금석고증의 구체적 방법론을 전수받게 되었다.

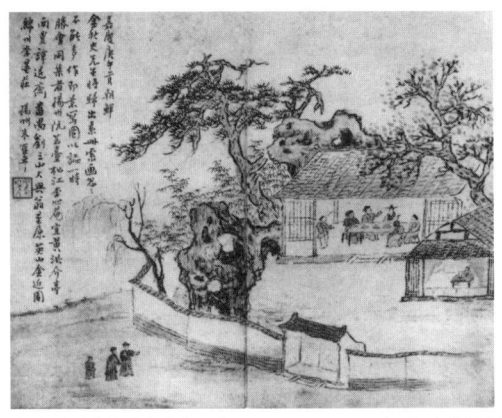

주학년, 〈증추사동귀시도임모贈秋史東歸詩圖臨摹〉. 추사가 중국 방문을 마치고 귀국할 때 청나라 학자들이 그를 위해 베푼 송별연의 모습을 그린 그림

또한 스승인 박제가와 친분이 있었던 중국의 대학자 완원도 만났다. 추사는 완원에게 참신한 청조 고증학이 이룩해 놓은 경학의 성과를 듣고 서예학의 이론에 심취하게 되었다. 마침내 두 사람은 사제지간의 정을 맺었으며, 추사는 완원을 기리어 자신의 별호를 완당阮堂이라 칭하여 관계를 더욱 돈독히 하였다.

추사가 중국 현지에서 당대 최고의 두 학자에게 직접 사사받은 것은 그의 예술에 결정적인 영향을 주었다. 그는 그 두 사람에게서 금석학을 배웠으며, 그 영향으로 한비漢碑의 고증을 통한 예서의 예술적 완성을 추구하고 달성할 수 있었다. 또한 회화적으로는 마음의 그림[심화心畵]를 그리는 문인화의 세계에 눈뜬 것이다.

추사가 연경을 떠날 때에는 청나라 학계와 예술계의 지도적 인사들 50여 명이 함께 모여, 불과 25세의 조선 청년을 위해 석별의 정을 기리는 큰 자리를 베풀어주었다고 한다. 이는 당시의 정치외교적 상황과 학문적·예술적 수준에 비추어 볼 때 엄청난 사건이었다. 이와 같이 추사가 연경에서 청나라 대가들에게 인정받고 돌아오자 그의 명성은 조선 천지를 뒤흔들게 되었다.

북경 방문 이후 청나라 대가들의 영향에 자극받은 추사는 연구를 거듭하여, 불과 30대 초반의 나이에 청나라 고증학의 핵심을 이루는 경학과 금석학을 깨치고 명실 공히 조선 북학北學의 종장宗匠이 되었다.

추사는 이제 자신의 독창적 예술세계를 펼칠 수 있는 지평을 열게 되었다. 그는 이론과 실기 모든 면에서 든든한 기초를 쌓은 후 과거의 정통적 서법에 근거하되 이를 뛰어넘어 '추사체'라는 새로운 세계를 연 것이다. 추사체는 실로 많은 것을 의미하지만, 그중에서도 특히 그동안 답습해 온 중국 서예를 뛰어넘어 새로운 경지를 개척했다는 데 가장 큰 의미가 있다.

추사는 전통적 예서를 독자적으로 발전시킨 창의적인 추사체를 만들었던 것이다. 추사체는 조형적 아름다움에서도 매우 뛰어나, 한국 서예가 독창적으로 발전할 수 있는 계기를 마련하였다.

작품을 통하여 추사체가 지닌 예술성과 차별성을 구체적으로 살펴보자.

네 점의 작품은 서예가 세 사람은 같은 문장을, 한 사람은 비슷한 문장을 각자 특유의 개성이 넘치는 스타일로 쓴 작품이다.

春風大雅能容物   봄바람은 크게 부드러우나 능히 만물을 담
                               아 포용하고

秋水文章不染塵   가을 물과 같이 차고 맑은 선비의 문장은
                               속세의 먼지에 물들지 않는다.

봄바람으로 표현된 자연의 생명력과 포용력을 갖춘 선비의 마음씨와 가을 물같이 맑고 깨끗한 선비의 엄격하고 지조 있는 정신을 칭송한 대련이다.

청나라의 유명한 금석학자이자 서예가이며 전각가인 등석여(1743~1805)의 대련 작품을 보자. 등석여는 진나라와 한나라 이래 금석학 연구를 통하여 복고적 신서풍新書風을 세웠으며, 첩학의 폐단을 일소하여 비학파의 선구자로서 첫손가락에 꼽히는 서예가로 지위를 굳혔다.

서체는 옛 예서와 전서 등을 연구하고 해석한 끝에 자기 나름대로 새로운 스타일의 예서를 만들어 쓴 것이다. 고법에 따른 전아하고 균형이 잘 잡힌 글씨이며, 필획은 잘 정돈되고 굳건하다. 결구는 완벽하고 필획은 부드러우며 윤택하다. 그러나 그의 작품에서는 옛사람

들의 예서체를 잘 정돈하고 재 해석한 것 이상의 다른 특징을 발견할
수 없다.

북비파 중국인 선배의 작품을 보고 그 문장과 필법이 마음에 들었
던 추사가 특유의 행서체로 쓴 작품을 보자. 이 작품에는 추사 특유
의 필체와 필력이 잘 드러나 있다. 운필의 움직임은 빠르고 필획의
굵기는 변화가 심하다. 또한 금석기가 배어 있는 획들에는 추사의 글
씨가 많은 고비古碑의 해서와 예서를 공부해 발전했음을 잘 보여주고
있다. 장법에서도 음양의 교체와 균형이 잘 잡혀 있고, 전절의 변화
도 아주 특이하다. 추사는 옛법에 따랐으나 이제껏 없었던 새로운 스
타일의 점과 필획, 형태의 글씨를 쓴 것이다.

또 한 사람의 유명한 서예가가 같은 문장을 작품화하였다. 해방 이
후 우리나라 현대 서예의 기초를 다진 소전 손재형의 작품을 보자.
그는 자신이 연구한 전서와 예서의 서체를 혼합하여 작품화하였다.
이 작품을 쓰면서 소전은 자신이 느낀 추사의 의취意趣를 자신의 스
타일로 재현하려 하였다. 전서의 원필의 필법으로 예서와 해서의 형
태와 필획을 섞어 썼다.

청나라 때 매원첩梅元捷이란 서예가가 쓴 글씨를 보자. 매우 달필의
행서 글씨다. 대부분의 당대 서예가 들은 이런 고아高雅한 스타일의 글
씨를 즐겨 썼다. 그러나 추사는 고아高雅함에 고아古雅함을 더하고 또
한 금석학의 성과를 바탕으로 한 금석기 가득한 필획으로 쓴 것이다.

네 서예가의 글씨를 비교하면 우리는 추사가 이룬 서예상의 특별
한 성과를 쉽게 알 수 있다. 추사는 등석여와 같이 옛 글씨의 연구를
통하여 그 결과를 종합하고 재구성하는 데 머물지 않고, 옛사람들의

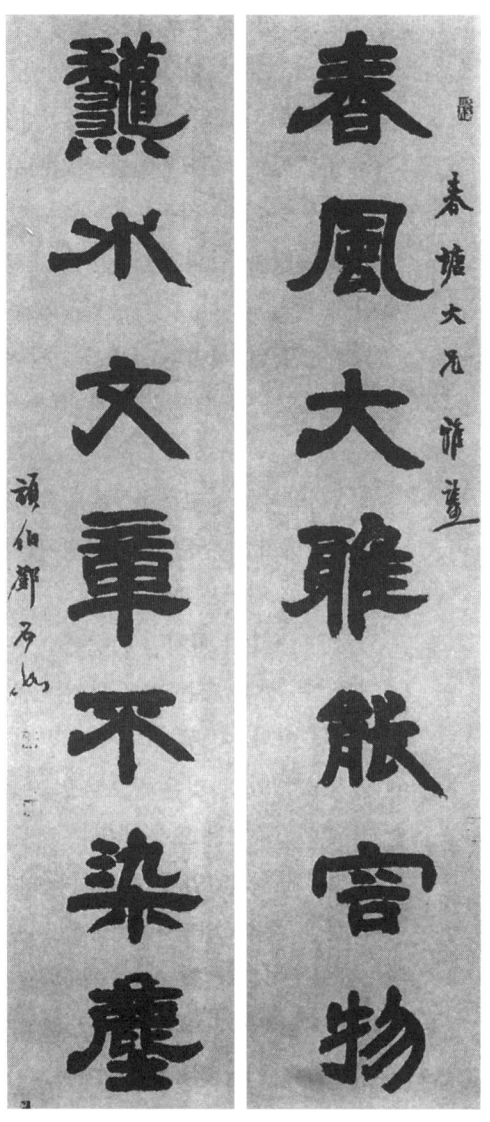

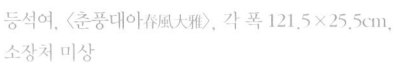

등석여, 〈춘풍대아春風大雅〉, 각 폭 121.5×25.5cm,
소장처 미상

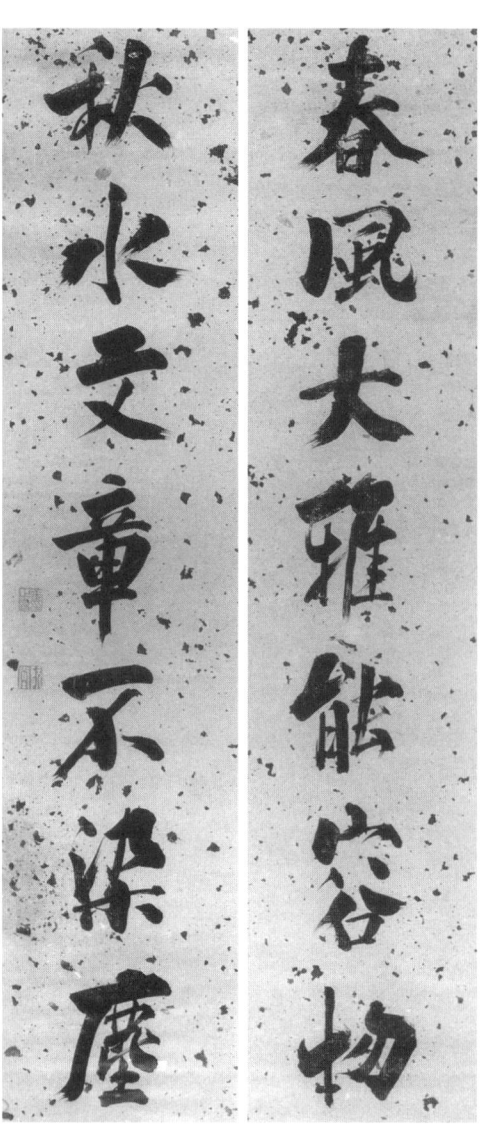

김정희, 각 폭 130.5×29cm, 간송미술관 소장

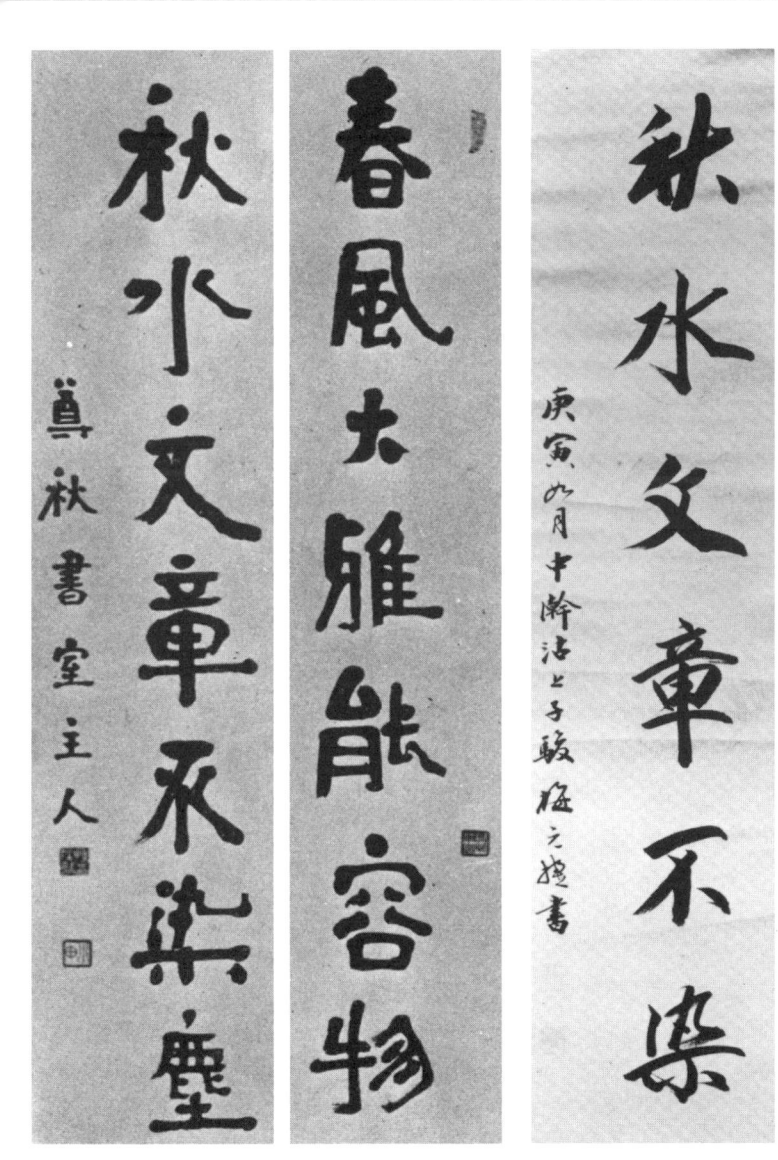

秋水文章不染塵
春風大雅能容物
眞秋書室主人

손재형, 1960, 각 폭 124×32cm

秋水文章不染
春風雅量能涵
莞居先生大人雅鑒
庚寅四月中澣活之子駿梅元煜書

매원첩(청), 〈춘풍아량春風雅量〉, 각 폭 121.6×30.2cm

뜻을 살려 새로운 글씨의 조형미를 창조한 것이다.

이와 같이 추사는 앞 시대의 대가들이 남긴 미학적 이론을 두루 공부하고 자신의 기준에 따라 취사선택하는 가운데 자신만의 새로운 예술 창작의 원리를 세우고 방법을 찾아낸 사람이다. 즉 과거의 훌륭한 작품을 보고, 그에 대한 철저한 학습을 통하여 서예의 근본적 법식을 올바로 깨쳐 스스로 새로운 법식을 만들어 낸 것이다.

추사는 서화의 미학적 이론을 고전의 책과 작품을 통하여 공부하면서, 그 형태뿐 아니라 작품에 숨어 있는 예술가들의 영혼까지도 들여다 보려 했던 사람이다. 이런 전통적인 서법에 대한 철저한 학습을 통해 그 궁극에 도달한 다음, 비로소 옛것을 모범으로 삼아(법고法古) 그 장점과 내면에 담긴 정신을 파악하여, 더는 그것에 얽매이지 않고 자신만의 독자적인 서격書格과 서풍을 새로 만들어 창신創新한 것이다.

이처럼 과거의 서법에 머무르지 않고 끊임없이 새로움을 추구한 끝에 예술에서 사실성과 정신성, 형사形似와 신사神似를 함께 아우르는 최고의 경지에 도달하였다. 원래 글씨의 묘妙를 깨달은 추사는 법도法道를 떠나지 않으면서 법도에 구속받지 않는 경지에 이른 것이다.

추사의 서예는 단순한 여기餘技나 기술이 아니라 예도藝道의 경지로 승화된 것이다. 그는 관념적 형식주의와 통상적 매너리즘을 극복하고 독자적인 서예 예술의 새 지평을 연 것이다. 청나라의 판교 정섭이 그러하였듯이, 우리나라 서예 역사상 처음으로 왕희지와 조맹부 이래의 전통이 된 단아하고 단정한 글씨를 타파하고 창조적이며 예술적인 글씨의 세계를 새롭게 연 것이다. 이와 같이 고증학과 금석학에 깊은 뿌리를 두고 유불선儒佛仙의 깊은 이해를 바탕으로 이 모두를 융합, 통섭統攝하는 추상미를 추구한 까닭에 추사체는 고답적이며 이해하기 어려운 것이다.

음양의 대비를 통한 비균제 속의 균제미

천 가지 조화와 만 가지 변화가 숨어 있다는 추사체의 특징은 어디에 그 근원을 두고 있을까? 추사는 획과 형태의 다양한 변화를 어떻게 추구하고 시도하였을까?

추사는 예서를 쓰지 않고서는 글씨의 근본을 알 수 없다고 강조하였다. 그는 중국 한나라 시대의 비석들에 새겨진 예서의 글씨들을 즐겨 임서하고 예서의 필법을 익혀 자신의 해서와 행서에까지 응용, 적용하였다. 따라서 그의 글씨에는 한나라 시대의 예서가 추구하였던 예스러움과 소박함, 그리고 반듯하고 곧은 필획의 전통과 아름다운 자태가 잘 나타나 있다. 추사는 이런 고전을 바탕으로 한 걸음 더 나아가 기이한 형태의 점과 획을 더하고 개성이 있는 구성을 꾀하여 새로운 스타일의 서체를 발전시켰다. 그리고 글씨에 그의 학문, 기백, 정신을 불어넣었다.

추사는 실학적 입장에서 경학을 깊게 공부한 학자다. 자연히 경학의 하나인 주역도 깊이 공부한 사람이다. 주역을 깊이 공부한 그가 음양의 원리와 사상을 글씨에 불어넣지 않았을 리 없다.

일반적으로 붓의 움직임이 가벼운 것은 양이 되고 무거운 것은 음이 된다. 또한 글자 중에 두 개의 바로 선 획이 있으면, 왼쪽의 획은

김정희, 〈전문주역篆文周易〉, 전서, 24.3×14.9cm, 개인 소장

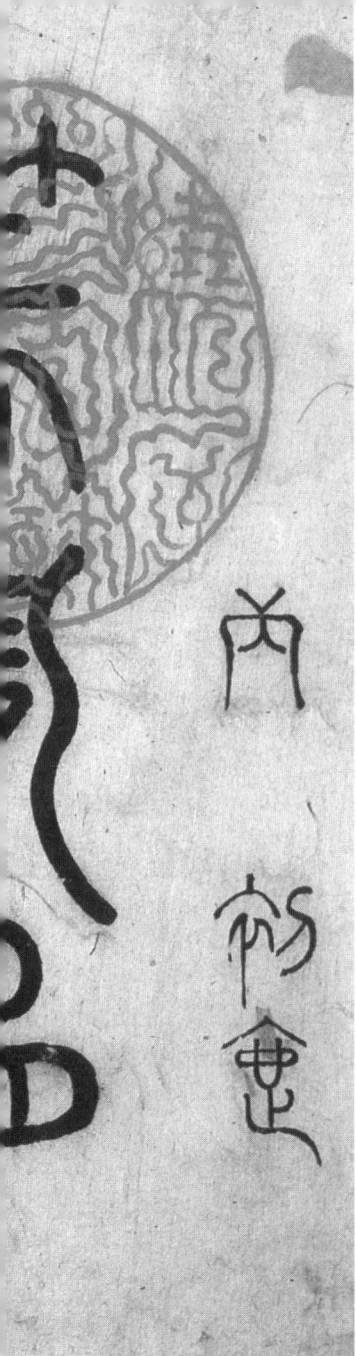

가늘게, 바른쪽의 획은 굵게 쓰며, 글자의 기둥이 되는 획은 굵어야 하고 나머지는 보다 가늘게 써 음양을 조화롭게 적용하였다. 그러나 추사는 이런 상투적 음양의 기법을 떠나 독특한 방식으로 새로운 음양의 도치와 변조를 글씨에 불어넣었다. 그는 과거의 단정하고 조화되고 우아한 아름다움을 뛰어넘어 음양의 대비가 심한 비균제적 문자의 새로운 조형을 꾀하였다. 이를 통하여 보다 생동감 넘치고 격렬한 기상이 돋보이는 강렬하고 독자적인 서체를 개발한 것이다.

추사가 쓴 점과 획은 굵고 가늘의 차이가 심할 뿐만 아니라 다른 서가들이 통상적으로 굵게 쓴 획을 반대로 가늘게 쓰거나, 가늘게 쓴 획은 오히려 굵게 쓰는 등의 도치와 변조에 능하였다. 이때 그의 글씨가 억지를 부려 썼다면, 그것은 어색하고 어딘가 조화가 깨져 아름다움과는 거리가 먼 글씨가 되었을 것이다. 그러나 추사는 나름의 조형 철학과 미학을 가지고 있었다. 그는 하나의 글자 또는 문장 안에서 너무 과장되거나 역전된 음양의 조화를 다른 획이나 글씨, 또는 다른 부분에서 보완하고 보충하여 좀더 승화된 비균제 속의 균제로 나아간 것이다.

추사체의 극치는 바로 이 비균제 속 균제미다. 추사는 비균제의 기이함을 교묘히 보완하는 기법으로 균제미로 되돌리면서, 비균제미는 그대로 유지하는 것이다. 서예의 5천 년 역사상 아무도 시도하려하지도 않았고 해보지도 않는 창조적 서체이자 서풍이다.

추사는 또한 점과 점, 점과 획, 획과 획 사이의 긴장을 고조시키고 이를 다시 이완, 해소시켜 새로운 비균제 속 균제미의 효과를 내고 있다. 어느 점과 획들은 너무 빽빽하고, 때론 너무 너르고 느슨하다. 그는 획들의 긴장과 해소를 통해 새로운 형태의 공간을 만들어내는 것이다.

추사의 이런 필법과 장법은 아주 기묘하고 심원한 것이다. 그는 한자의 글씨를 쓸 때에도 가득 차게 쓰거나 텅 비게 쓰기도 하고, 어떤 획을 과장하여 크게 쓰다가도 별안간 축소하여 작게 쓰기도 하였다. 이런 변화와 변조는 곧 음양의 신비를 교체시키고 숨긴 것이다.

且呼明月成三友   또 밝은 달을 불러 셋이서 벗을 이루니
好共梅花住一山   즐겁게 매화와 더불어 한 산에 머무는 구나.

〈명월매화明月梅花〉를 잘 들여다보면 몇 가지 재미있는 특징을 발견할 수 있다. 먼저 이 작품에서 추사는 필획의 굵기를 거의 같게 하고 있다. 추사체의 특징인 획의 굵기를 통한 음양의 변화가 없다. 대신 직선과 곡선의 획을 묘하게 교차시키면서, 또한 각이 진 글자와 둥근 형태의 글자를 교묘하게 섞어 별난 시각적 효과를 꾀하고 있다. 직선과 곡선의 교묘한 교차와 조합만으로 독특한 미적 감각을 생산하는 것이다.

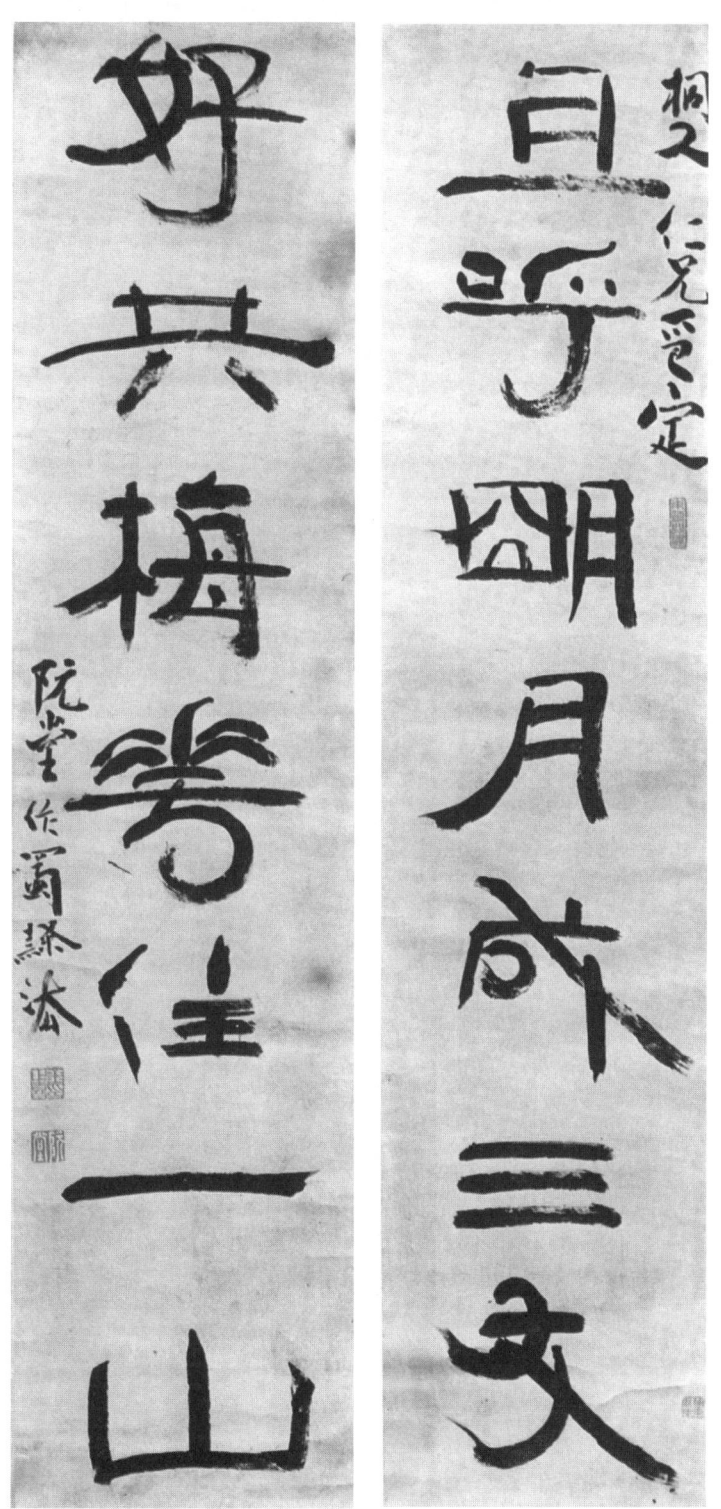

김정희, 〈명월매화明月梅花〉, 예서, 135.7×30.3cm, 간송미술관 소장

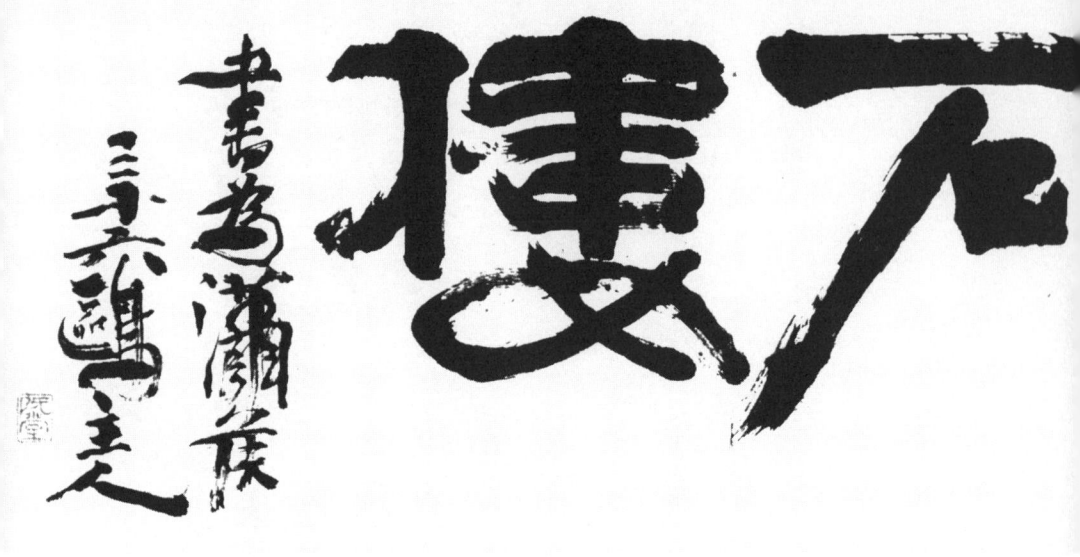

새로운 필획과 공간의 구성

추사는 글자의 배치와 공간의 배분에서도 아주 독특한 방식으로
작품을 감상하는 사람들을 즐겁게 한다. 통상적으로 서예가들은 가
로로 글씨를 써 넣은 편액, 세로로 내려 쓴 족자나 액자, 두 개의 시
구가 짝을 이루는 대련 등의 정해진 형태 안에 들어가는 글자의 수만
큼 고르게 나눈 공간에 고른 크기의 글자를 써넣었다. 그러나 이런
전통적 방법은 추사의 많은 작품에서 여지없이 해체된다.

추사는 천진난만한 어린아이와 같이, 아니면 고도로 의도된 작업
을 하는 장인과 같이 공간을 분할하고 재구성 한다. 특히 그의 득의
得意의 예서 작품에서 이런 경향이 강하게 나타난다. 아마 추사에게

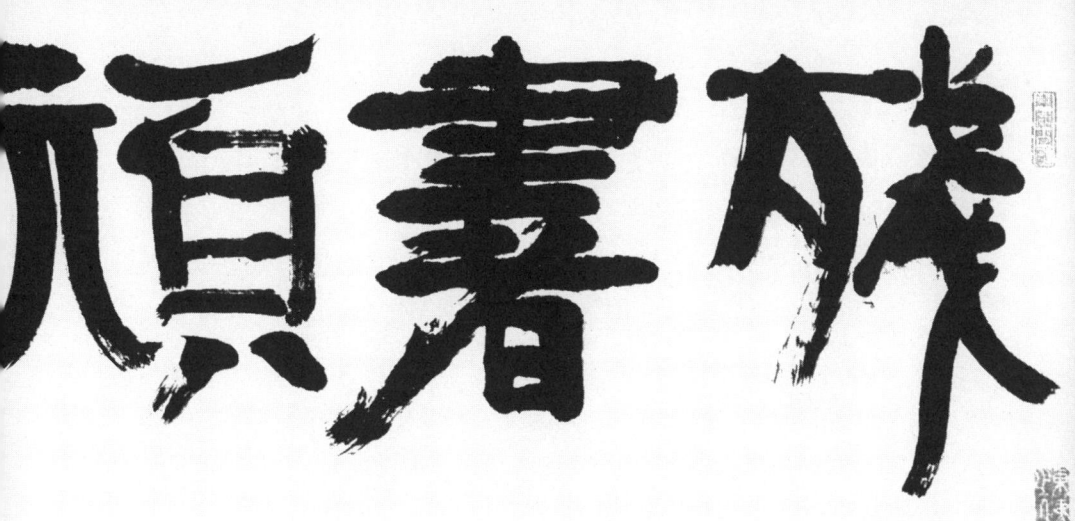

김정희, 〈잔서완석루殘書頑石樓〉, 예서, 31.9×137.8cm, 개인 소장

는 예서가 다른 서체에 비하여 대칭적, 장식적, 기교적 측면이 많은
까닭에, 이런 독특한 글자 배치와 변화를 더 쉽고 재미있게 구사할
수 있기 때문인지도 모른다.

〈잔서완석루殘書頑石樓〉에서 추사는 재미있는 구도를 꾀하고 있다.
공교롭게도 작품의 다섯 자는 모두 가로획으로 시작하고 있다. 추사
는 이를 살려 다섯 자의 첫 획들이 마치 하나의 줄을 이루듯이 같은
높이로 바짝 붙여 썼다. 그리고 글자의 나머지 부분의 획들은 다양한
서체의 크기가 다른 획들로 마치 맨 위 가로획에 매달린 듯 썼다. 유
홍준 교수는 이를 여름날 빨랫줄에 옷들을 걸어 말리는 모습이라고
묘사했다.

전체적으로는 예서의 작품이라고 하겠으나, 필획과 형태 중에는 전

서와 행서의 기운을 가진 것들이 적지 않게 섞여 있다. 예서의 글씨는 본래 가로로 퍼진 글씨로 납작하다. 그러나 추사는 다섯 자 모두를 전서나 해서와 같이 세로로 길게 매달린듯 내려썼다. 먼저 첫 번째 글자인 잔殘을 보자. 추사는 이 자형의 원형을 〈설문해자說文解字〉의 전서체에서 따오고, 아래로 늘어진 획들은 모두 전서의 곡선을 살린 원필로 처리하였다. 두 번째 글자 서書도 고체에서 그 형태를 따왔으나 필법은 완전한 예서체로 단지 세로로 길게 늘린 형태로 바꾸어 썼다. 세 번째 완頑자의 첫부분인 원元자를 전체 작품의 한가운데에 위치시키면서 아래 두 획의 향배를 힘차게 등지게 하여 잔뜩 긴장감을 고조시키고 있다. 그리고 나머지 부분인 혈頁자의 첫째 가로획의 끝을 위로 추켜올려 전체적으로 이어진 듯한 위쪽의 가로획들에 변화를 주었다. 네 번째에 있는 석石자도 기이한 형태다. 둘째 삐침의 획을 너무 직선적으로 처리한 김에 내쳐 구口자의 모양을 마치 완전히 막힌 돌 덩어리처럼 처리하였다. 그는 여기서 이 작품의 문장의 뜻인 풍화된 비석 조각의 이미지를 그린 듯하다. 마지막 자에서는 여女자를 예외적으로 행초로 처리하고 나머지 부분은 모두 전형적인 예서의 필치로 처리하였다. 여기서 여女자를 행초의 둥근 원형으로 크게 처리한 까닭에 옆의 석石자의 뻣뻣하게 삐친 자획이 상대적으로 힘차게 느껴진다. 또한 이렇게 하여 가운데 세 글자[서완석書頑石]의 딱딱함을 양끝 두 글자[잔殘과 루樓]의 부드러움으로 감싸는 형태미까지 노렸다. 여기에 상당히 빠른 운필을 구사하여 적당한 비백도 보이고 있다.

나는 추사가 이 모든 것을 치밀하게 계산해 이 작품을 썼다고 생각하지 않는다. 다만 많은 훈련과 연습이 일필휘지하여도 완성도 있는 글씨를 가능하게 한 것이다. 그리고 여기에 추사의 예술적 완성과 위대함이 있는 것이다.

이와 같이 추사의 글씨는 신비하고 오묘하다. 그의 글씨는 현대적이며 추상적이다. 그의 글씨는 그림과 같으며 시적이다. 추사는 그가 부리고 싶은 멋과 흥취를 글자의 변형과 필획의 특이함과 공간배치의 요령을 통하여 잔뜩 뽐내고 있다.

그의 독특한 형태미와 구성을 잘 보여주는 작품을 하나 더 보기로 하자.

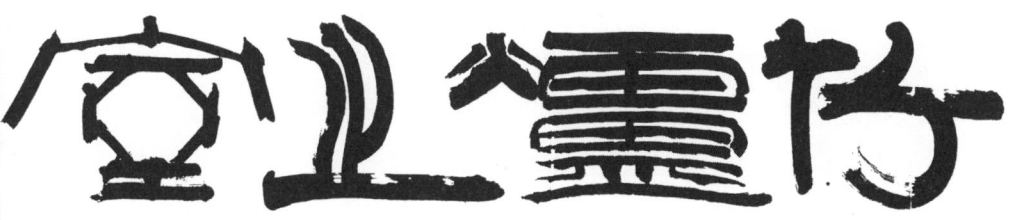

김정희, 〈죽로지실竹爐之室〉, 예서, 30×133.7cm, 호암미술관 소장

'대나무 화로가 있는 서재' 또는 다실茶室을 뜻하는 〈죽로지실竹爐之室〉 편액扁額은 추사가 전서의 필획을 살려 쓴 예서 작품으로 추사체 특유의 필획과 구성의 교묘한 구사를 엿볼 수 있다. 곧은 획의 강함과 굽은 획의 부드러움을 잘 섞어 씀으로써, 전체적으로 힘찬 가운

데 율동미를 잘 보여주고 있다. 첫 번째 '죽竹'자를 보면, 왼쪽 변은 직선으로 강하고 힘찬 획으로 쓰고, 오른쪽 '방傍'은 곡선으로 힘차나 부드러운 원형으로 처리하였다. 두 번째 '노爐'자는 불 '화火'변을 아주 작고 좁게 위로 치받아 썼으나, 오른쪽 노盧는 넓은 공간에 열 줄의 수평 획을 일정한 간격으로 첩첩히 포개어 쌓은 듯 썼다. 세 번째 갈 '지之'자는 전서의 형태를 살려 부드러운 곡선으로 그러나 힘차게 처리하였다. 마지막 '실室'자 또한 전서의 형태에서 발전시켜, 갓머리의 양끝 각도를 마치 처마가 내려온 듯이 써 지붕의 모양을 그려 냈다. 갓머리 밑의 '지至'자는 팔각형의 넓은 창의 모양으로 처리하여, 시원스런 방과 창의 이미지를 그려냈다.

다시 잘 살펴보면 네 글자는 서로 바짝 붙어 있어 긴밀한 긴장감을 주고 있다. 심지어 '로爐'자의 불 화火 변과 실室 자의 갓머리의 오른쪽 획은 옆의 획수가 적은 갈 '지之'자의 양 옆으로 바짝 붙어 있다. 이렇게 바짝 붙어서 나오는 긴장감을 오른쪽 끝 '죽竹'자가 만든 원형의 공간과 왼쪽 끝 실室 자의 창문 모양의 팔각형八角形 창문이 마주하여 이완시키고 있다. 이 양끝의 두 공간은 가운데 '노爐'와 '지之'자가 만든 빽빽한 공간의 긴장감을 풀어주고 있는 것이다.

이와 같이 추사체는 필획과 형태의 변화와 소밀疏密을 통하여 독특한 공간을 만들고 연출하여 기교의 극치를 보이는 가운데, 또한 졸拙한 맛과 멋을 느낄 수 있는 것이다.

글씨 사이를 관통하여 흐르는 기운의 생동

추사는 굴곡이 심한 글씨를 즐겨 썼다. 그는 붓의 속도감의 차이를 살려 달리던 획을 문득 세우는가 하면, 느리게 움직이다가 획을 갑자기 내달리기도 한다. 또한 삐쳐야 할 획을 머물게 하고, 머물게 하여야 할 획을 삐치기도 하였다. 추사가 지은 시문과 문장이 노래가사라면, 이 가사에 곡조를 붙이는 작업을 필획의 굵기, 글씨의 크기, 운필의 속도 등을 변화시켜 표현하는 것에 해당하겠다. 그리고 그의 마지막 감정을 먹물의 빛깔의 차이와 비백 등의 멋으로 살리고 있다.

추사는 장법에서 강약중강약 등의 방법으로 글자의 크기와 필획의 굵기 등에 리듬감을 주면서 많은 변화를 꾀하였다. 그는 판교 와 마찬가지로 하나의 글자 속에 있는 여러 가지 획을 때로는 여러 서체의 획들과 섞어 써 전혀 새로운 조형과 형태미를 꾀하고 있다. 또한 이런 기법을 섞으면서 전체 글씨 사이에 자연스러운 기운이 흐르게 하여 생동감을 충분히 살렸다.

〈석노가〉에서 우리는 추사체의 이런 특성을 잘 살펴볼 수 있다. 필획과 글자의 굵기와 크기는 문장의 뜻에 따라 추사가 강조하고 싶은 부분에서 굵게 또는 크게 잘 표현되고 있다. 붓의 속도는 행서에서 초서로 옮겨가는 듯 빨라지는가 하면, 다시 반대로 행서에서 해서로 바뀌는 듯 느려진다. 붓이 문장의 뜻을 따라 써내려가고, 곳곳에서 숨고르기를 하면서 붓은 힘을 되찾는다. 먹이 말라가면서 속도가 최고도에 이르면 비백의 글씨가 나타났다가는, 다시 벼루의 먹을 찍어

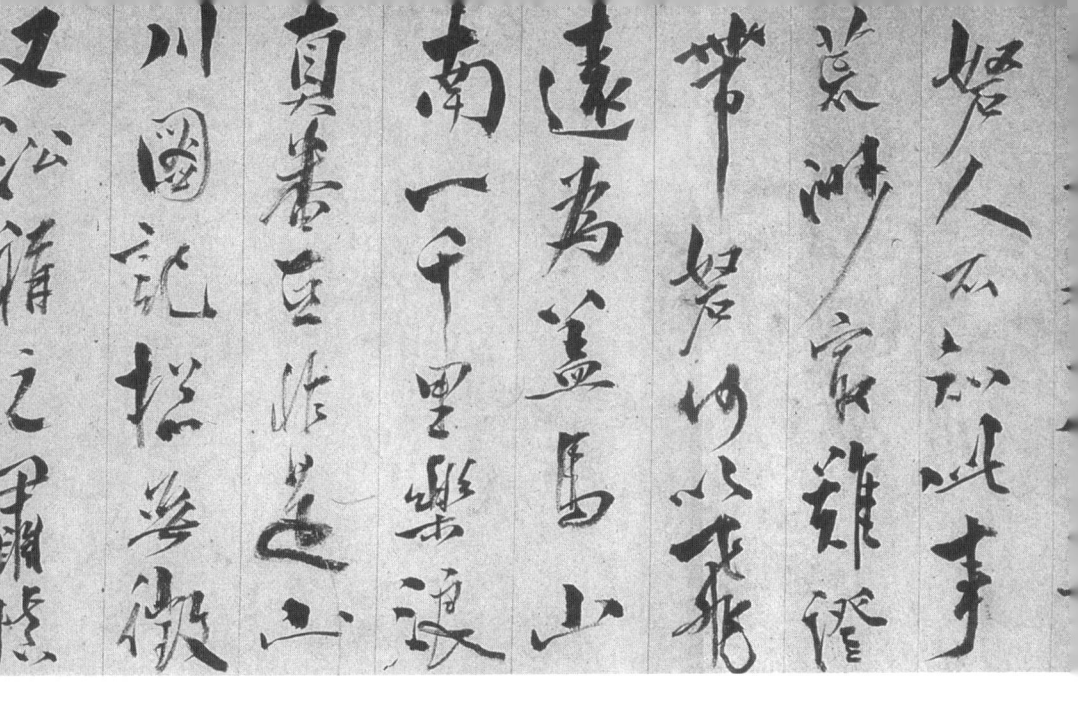

쓰기 시작하니 앞의 글씨와 뒤의 글씨의 먹색의 농담이 뚜렷이 드러나며 대비를 이룬다. 어떤 글자는 양귀비를 닮은 듯 통통하고 우아하며, 어떤 글자는 서시를 닮은 듯 날씬하고 명랑하다. 어떤 획은 윤택하고 기름지며, 어떤 획은 메마르고 윤기가 없다. 어떤 획은 더 이상 가지 않겠다고 버티는 듯, 어떤 획은 썰매나 스키를 타듯 경쾌하게 달린다. 이런 모든 움직임은 우주 삼라만상이 존재하는 모습이며 형태이며 기운인 것이다. 그리고 이러한 형태와 기운이 담긴 서체와 문장이 어우러질 때 비로소 추사체는 그 묘하고 신기한 광채를 발한다.

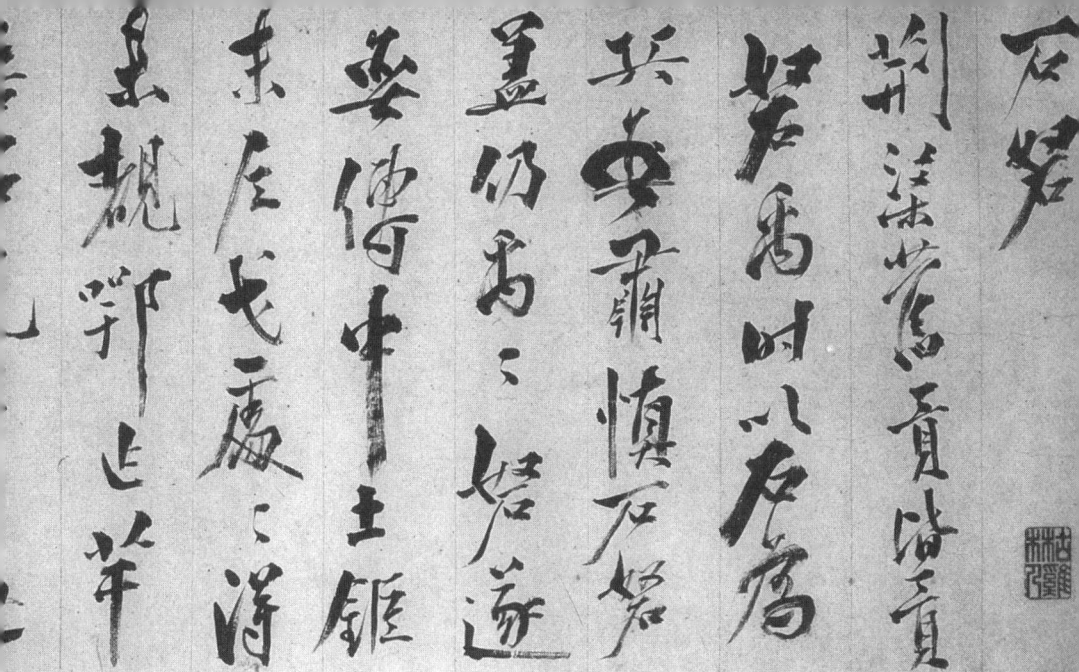

김정희, 〈석노가石砮歌〉 일부, 행서, 32.2×340.5cm, 호암미술관 소장

모난 붓질에서 나오는 박력과 강한 힘

추사는 방필方筆의 작가다. 그는 모가 나고 각이 진 점과 획을 살려 많은 작품을 썼다. 이는 추사가 한나라 시대의 많은 옛 비석들을 공부하고 연구한 끝에 터득한 고졸한 필법이다. 추사는 특히 해서에서도 방필을 많이 운용하였는데, 자연 이런 방필은 행서와 예서에도 원용되었다. 필획의 운필 방향을 꺾으면 모가 생기게 되는데, 이렇게 획의 전절轉折을 통하여 방정한 가운데 역동적인 선을 내었다.

추사는 때론 거칠고 때론 섬세하고, 때론 보다 거칠고 보다 섬세한

획을 교차하여 섞어 씀으로써 고도의 긴장감과 함께 이완을 가져오는 것이다. 그는 이러한 대비의 극대화를 통하여 미적 카타르시스를 조성하는 것이다.

서양의 현대미술이 사진술의 발달로 대상을 정확하게 사생하는 구상화가 의미를 상실하고 인상파와 입체파의 출현을 가져왔듯이, 추사 김정희는 전아하고 도안적인 글씨의 한계를 뛰어넘어 현대적 추상 서예의 길을 열었다고도 할 수 있다. 추사는 서예가의 인격과 학문과 감정을 이러한 획의 변형과 대비를 더욱 강렬하게 하면서 공간의 나눔과 배치를 음양론적인 해석에 기초하여 기하학적이며 추상적인 작품으로 완성하였다.

서예에서는 익숙하게 잘 쓴 달필의 글씨만이 좋은 글씨는 아니다. 쓰지 않을 수 없어 절실히 쓴 글씨가 좋은 글씨다. 마음이 충만한 가운데 저절로 흥이 나서 쓴 글씨가 좋은 글씨다. 마치 목소리만 고운 가수의 노래보다는 감정을 섞어 혼을 다하여 부르는 가수의 노래가 심금을 울리는 호소력을 갖는 것과 같다.

추사의 글씨가 그렇다. 변화무쌍해서 필획의 기세가 오르락내리락 전환되는 것이 변화의 폭이 크면서도 웅장하고 강력한 힘이 있다. 스스로 마음과 기운을 다하여 글씨를 썼다. 오직 자신의 내면의 움직임을 따라 마음과 손이 하나가 되어 나온 글씨다.

이런 까닭에 추사의 글씨를 잘 분석하여 보면 그가 도달하였던 예술의 경지, 즉 예술적 차원은 단지 능숙한 손에서 나온 것이 아님을 알 수 있다. 오히려 그의 능숙한 손도 못 따라올 정도의 더 높은 차원의 정신적이며, 이념적인 글씨를 쓴 것이다. 추사는 때때로 그의 파격적인 글씨에 손으로는 다 그려내고 쓸 수 없었던 자신이 추구한 이상의 세계를 담았다.

묘법을 깨닫고 묘필을 하다–귀양생활에서 완성된 추사체

명작과 명품은 주로 예술가가 시련과 어려움을 이겨내는 가운데 탄생한다. 추사의 작품들이 그러하다. 그는 명문가에서 태어나 유복한 집안에서 자라 좋은 교육을 받을 수 있었다. 또한 과거에 급제해 벼슬로 나아간 다음에도 처음에는 순탄한 관운을 타고 승승장구하였다. 그러나 당쟁과 당파의 소용돌이에 휘둘려 만년에는 정치적 삶뿐만 아니라 그의 모든 삶이 불운에 빠지게 된다. 제주도에서 9년, 함경도 북청에서 다시 2년의 귀양살이를 하면서 그는 좌절과 고독과 절망의 수렁에 빠졌다.

추사는 더이상 윤택한 환경에서 벼슬과 학문과 예술 활동의 웅지를 펼 수 없었다. 운신조차도 마음대로 할 수 없는 신세로 전락한 것이다. 또 가족, 지기들과 떨어진 절해고도에서 귀양살이의 외로움을 감내해야 했다. 그는 이렇게 실의, 좌절, 절망만이 엄습하는 극한 상황에서 부인과 사별하는 비극까지 감수해야 했다.

그러나 추사에게는 학문과 서화로 갇힌 몸과 정치적 부자유스러움을 극복하려는 강한 의지가 있었다. 그는 귀양을 사는 11년 동안 더욱 학문에 매진하고 시서화를 심화시켰으며, 글씨와 그림을 통하여 울분을 풀고 삭였다. 자신의 자유정신을 예술로 극복하고 표현하려

하였다. 그는 오히려 제주도에서 보낸 9년간을 학문과 서예 연구에 몰두하고 선용하여 마침내 추사체를 완성할 수 있었다. 그의 글씨는 과거의 청고고아淸高古雅한 서풍에 기굴분방奇崛奔放한 자태를 더하여 세상 사람들을 놀라게 하였다. 과거의 글씨가 단정하고 법식에 틀림 없는 완벽한 전통적인 틀에 바탕을 둔 글씨였다면, 만년의 추사체는 법식과 전통을 뛰어넘은, 자신의 희로애락을 붓이 가는 데로 그리고 써낸 개성 강한 현대 표현주의적 스타일의 작품이었다. 글자의 점과 획에는 더 힘이 느껴졌으며, 공간 구성은 평범함을 벗어나 새로운 조형미를 보였다.

추사는 서법에 바탕을 두었으나 서법에 구속받고 본뜨는 과거의 작품에서 벗어나 자유롭게 썼다. 평생을 공부하여 온 여러 대가의 장점을 모아서 스스로 하나의 법(일법一法)을 이루게 되니 신명神明이 내린 듯, 기氣가 오른 듯 신채神彩로 빛났다. 추사의 글씨는 이런 가운데 괴기한 모양을 하기도 하고 묘한 형태를 띠면서 필획이 춤추며 달리는 황홀한 경지에 이르렀다. 그는 묘법妙法을 깨닫고 묘필妙筆(신묘한 붓질)을 구사하였던 것이다.

이제 추사는 중년에 가졌던 의도적 창작욕에서 벗어나 우주와 자연의 순리에 따르는 '자연自然'과 '천진天眞'의 경지에 이르게 되었다. 그의 글씨는 인위적이고 의도적인 번거로운 기교에서 벗어나 편하고 쉬운 가운데 더욱 커다란 기교가 나타나고, 전혀 의도하지 않는 가운데 저절로 쓰여지는 단계에 이르렀다. 제주도 유배 이후 세상을 떠날 때까지 만년의 글씨는 '기괴한 가운데 천진을 얻은(기중득진奇中得眞)' 것이라 할 수 있다.

추사는 정통적인 단정하고 우아한 아름다움이 아니라 반대로 추醜, 즉 미적 범주範疇 안에 들어갈 수 있는 추미醜美를 추구하였다. 즉 격을 깨뜨린 파격미破格美와 개성미로서의 괴怪를 나타낸 것이 추사체의 본질本質이자 매력인 것이다.

추사는 비로소 왕희지의 아름답고 고상한 운치, 구양순의 규범적 법식, 안진경과 소동파의 의취意趣를, 조맹부의 아름다운 자태, 판교의 개성의 괴怪를 넘어 입고출신入古出新의 정신으로 자신의 품성과 운명을 닮은 괴졸怪拙한 아름다움의 경지를 창조하였다. 기괴졸박奇怪拙樸한 특이한 형태를 갖춘 가운데 소박함이 가득한 추사체는 서예사에 큰 획을 그었다.

〈세한도〉-추사의 외로움과 그리움의 세계

추사는 궁핍하고 외로운 제주도 귀양생활을 통하여 권력과 인생의 무상함을 느꼈다. 그는 오로지 학문과 예술에 혼신을 기울여 이런 어려움을 극복할 수밖에 없었다. 이런 과정에서 그는 〈세한도〉와 같은 고절孤節하고 고절高節한, 외로운 가운데 높은 품격의 그림을 그려낼 수 있었다.

〈세한도〉는 추사가 59세 때인 1844년에 그린 작품으로 귀양생활을 하였을 당시 어려웠던 생활과 심정을 엿볼 수 있는 작품이다.

그림의 구도는 아주 단순하다. 천지가 백설로 덮인 겨울 벌판에 납작한 토담집이 한 채 있고, 그 양쪽에는 소나무와 잣나무 네 그루만 담백하게 먹으로 그려져 있다. 그러나 이 필선筆線의 단순함 속에는 고고한 정신과 고졸한 격조, 노련하고 진실한 문인화의 경지가 숨어 있다. 이 담백한 그림에는 추사가 추구한 문예정신, 유불선의 도道, 사람을 아끼고 그리는 정情이 넘쳐 흐른다. 〈불이선란도〉와 더불어 학문과 서화에 관한 추사의 깊이가 느껴지는 작품이며, 두 번 다시 그릴 수 없는 회심의 작품이다.

추사가 제주도로 유배되자 그간 왕래하던 사람들 대부분 발길을 끊었다. 유독 그의 제자 우선藕船 이상적李尚迪(1804~1865)만이 사제 간의 의리를 저버리지 않고 스승을 위하여 꾸준히 책을 구해 보내는 등 정성을 다하였다. 이상적은 역관출신의 제자로서 베이징에 여러 차례 왕래하였으며, 시문에 능하여 중국의 문사들과 교류가 깊었다. 그는 중국에서 구한 귀중한 책들을 추사에게 보내곤 하였다. 유배 5년째인 1844년 추사는 제자에게서 책을 받고, 그에게 고마운 마음을 전하기 위해 〈세한도〉를 그려 다음과 같은 편지와 함께 동봉한다.

지난 해에는 《만학晚學》과 《대운大雲》 두 책을 보내주더니, 올해는 또 《우경藕耕》의 《문편文編》을 보냈구나. 쉽게 구할 수 있는 책이 아닌데 천만리 먼 곳에서 여러 해에 걸쳐 구했을 것이네.
세상 사람들은 오직 권세와 이익만을 좇는데, 심력을 다해 구한 것을 권력 있는 사람에게 주지 않고 바다 밖의 초췌하고 여윈 사람에게 주니, 세상 사람들이 권세와 이익을 추종하는 듯 나를 따라주는 구나.
태사공太史公이 이르기를 권세와 이익으로 맺어진 사람들은 그 권

去年以晩學大雲二書寄來　今年又以
藕畊文編寄來　此皆非世之常有　購之
千萬里之遠　積有年而得之　非一時之
事也　且世之滔滔　惟權利之是趨為之
費心費力如此　而不以歸之權利　乃歸
之海外蕉萃枯槁之人　如世之趨權利
者　太史公云　以權利合者　權利盡而交
踈　君亦世之滔滔中一人　其有超然自
拔於滔滔權利之外　不以權利視我耶
太史公之言非耶　孔子曰　歲寒然後知
松柏之後凋　松柏是毋四時而不凋者
歲寒以前一松柏也　歲寒以後一松柏
也　聖人特稱之於歲寒之後　今君之於
我　由前而無加焉　由後而無損焉　然由
前之君無可稱　由後之君亦可見稱於
聖人也耶　聖人之特稱　非徒為後凋之
貞操勁節而已　亦有所感發於歲寒之
時者　也烏乎　西京淳厚之世　以汲鄭之
賢　賓客與之盛衰　如下邳榜門迫切之

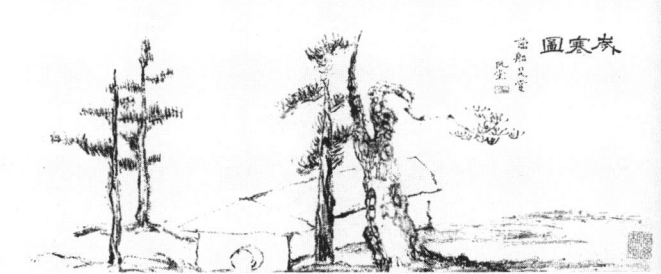

김정희, 〈세한도〉, 23×69.2cm, 손창근 소장

〈세한도〉는 추사가 59세 때인 1844년에 그린 작품으로 귀양생활 당시 어려운 생활과 심정을 엿볼
수 있는 작품이다.

그림의 구도는 아주 단순하다. 천지가 백설로 덮인 겨울 벌판에 납작한 토담집이 한 채 있고, 그
양쪽에는 소나무와 잣나무 네 그루만 담백하게 먹으로 그려져 있다. 그러나 이 필선筆線의 단순함
속에는 고고한 정신과 고졸한 격조, 노련하고 진실한 문인화의 경지가 숨어 있다. 이 담백한 그림
에는 추사가 추구한 문예정신, 유불선의 도道, 사람을 아끼고 그리는 정情이 넘쳐 흐른다. 〈불이선
란도〉와 더불어 학문과 서화에 관한 추사의 깊이가 느껴지는 작품이며, 두 번 다시 그릴 수 없는
회심의 작품이다.

세와 이익이 다하면 소원해진다 하였네. 자네도 세상의 도도한 흐름 속에 있을진대 홀로 권세와 이익에 초연히 빠져 나왔으니, 자네가 나를 권세와 이익으로 대하지 않는 것인가, 아니면 태사공의 말이 그르다는 것인가?

공자孔子가 이르기를 "날이 추워진 이후에야 송백松柏이 홀로 시들지 않음을 안다"고 하였는데, 이는 송백이 사계절 내내 시들지 않고 날씨가 차가워지기 전에도 송백이요, 날씨가 추워진 후에도 송백이기 때문이네. 성인은 특히 날씨가 추워진 후를 칭찬하는데, 자네는 (귀양살이) 전이라 하여 더함이 없고, (귀양 온) 뒤라 하여 덜한 것이 없네.

이런 연유로 이전에는 그대가 칭찬받을 것이 없더라도, 이후에는 성인의 칭찬을 받을 만하지 않은가. 성인이 송백을 칭찬한 것은 시들지 않는 정조와 굳은 절개뿐만이 아니라, 추운 겨울에 느끼는 바가 있었기 때문이라네.

아, 한나라 서경에 순박하고 후덕한 인심이 있었을 적엔 급암汲黯이나 정당시鄭當時 같은 어진 이도 빈객賓客과 더불어 성盛하고 쇠衰하였네. 하비의 적공이 대문에 방을 써 붙였던 것은 세상 인심이 박절하게 변함을 탓한 것이니, 실로 슬픈 일일세.

완당 노인 씀

추사가 그림으로 그리고 글로써 쓰고자 하였던 마음속에서 우러나오는 심정의 요체는 공자가 《논어》에서 말한 "歲寒然後知松柏之後凋也(날씨가 차가워진 후에야 송백의 푸르름을 안다)"다.

추사는 《논어》의 이 구절을 빌려 〈세한도〉라는 제목을 쓰게 된 것이다.

그림에 나란히 붙여 쓴 글에서 추사는 세상 사람들의 인심과 비교하여 제자의 고매한 인품을 찬양하면서, 공자의 말씀을 이용하여 어려운 처지에서도 책을 갖다 준 제자에 대한 고마움을 쓰고 있다. 추사는 특유의 소해小楷(해서체의 작은 글씨)로 깐깐히 써내려갔다. 이렇게 작고 단정한 글씨는 실상 커다란 글씨보다도 더 쓰기가 어렵다. 추사는 놀랍게도 294자의 발문에 나오는 27개의 갈 지자之字를 각각 다른 모습으로 썼다. 이 작은 작품의 작은 글에도 자신의 문자향을 피워낸 것이다.

추사는 말할 수 없이 처절한 귀양생활의 심정을 긴 화면의 복판에 볼품없는 조그마한 집 한 채로 표현하였고, 제자의 고마운 마음과 행동, 더불어 자신의 지조를 우뚝한 소나무와 잣나무로 비유하였다. 그리고 모든 사람들의 무관심은 소나무와 집 이외에는 아무 것도 없는 텅 빈 겨울 배경으로 표현하였다. 담백하게 그린 이 한 폭의 그림은 필의가 간결하고 품격이 높은 표현주의적 기법의 문인화다. 갈필로 형태의 요점만을 간추린 듯 그려내어 한 치의 더함이나 덜함도 용서치 않는 도도한 추사의 선비정신이 필선에 그대로 드러나 있다

노송老松 한 그루는 힘차게 뻗다 한쪽 가지가 옆으로 크게 휜 모습을 하고 있으나, 겨울의 매서운 추위에도 솔잎의 푸르름은 잘 간직하고 있다. 마치 세속의 갖은 정치적 풍상을 꿋꿋이 겪으며 참아내고 있는 추사 자신을 그린 듯 한겨울의 바람과 눈 속에서도 그 기상만은 의연하며 푸르다. 나머지 세 그루의 나무는 꿋꿋하다. 마치 세속의

이해득실을 떠나 초연하게 지조를 지키는 자신의 제자와 같은 곧은 선비들의 의기를 그린 듯.

문자향과 서권기로 가득 찬 이 문인화의 필선은 마르고 담박淡泊하여 고담枯淡하며 간결하다. 유배생활의 참담한 환경 속에서도, 고독하고 홀로 있는 가운데서도 스스로 지조를 지키고 삼가는 신기독愼其獨의 곧고 높은 선비의 자세를 잘 표현하고 있다. 너르고 외딴 공간에 쓸쓸하게 그려진 텅 빈 오두막집은 간단한 선만으로 처리된 것이 선禪의 지극한 무욕無欲의 경지를 보이고 있는 듯하다.

스승에게 〈세한도〉를 받은 이상적은 크게 감동하였다. 그는 이듬해 다시 베이징에 이 그림을 가지고 가 친구인 오찬吳贊의 연회에 참석한 자리에서 손님들에게 보여주었다. 이때 자리를 함께한 청나라 문사 16인은 〈세한도〉를 감상하고는 그 높은 품격과 사제간의 깊은 정에 감격하여 저마다 이를 기리는 시문詩文을 직접 써서 남겼다.

이제 〈세한도〉는 추사만의 작품이 아니라 당대 선비들의 그림과 글이 함께 어우러진 작품이 되었다. 이상적은 귀국하여 제주도로 추사를 찾아가 이를 보여주며 자랑하였다. 뒷날 1848년 추사가 귀양생활을 끝내고 돌아오자 비로소 〈세한도〉의 명성은 높아졌으며 이상적 집안의 가보가 되었다.

〈세한도〉에는 그 이후에도 독립운동가이자 서화가인 오세창吳世昌 (1864~1953), 초대부통령을 지낸 이시영李始榮(1869~1953), 한학자 위당爲堂 정인보鄭寅普(1892~1950) 선생과 같은 우리나라 근현대 학자와 서화가의 찬문讚文이 덧붙여지니 국가뿐만이 아니라 시대를 초월한 작품으로 남았다.

〈세한도〉의 주인은 여러 번 바뀌었다. 첫 소장자인 이상적에 이어 그의 제자가 소장하다, 일제 강점기에 경성대학 교수로 당시 추사 연구의 일인자였던 후지즈카 지카시藤塚鄰의 손에 들어가게 된다. 그는 이 〈세한도〉를 베이징의 한 골동상에서 구입하였다. 박사학위 논문으로 〈이조李朝에 있어서 청조문화淸朝文化의 이입移入과 김완당金阮堂〉을 쓸 정도로 추사에 심취한 그는, 지금의 서울대학교의 전신인 경성제대 교수를 지내면서 추사 작품들을 발견하는 대로 수집하였던 것이다.

1940년 신병으로 교수직을 사임한 후지즈카는 1944년 〈세한도〉를 포함한 추사 컬렉션을 가지고 도쿄로 돌아갔다. 하지만 당시 서예가이자 고서화 수장가인 소전 손재형은 조선 선비의 마음이 그려진 작품이 일본으로 반출된 것을 안타깝게 여겨, 후지즈카를 삼고초려三顧草廬하며 매달린 끝에 〈세한도〉를 다시 한국으로 가져올 수 있었다. 그리고 얼마 지나지 않아 발생한 2차 세계대전으로 후지즈카의 집이 불타면서 추사의 많은 작품들이 소실되었다. 그 전에 〈세한도〉를 가져 올 수 있어서 다행이지만, 불타버린 많은 작품들을 생각하면 안타까운 일이다(후지즈카의 노력으로 무사할 수 있었던 몇몇 작품은 그의 아들이 2006년에 일체 반환하였다).

대교약졸, 허허실실의 글씨-체념과 달관에서 나온 동자체

11년간의 세월을 귀양지에서 보내고 돌아온 추사는 만년을 부친의 묘가 있는 과천의 한 절에서 학문과 서예, 불교의 선리禪理에 몰두하

며 보냈다. 이제 추사는 달관한 마음에서 모든 정치적 속박과 세속적 욕망을 벗어버렸다. 그는 깊은 사변과 성찰로 자신의 인생을 뒤돌아보며 삶의 참된 의미를 글로 썼다.

〈대팽고회大烹高會〉는 추사가 어느 평민의 집에 초대받아 가서 보고 느낀 화목한 가정을 묘사한 글로 전형적인 추사체의 글씨로 유명하다. 필획은 예서의 맛을 풍기나 세로로 긴 글씨의 형태와 결구는 해서에 가깝다. 또한 협서脇書는 추사체 특유의 행서로 썼다. 신분을 알 수 없는 고농古農이란 사람에게 써준 글씨다.

大烹豆腐瓜薑菜	高會夫妻兒女孫
此爲村夫子第一樂上樂	雖腰間斗大黃金印
食前方丈	侍妾數百
能亨有此味者幾人	爲古農書
七十一果	

좋은 반찬은 바로 두부, 오이, 생강, 나물이요.

훌륭한 모임은 부부와 아들딸, 손자의 화기애애한 모습이다.

이는 촌사람의 제일가는 즐거움 중의 즐거움

비록 허리에 말(두斗)만큼 큰 황금도장을 차고

음식을 사방 열 자되는 상에 차려놓고

수백 명 여인이 시중을 들어도

능히 이런 맛을 누릴 수 있는 사람 몇이나 될까?

고농을 위해 쓰다.

나이 일흔하나에.

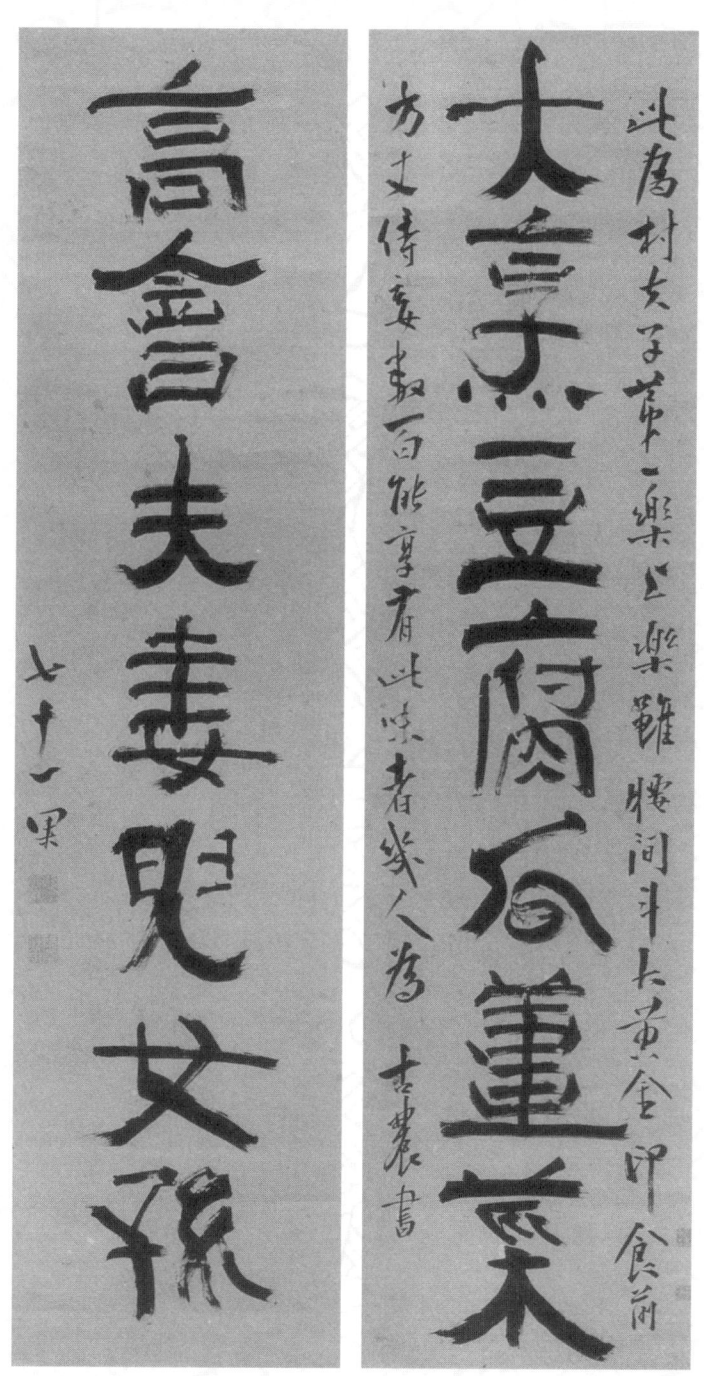

김정희, 〈대팽고회大烹高會〉, 1855, 예서, 각 폭 129.5×31.9cm, 간송미술관 소장

추사는 산해진미의 잔치음식보다도 가족 삼대가 둘러앉아 스스로 만든 두부와 제 밭에서 일군 야채를 먹으며 즐겁게 사는 모습에서 새삼 삶의 진실을 발견하였다. 이제 추사도 마침내 그들과 같은 백성의 삶을 살게 되었다. 이제 왕후장상王侯將相의 부귀영화도 덧없음을 깨닫고, 더이상 벼슬길도 필요없게 되었다. 그는 오로지 자연과 더불어 살고 불법에 귀의하여 해탈의 경지에 오르려 하였다.

이런 경지에 이르자 추사의 글씨는 다시 변모한다. 그의 글씨는 천진하고 순수한 성품을 드러내게 되었다. 삶의 마지막 단계에서 그의 예술은 무르익어 졸박拙樸한 글씨에 도달하였다.

마침 봉은사奉恩寺에서는 화엄경의 목판을 보관할 집을 짓고 있었다. 추사는 이 집의 현판을 써 달라는 부탁을 받고 인생의 마지막 글씨를 쓰게 된다.

추사의 절필은 '판전板殿', 이 두 글자다. 이제 성숙하여 단순미에 이른 그의 예술혼을 마침내 졸拙한 두 글자에 담았다.

이 작품은 서울 강남에 있는 무역센터와 경기고등학교의 사이에 위치한 옛절 봉은사 안에, 대장경 목판을 보존하고 있는 전통 사찰 건물에 걸려 있는 작품이다. 누구나 봉은사를 찾아가면 쉽게 발견하고 감상할 수 있다. 나는 대웅전에 예불을 올리고 더불어 추사의 이 위대한 작품을 보기 위하여 봉은사를 종종 찾는다. 그때마다 나는 죽음을 앞둔 일흔한 살의 추사가 왜 저렇게 어린아이가 쓴 것 같은 서툰 작품을 남겼을까 생각한다.

추사가 쓴 이 〈판전板殿〉 글씨는 한마디로 서당에 다니던 어린이가 쓴 글씨처럼 보여 흔히 동자체童子體라고 한다. 추사체의 특징인 교

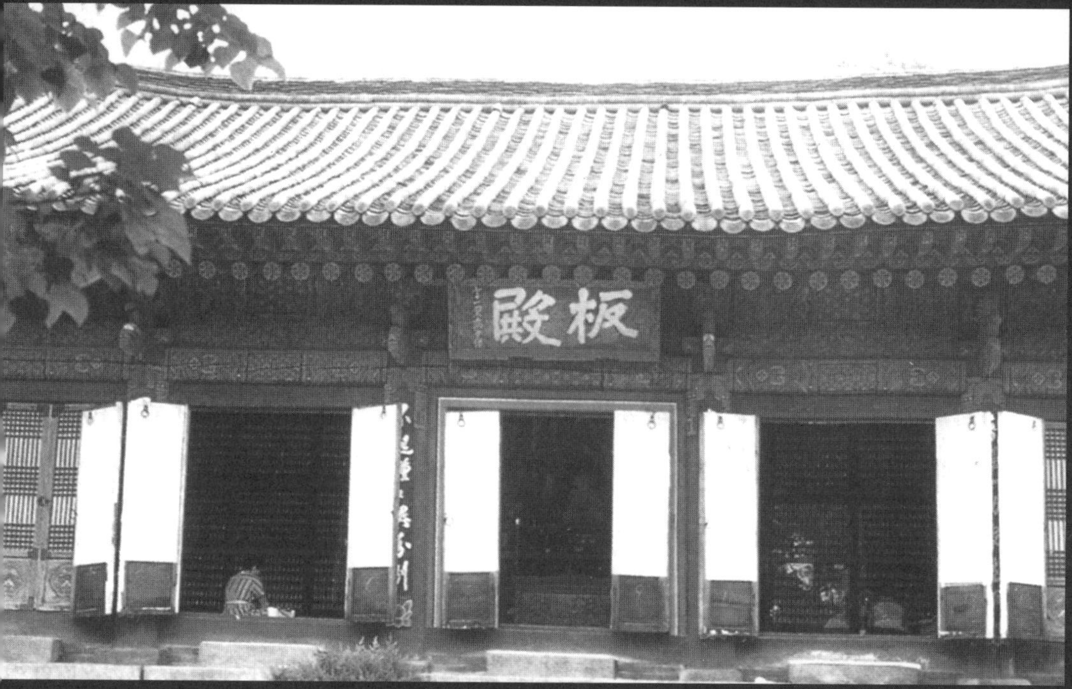

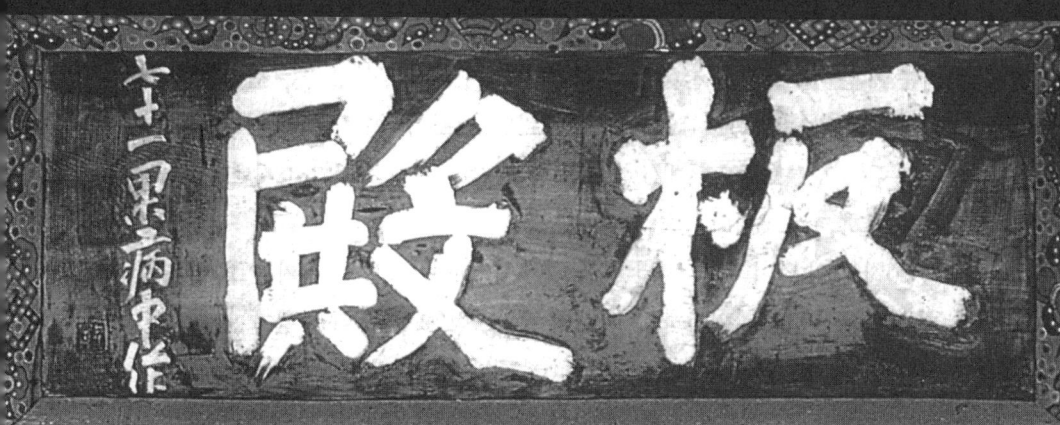

불교경전을 보관하는 불전 봉은사 판전(위)으로 현판의 글씨(아래)는 추사의 절필이 되었다.

체되고 대비되는 획이 없으며 속도감도 덜하다. 그리고 완벽한 구성의 결구를 갖춘 글씨도 아니다. 그저 글씨를 배우는 학동學童이 아무런 작의作意 없이 천진난만하게 쓴 글씨 같다.

노자老子는 진정한 기교는 천도에 순응하는 것이라고 하였다. 기교는 손과 마음이 일치하였을 때 자유자재로 붓을 움직일 때 진실된 기교가 나오는 것이다. 순수한 마음과 손이 일체가 된 경지는 오랜 숙련과 정신적 수양 끝에 이루어지는 것이다.

말년의 추사의 예술적 경지는 익으면 익을수록 단순해졌다. 그 단순함 속에 대교약졸大巧若拙의 미학적 비밀이 숨어 있었다. 그의 단순함 속에는 도가의 무위無爲 사상과 불교 선禪의 불립문자不立文字의 경지가 녹아 있는 것이다. 추사가 이해한 대교약졸은 단순히 기교가 없는 단계가 아니라, 기교를 다한 더 이상 기교를 부릴 필요가 없는 초탈超脫의 경지다.

이 글씨에는 추사의 글씨를 평가할 때 제일 중요하게 생각되는 개념의 하나인 '졸拙'의 경지가 가장 잘 드러난 작품이다. 추사의 '졸拙'은 단순함이다. 추사체라는 고도의 고답적이며 이념적이던 글씨가 결국 단순함과 순수함으로 돌아온 것이다. 동양의 미의식은 잠재적으로 그 밑바탕에 도가적 미학사상을 깔고 있는데, 여기에는 노자가 말한 '대교약졸大巧若拙'의 철학이 숨어 있다. 노자는 《도덕경道德經》 45장에서 다음과 같이 말하고 있다.

大成若缺　　크게 완성된 것은 마치 결함이 있는 듯하지만
其用不弊　　그 쓰임에는 다함이 없다.

大盈若沖	크게 가득 찬 것은 마치 비어 있는 듯하여
其用不窮	그 쓰임에 끝이 없다.
大直若屈	크게 곧은 것은 마치 굽은 듯하고
大巧若拙	큰 솜씨는 마치 서툰 듯하며
大辯若訥	큰 말솜씨는 마치 어눌한 듯하다.
躁勝寒	분주하게 움직이면 추위를 이길 수 있고
靜勝熱	고요히 차분하게 있으면 더위를 이긴다.
淸靜爲天下正	맑고 고요하면 천하의 바름을 이룬다.

노자는 서로 모순된 듯한 두 개의 개념 속에 숨은 보완성과 상호
의존성을 깊이 이해한 끝에 이를 초월한 대자연의 변화와 생성의 천
진天眞을 깨달아 이런 말을 하였을 것이다.

결국 추사가 도달한 경지도 노자의 경지와 같은 것이다. 추사는 마
침내 노자가 말한 청정淸靜을 통한 천하정天下正과 무위이무불위無爲
而無不爲(함이 없으나 하지 않는 것이 없음)의 경지에 다다른, 즉 바로 동
양의 모든 예술가들이 도달하려 꿈꿔온 천의무봉天衣無縫의 경지에
이른 것이다.

〈불이선란도〉에 담긴 추사의 마음읽기

추사가 펼친 예술의 세계와 도달한 정신적 경지를 가장 극적으로
잘 나타내고 있는 작품이 〈불이선란도不二禪蘭圖〉다. 〈부작난도不作蘭

圖〉라고도 불리는 이 기이하고, 이해하기 어려운 서예작품이자 문인
화는 추사를 제대로 이해할 수 있는 작품이다.

이 작품에서 추사는 유려한 선을 자랑하는 보통의 난초 그림과는
달리 성긴 야생의 잡풀과 같은 난초를 그렸다. 그것도 흐리고 마른
먹물로 그린 까닭에 윤기도 덜하여 마치 마른 잡풀과 같이 보인다.
보통의 선비나 화가가 그린, 농묵濃墨의 균형이 잘 잡힌 난초의 획과
구도와는 아주 다른 모습이다. 추사는 대신 바싹 마른 붓질(갈필渴筆)
로 급하게 꺾이거나 바람에 밀려 휜 듯한 모습의 난초를 그렸다.

전통적으로 난초를 그릴 때는 잎이 자연스럽게 꺾이어 구부러지는
변화(전절轉折)와, 폭이 넓고 풍성하였다가 가늘고 수척하게 변하는(비
수肥瘦) 기법을 반복하여 리듬감을 살리는 것이 요체다. 추사는 〈불이
선란도〉에서 이런 난초를 치는 기본적인 방법을 완전히 깨버렸다.
난초의 잎이라기보다는 오히려 서예 글씨의 획을 내는 전위적 필법
을 쓴 까닭이다.

또한 문인화가 주는 여백의 멋과 맛도 없다. 난초를 둘러싼 위와 옆
삼면에는 한자로 쓴 제발題跋을 무려 네 개나 빽빽하게 써넣었다. 자
신이 초서와 예서의 기법으로 이 난초의 그림을 그렸노라고 써넣은
것이다. 그나마 이런 추사의 직접적인 해설이 없었다면 우리는 왜 그
가 이런 난초를 그렸는지조차 이해하지 못하였을지도 모를 그림이다.

추사의 〈불이선란도〉가 얼마나 추상적이며 서예적인지 알아보기
위해 판교 정섭의 그림 중 이와 구도가 비슷한 〈난죽책혈지사蘭竹册
頁之四〉를 감상해 보자.

정통적인 서예가나 문인화가가 그린 그림이다. 난초의 유연한 선

과 여백이 잘 어우러져 아름답다. 말그대로 난초그리기의 정석이다. 먹의 빛깔도 윤택하고 꽃대도 화려하다. 제발도 적당한 공간의 한 부분에 우아하게 자리하고 있다. 글씨의 스타일 또한 난초의 잎만큼이나 기름지고 유연하다. 꽃도 풍성하게 잘 피어 있다.

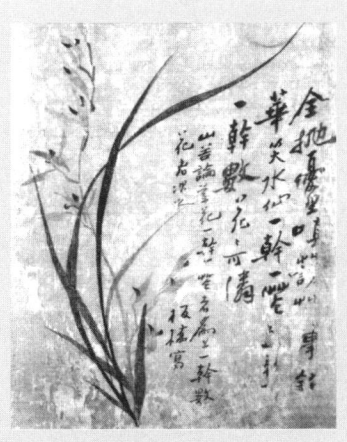

정섭, 〈난죽책혈지사蘭竹冊頁之四〉
37.5×27cm

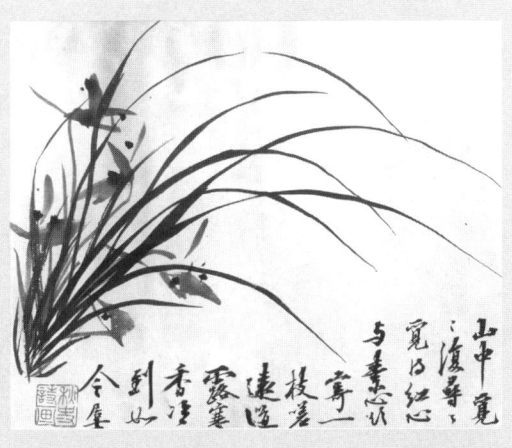

김정희, 〈소심난素心蘭〉, 22.9×27cm,
간송미술관 소장

그도 〈불이선란도〉를 그리기 이전에는 이런 난초를 자주 그렸다. 추사가 그리고 판교가 지은 시를 써넣은 〈소심난〉을 보자. 추사도 〈불이선란도〉를 그리기 전에는 이와 같은 유類의 난초를 자주 그렸다.

그러나 만년에 그린 〈불이선란도〉는 특이하게도 서예에서 획을 쓰고 긋듯 난초의 잎을 쳤다. 그것도 아주 흐리고 마른 먹물로 한쪽 방향으로 쏠린 마른 잎들을 그렸다. 잎의 꺾임도 자연스러운 곡선을 내

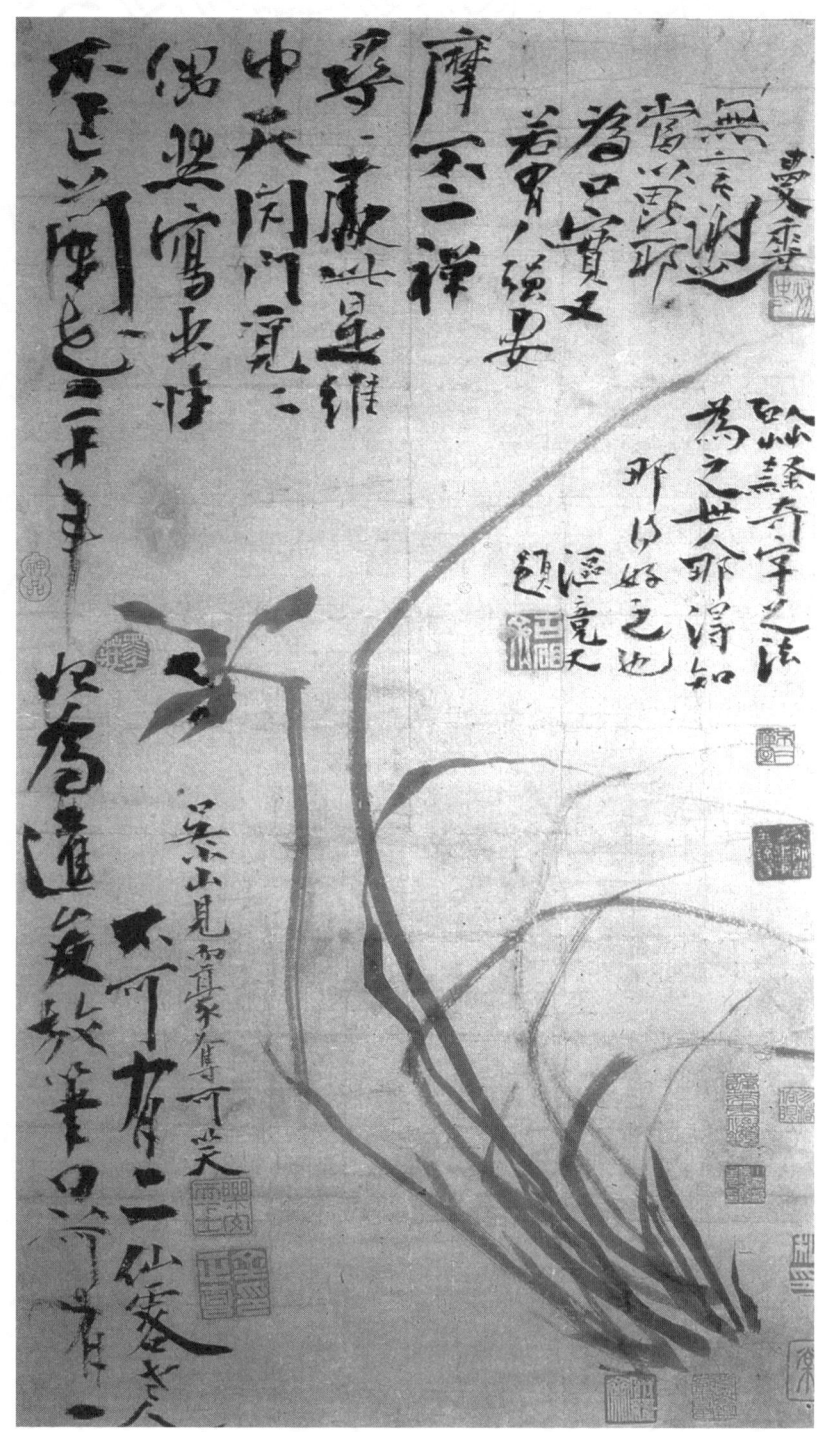

김정희, 〈불이선란도不二禪蘭圖〉, 55×31.1cm, 개인 소장

기보다는 마치 갈필로 행서와 초서의 획을 쓰듯 빠른 붓 놀림으로 쳤다. 글씨를 쓸 때의 기운과 힘으로 삼전三轉의 묘법妙法을(한번에 획을 긋지 않고 두세 번에 걸쳐 획을 쓰는 방식을) 택하였다. 그러다 보니 잎의 방향이 세 번 바뀌며 이루어진 난초의 잎들이 묘하게도 또 다른 강한 힘을 발산하고 있다.

서예의 예서를 쓰는 기법에서 따온 이 삼과절三過折의 필법은 한 필획의 붓이 가는 과정을 한번에 긋는 것이 아니고 대체로 두세 구간으로 나누어 꺾으면서 운필하는 것이다. 획과 선을 내는 중간에 붓의 탄력을 보강하면서, 동시에 필획의 방향에 변화를 주고 다양한 질감을 표현할 수 있다. 하나의 필획을 구사하는 데도 밋밋하게 일률적으로 한번에 긋는 것이 아니라, 적당한 위치에서 붓의 압력과 속도와 각도의 변화를 통하여 획과 선이 서로 다른 멋과 맛과 힘을 내도록 꾀한 것이다.

이런 기법은 보통 난초를 칠 때 그 삼과절의 뜻만 따르고 부드러운 필획 속에 감추어 드러내는 것이다. 하지만 추사는 〈불이선란도〉에서 이 기법을 그대로 드러냈다. 그리고 모든 기교적 표현방식을 날려 버리고 추상화하였다. 오히려 아무런 기법도 의도도 없이 그저 무심코 붓 가는 대로 그린 듯하다. 붓 가는 대로 친 선들이 난으로 변했다고 하는 편이 맞는지도 모르겠다.

추사는 이 그림을 보는 이들이 자신의 의도를 이해할 수 있을지 은근히 걱정했다. 그는 이를 염두에 두었던 듯 난초 주위의 여백에 특유의 강건하고, 활달한 필체로 화제를 가득히 써 채웠다. 이러다 보니 문인화라기보다는 오히려 서예 작품처럼 보인다.

사실 이런 제발이 없었다면 추사의 깊은 뜻을 우리가 어찌 알아채 이해하고 읽을 수 있었겠는가! 음양과 굴곡과 강약의 변화가 심한 특유의 추사체로 쓴 제발은 비로소 이 그림 속에 숨겨진 코드를 풀 수 있는 친절한 길잡이가 되고 있다.

먼저 첫 번째 발문을 보자.

不作蘭花二十年	난초 그림 안 그린 지 20년
偶然寫出性中天	우연히 본성의 참모습을 그려내었네.
閉門覓覓尋尋處	문을 닫고 찾아 구하고 구하였던 곳
此是維摩不二禪	바로 유마힐維摩詰의 불이선不二禪의 경지다.
若有人强要爲口實	어떤 사람이 억지로 구실을 설명하라 강요한다면
又當以毘耶無言謝之	비야이성毘耶離城에 살았던 유마거사와 같이 무언으로 사양하리라.
曼香	만향 쓰다.

글씨의 획은 처음에는 짙은 먹으로 굵고 강하게 써나가다 시간이 흐름에 따라 자연스럽게 먹물이 마르면서 다음에 오는 글자의 크기는 작아지고 상대적으로 음양이 또렷하게 되었다. 글씨의 진행방향도 매우 특이하다. 내려쓰기 문장이지만 왼쪽에서 오른쪽으로 진행이 되었다. 전통적인 서법이라면 맨 오른쪽 위에서 아래로 먼저 한 열列의 문장을 내려쓰고, 이어 왼쪽의 다음 열로 진행하면서 써내려가야 한다. 추사는 여기에서도 전통을 깨고 파격적인 장법을 썼다.

어려운 내용의 발문이다. 이를 이해하기 위해서는 추사가 깊게 빠졌던 '불교사상'을 어느 정도 알고 있어야만 한다.

유마거사는 《유마경》이라는 대승경전의 주인공이다. 마치 소설이나 희곡같이 쓰인 이 경전 속에서 유마거사는 출가하지 않고 속세의 집에 머물며 재가신도로서 보살행을 수행한다. 경전의 〈문수사리문질품文殊師利問疾品〉에 따르면 유마거사가 병이 나자 부처님은 제자들에게 병문안을 가도록 한다. 그러나 제자들은 유마거사의 높은 법도를 두려워하여 문병하기를 꺼린다. 부처는 할 수 없이 지혜가 가장 뛰어난 문수보살을 시켜 문병케 한다. 이때 유마가 문수보살에게 한 대답은 보살인 자신의 병은 대비심으로 생긴 병이기 때문에, 만일 중생이 병을 여의면 보살도 병이 없어질 것이라하며, 다음과 같은 대승불교의 핵심적인 사상을 담은 유명한 말을 한다. "무명으로부터 애착愛着이 생겨서 내 병이 난 것이요, 또 일체 중생이 병이 들었으므로 나도 병이 들었으니, 만일 일체 중생의 병이 없어진다면 내 병도 없어질 것이외다. 그 까닭을 말하면 보살은 중생을 위하여 생사에 들어가는 것이요, 생사가 있으면 병이 있는 것이니, 만일 중생이 병을 여의면 보살도 병이 없어질 것이외다."

이어 경전의 하이라이트라 할 수 있는 〈제9 입불이법문품入不二法門品〉에서 유마거사는 문수보살과 다음과 같은 선문답을 나눈다.

그때에 유마힐이 여러 보살에게 말하였다.
"여러분들, 보살이 어떻게 둘 아닌(불이不二) 법문에 들어가나이까? 각각 좋아하는 대로 말씀하소서."

문수사기가 대답하기를,

"내 생각 같아서는 일체 법에 말도 없고 말할 것도 없고 보이는 것도 없고 알 것도 없어서, 모든 문답問答을 여의는 것도 둘 아닌(불이不二) 법문에 들어가는 것이라 하겠나이다."

이때에 유마힐은 잠잠하고 말이 없었다.

유마는 공空에 들어 반야의 지혜로 중도中道를 실천하며 깨달음의 삶을 살아가는 보살의 길을 침묵으로 대답한 것이다. 모든 언어적 표현은 진실에 다가가려 하나 도달하지는 못한다는 것을 유마거사는 침묵으로 웅변했다. 추사는 이런 유마의 경지를 한 포기 난을 그리는 가운데 생각했던 것이다.

어느날 별 마음없이 난을 그려놓고 보니, 20년을 두고 마음속에서 그리고 싶어하였던 가장 이상적인 작품이었다. 선승이 문득 불이선의 경지를 깨달은 듯 자연스럽게 그려졌다는 이 난초 그림은 문인화의 사의寫意와 문기文氣의 세계를 넘어 추사의 심오한 불교적 법열法悅의 경지까지를 담고 있다.

오른쪽 난초 잎 사이에 쓴 두 번째 발문은 다음과 같다.

以草隸奇字之法爲之	초서와 예서, 기이한 글자를 쓰는 법으로써 그렸으니
世人那得知	세상 사람들이 어찌 이를 알 수 있으며
那得好之也	어찌 이를 좋아할 수 있으랴?
謳竟又題	구경이 또 쓰다.

이번 발문은 앞의 것과 달리 오른쪽에서 왼쪽으로 전통적인 방법으로 써 내려갔다.

서예의 글씨를 쓰듯 난초를 쳤다고, 난초의 잎을 초서와 예서를 쓸 때 터득한 필획의 방법으로 쳤음을 밝히고 있다. 이렇게 서예의 기법으로 난초를 그렸으니 난초라는 대상을 묘사하였다기보다는 그림을 그린 자신의 마음을 표현한 것이 될 수밖에 없다.

청나라의 판교를 비롯한 전위적인 작가그룹은 서예의 필획을 써서 기이한 그림을 그리고 독특한 글씨체를 유행시켰는데, 그 영향을 받은 추사는 그 경지를 더욱 한 차원 끌어올린 것이다.

세 번째 발문은 왼쪽 난초의 꽃 아래에 썼다. 첫 번째 발문과 같이 왼쪽에서 오른쪽으로 써 내려가는 파격을 보였다.

始爲達俊放筆	처음 달준에게 주려고 마음 놓고 그렸다.
只可有一不可有二	단지 이 그림 하나만 있을 수 있고, 두 번 다시 같게 그릴 수 없다.
仙客老人	선객노인 쓰다.

추사는 처음 이 그림을 달준이라는 사람에게 주려고 편안한 마음으로 방필放筆하다 나온 것임을 말한다. 그런데 소산이란 사람이 뒤에 그림을 보고 달라고 하니, 이런 그림은 하나만 있지 둘은 있을 수 없어 다시 그릴 수 없다는 추사의 생각을 써놓은 것이다. 우연히 일필휘지한 순간에 자연스럽게 나온 흡족한 작품에 자신도 놀라 두 번 다시는 같은 그림을 그릴 수도 없겠고 그리지도 않겠다

고 말한다.

추사는 여기서 이런 그림이 나올 수 있었던 경지를 유마의 불이선의 경지로 생각했다. 그림이 곧 사람이고 사람이 곧 그림인 불이不二의 경지를 체험한 것이다. 그림의 이치가 곧 불교의 선의 이치와 통했음을 깨달았다.

추사는 서화일치書畵一致의 이상을 넘어 화선일치畵禪一致의 경지를 불현듯 일궈냈고, 그 결과와 성취에 스스로 놀라워했던 셈이다. 그래서 이 그림 하나만 있을 수 있고, 두 번 다시 같게 그릴 수 없다는 발문은 추사가 이 그림을 감상하는 사람들에게 던진 화두라고도 하겠다. 아니 추사가 그림을 통하여 깨달음을 얻은 다음에 뱉어낸 오도悟道의 게송偈頌 일지도 모르겠다. 나는 추사가 이 그림을 통하여 던진 화두를 감상자들 각자가 자기의 도량과 수양의 깊이에 따라 알아서 이해할 일이라고 생각한다

마지막 네 번째 발문은 아주 작은 글씨로 짧게 썼다.

吳小山見而豪奪可笑   오소산이 보고서 얼른 빼앗아가려 하니 우습도다.

두 번 다시 그릴 수 없는 까닭에 어쩔 수 없이 소산이란 사람에게 그림을 주면서도 조금은 난처하였던 사연을 조그만 글씨로 써 넣었다. 추사는 그림을 간곡히 청하여 가져가려는 오소산이 자신이 〈불이선란도〉를 그린 깊은 뜻을 이해하지 못한 채 그림만 탐내는 것을 우습게 여기며 쓴 발문이다. 그리고 이 마지막 발문의 끝에 〈낙문천

하사樂文天下士〉(글을 좋아하는 천하의 문사)와 〈김정희인金正喜印〉이라는 두 개의 다른 도서를 찍어 작품을 마감하였다.

　이제 본래의 그림과 글씨 부분은 지우고 난초만 남긴 그림을 통하여 자세히 살펴보자.

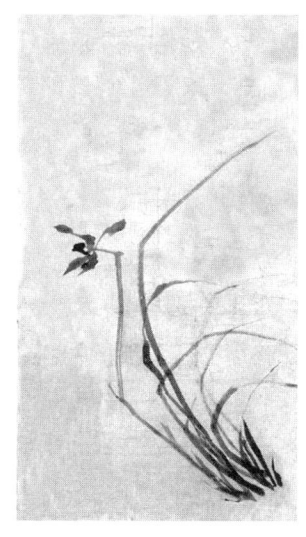

　추사가 그린 두 촉의 난은 각각 4개와 6개 모두 10개의 잎을 가졌다. 길이와 굵기, 먹물의 농담의 정도가 모두 다르게 표현되어 있다. 모두 왼쪽으로 향하였다가 극적으로 오른쪽으로 꺾이어 휘는 형세를 하고 있다. 마치 강한 바람이 불어 밀린 듯 자연스럽게 오른쪽 위를 향하여 쏠리어 버티고 있는 형세이다.

　대부분 전통적인 그림에서 난초의 잎은 윤택하고 좌우로 고르게 펼쳐지기 때문에 편안하고 균형이 잡힌 자태를 하고 있다. 그러나 추사의 〈불이선란도〉에서 보이는 난초 잎은 거의 오른쪽 한방향으로 쏠려 있다. 그는 이런 쏠림을 절묘한 위치에 절묘한 방향으로 꽃대를 놓아 균형을 잡고 있다. 강인한 꽃대와 꽃을 반대의 방향으로 돌아 앉혀 오른쪽으로만 쏠린 잎들과 균형을 맞춘 것이다. 그리고도 남는 부분에는 특이하게 세 번째와 네 번째의 발문을 더 써넣어 좌우의 안정을 꾀하고 대비시키는 장법을 썼다.

전통적 난초를 그리는 법에서는 잎과 잎이 적당한 곳에서 서로 만나고 어우러져 두 잎이 만나는 곳 아래에 반달모양의 공간을 만든다. 봉의 눈과 같이 생긴 이 기다란 형태의 공간에 또 다른 잎이 쳐지면서 다시 공간을 적당히 나눈다. 이를 봉의 눈을 깨뜨린다고 하여 파봉안破鳳眼이라고 한다. 난초 그림은 이때 그려지는 잎들 사이의 소밀疎密에 따라 또 다시 기묘한 공간을 만들어낸다.

그런데 추사가 그린 잎들은 바람이 몹시 날려 오른쪽으로만 쏠리는 바람에 파봉안을 여러 차례에 걸쳐 만들고 있다. 따라서 기운 잎들과 그 잎들이 사이사이의 공간이 기묘한 모양을 띠게 되었다. 이런 난초 그림은 사생화寫生畵가 아닌 사의화寫意畵이자 이념화理念畵다. 마음에 품은 뜻의 향기가 스며 나오도록 그린 것이다. 그는 손재주뿐만이 아니라 그의 혼을 난초에 불어넣어 그렸다. 그래서 추사의 예술혼의 향기와 신기神氣가 뿜어져 나온다. 자신이 성취한 문자향과 서권기가 그림과 글씨에서 은은히 피어나도록 그리고 쓴 것이다.

난초의 잎과 꽃잎과 꽃대는 모두 은근한 담묵淡墨으로 그렸다. 단지 화심花心만 농묵濃墨으로 굵게 처리하여 담묵의 단조로움에서 벗어나 강인한 악센트를 주고 있다. 이 검고 굵은 화심은 마치 서예의 점과 같이 처리되어 있는데, 옆에 쓴 화제와 같은 먹의 색깔로 처리하여 글씨와 그림 사이의 자연스러운 연결을 이루고 있다.

글씨의 진행방향도 좌에서 우로, 우에서 좌로 마음이 내키는 대로 썼다.

이 그림은 특유의 추사체로 여백을 가득 메우고 있는 화제들과 함께 어우러져 시서화 일치의 독특한 분위기를 자아낸다. 필선의 아름다움과 이념의 아름다움이 극치를 이루며 융합된 이 그림은 추사의 예술세계의 뛰어난 격조와 함께 조선시대 문인화의 높은 경지를 담고 있다. 추사가 꿈꾸던 난이 갑자기 득도하듯 눈 앞에서 자연스럽게 그려졌다고 하는 이 그림은 문인화의 사의寫意와 문기文氣의 세계를 넘어 종교적 법열의 심오한 경지까지 그렸다 하겠다.

내가 내 멋대로 부족한 언어의 표현으로 이런 해석을 다는 것 자체가 쓸데없는 노력인지도 모를 일이다. 이제 여러분이 추사가 말한 유마거사와 같이 침묵의 행동으로 이 작품을 다시 감상할 차례다.

제일 오래된 추상화―한자가 변해온 모습

서예는 약 5천 년 전 중국에서 만들어진 한자에서 비롯되었다. 세계의 수많은 문자들 가운데 오로지 한자만이 독특한 예술 형태로 발전한 데에는 한자가 가지고 있는 조형적 특징과 깊은 관계가 있다. 한글과 영어의 알파벳을 포함한 세계 대부분의 문자는 표음문자다. 표음문자는 대개 약 20~30개 정도의 자음자와 모음자로 구성되어 음가音價(소리의 값)만을 정해진 부호로 적는다. 따라서 그 필획 筆劃이 아주 간단하여 배우고 쓰기에 쉬운 반면, 너무 단조로워 예술적으로 발전할 기회와 감상의 대상이 되기에는 부족한 점이 있다. 실제 서양에서 글씨를 아름답게 쓰는 것은 도안적 성격이 강한 레터링lettering에 불과하여 예술로 인정하기보다는 단순히 글씨를 쓰는 기술로 취급할 뿐이다.

반면 한자는 사물의 형태를 그대로 그리고 본떠서 만든 상형문자로 시작해 뜻글자인 표의문자로 발전하였다. 처음 그림 형태로 시작된 한자는 차츰 실용적 목적으로 발전하여 네모난 덩어리 형태의 글자인 방괴자方塊字로 자리 잡았다. 한자는 기본적인 상형화 된 문자의 조합이나 뜻과 음을 빌려오는 가차假借의 방법으로 표현 기법과 범주를 넓히고 추상화시켰다. 한자는 오랜 형성 과정을 통해 기록수단과 의사전달이라는 실용적 기능과 함께 차츰 미적 표현의 기능도 갖게 되었다.

　서예예술의 원형은 원시시대에 그린 암각화라던가 토기와 도기, 청동기에 그리고 새긴 그림으로까지 거슬러 올라갈 수 있다. 이런 까닭에 중국인들은 서화동원書畵同源이라 하여 서예와 회화는 하나의 뿌리를 갖는 것으로 여긴다. 그림으로 시작된 중국의 상형문자는 표의문자로 추상화되는 과정에서 문자적 요소가 더욱 추가되어 실용적인 추상적 부호로 발전하였다. 그러나 원래 가지고 있었던 회화적 요소를 유지하고 있기 때문에 철저하게 회화와 분리될 수는 없다. 이렇게 한자는 원초적으로 서예 예술로 발전할 요소를 갖고 있는 상형문자로 태어났다.

　한자는 한 글자 안에 필획의 수가 적게는 단 하나인 글자부터 많게는 30~40개 이상이 되는 글자에 이르기까지 다양하고 복잡한 모습을 하고 있다. 또한 같은 한자라 해도 시대의 흐름에 따라 최초에 사물의 형태를 그린 갑골문과 전서篆書로부터 네모난 형태의 예서隸書와 해서楷書, 흘림체의 초서와 행서에 이르기까지 스타일과 느낌이 서로 다른 다섯 가지 글자체로 발전하였다. 한자가 갖고 있는 이런 특징들을 예술적으로 발전시키면 비로소 서예라는, 다른 문자에서는 느낄 수 없는 심미적 가치를 지니게 된다. 뿐만 아니라 개인에 따라 쓰는 방법과 서체를 달리하고, 예술적 의도에 따라 다양한 기법과 기교를 발전시킬 수 있다. 이러한 기법과 기교를 배우고 연구하여 개인 나름의 독특한 풍격風格을 갖춘 글씨를 쓰는 것이 바로 서예 예술이다.

간단한 상징적 부호와 그림 글씨로서 출발한다. 원시적 상형문자가 점차 발전하고 성숙하여 3,400여 년 전쯤에는 현재 한자의 원형으로 인정받고 있는 갑골문자로 발전하였다.

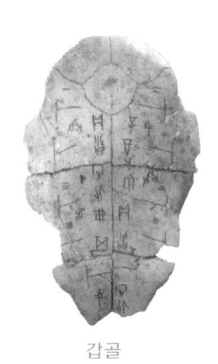

갑골

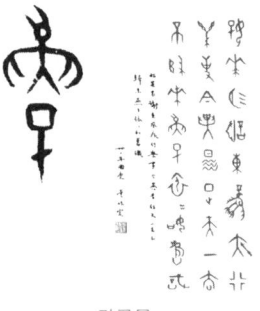

갑골문

갑골문甲骨文은 단단한 거북의 배와 등의 껍질 또는 동물의 뼈 위에 붓으로 글을 쓴 다음 칼로 새겼기 때문에 필획이 가늘면서도 억세고, 글자의 모양은 여위면서도 길며, 글자의 크기도 각각 다르다. 따라서 곧으면서 소박한 모습을 하고 있다. 이것이 바로 중국에서 시작된 서예 예술의 초기 모습이다. 갑골문은 원시 그림문자의 성격을 그대로 지니고 있어서 회화적 요소가 매우 강하다.

고대 중국인들이 갑골에 쓰고 새겨 넣은 글을 복사卜辭(점글)라고 한다. 기원전 1,600년경부터 1,000년 무렵까지 있었던 중국 고대 은殷나라는 전쟁 등 나라에 중요한 일이 있을 때나 특이한 현상이 있을 때마다 제사장이 갑골을 이용하여 점을 쳤다. 그리고 그 결과를 갑골에 기록해 놓았는데, 이를 복사라고 한다. 한자의 기원과 서예는 이러한 종교적 활동에서 시작하여 중국의 문자와 서예는 단순한 기록이상의 정신적 요소가 깃들어 있다. 따라서 신성한 문자를 쓰는 서예는 자연히 처음부터 아주 높은 정신적 예술로, 그림을 그리는 회화繪畵보다도 한층 더 고상한 예술로 여겨졌다.

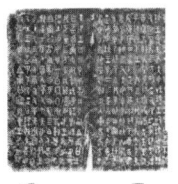
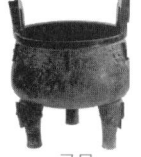
금문

갑골문과 비슷한 시기, 특히 주周나라 때에 이르러 사회가 발전하고 문자의 사용 목적과 조건이 달라지면서 한자의 글자체도 변하기 시작한다. 이때의 문자는 주로 청동기에 새겨 주조되었다. 당시 고대사회에서 쉽게 구하고 다룰 수 있는 금속은 동銅(구리)이었다. 금金은 금속을 대표하는 말로서 청동靑銅을 의미하기도 하였는데, 금문金文은

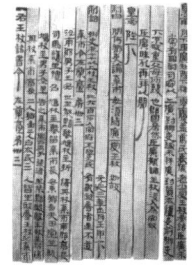
죽간

청동기를 주조할 때 주물의 틀, 거푸집에 새겨넣은 글자들이다. 금문의 글자체는 앞서 발달한 갑골문과 비슷하지만 필획은 좀더 굵고 웅장하다. 선은 더욱 세련되고, 글자체의 구성과 크기는 균형이 잡혀 정연하게 되었다. 아울러 표현된 풍격風格은 장엄하면서 깊고 두터워 이미 상당히 강한 예술성을 보여주고 있다.

아직 종이가 발명되지 않았던 시대에 차츰 문자를 써서 기록하는 문서의 양이 늘어나자 여러 가지 구하기 쉬운 소재들이 필기 재료로 쓰이게 되었다. 기원전 722~481년 사이 춘추시대에는 주로 화폐貨幣(청동으로 만든 옛날 돈), 목간木簡(나무로 만든 필기 재료)이나 죽간竹簡(대나무로 만든 필기 재료), 면백綿帛(면포와 비단), 칠기漆器(옻 그릇)에 문자를 쓰기 시작하면서 한자의 글자체에도 소재의 변화에

따른 새로운 변화가 일어났다. 그러나 종이가 발명되고 모필毛筆에 의한 서사체의 예술성 추구는 후한대後漢代부터 본격화되었다.

전국시대戰國時代에는 제후국들이 각각 일정한 지역을 지배하게 되면서 한자의 글자체에도 지역적인 특성과 차이가 나타나게 되었다. 그리하여 제齊 · 초楚 · 연燕 · 한韓 · 조趙 · 위魏 등 여섯 나라에서 쓰인 문자를 육국고문六國古文이라 하고, 그 글씨체를 육조체六朝體라 부른다.

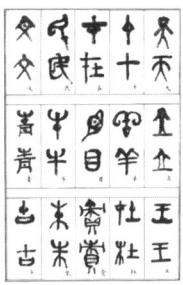

대전과 소전

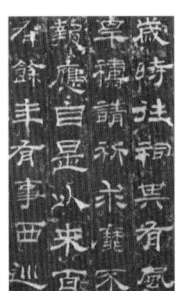

예서

진秦나라는 대전大篆이라는 전서체篆書體를 발전시켜 글자의 체계를 세웠다. 진시황秦始皇은 국토를 통일하여 중국 역사상 최초로 황제의 자리에 오르자, 도량형度量衡과 문자를 비롯한 각종 사회제도를 개선, 문화적 통일을 이루려 하였다. 이에 지역적으로 쓰이는 육국고문을 폐지하고, 대신 대전을 기초로 더욱 읽고 쓰기에 간편한 소전小篆으로 정리하여 전국의 문자를 통일하였다. 결국 소전은 중국 최초의 고대문자의 정리와 개혁의 결과물인 셈이다.

소전은 대전보다 읽고 쓰기가 쉬워졌을 뿐만 아니라 형태와 쓰는 법에 있어서도 일정한 원칙을 따라 규범화되고 정형화되었다. 그때까지 길이와 크기가 고르지 않았던 대전의 글씨들이 정연한 장방형長方形으로 바뀌고, 굵기가 다르던 필획은 균등한 둥근 선으로 바뀌었다. 글자의 구성도 원래 자유롭던 배치에서 상대적으로 고정된 모양과 위치로 바뀌었다. 소전의 성립으로 한자는 비로소 세련되고 성숙된 모습으로 정형화되었다.

후에 한자가 더욱 실용적으로 발전함에 따라 소전을 포함한 중국의 고문자들은 오늘날 그 실용적인 기능을 상실하였다. 그러나 아름다운 고문자들은 여전히 서예에서는 하나의 예술로서 사랑받고 쓰여지고 있다. 아직도 서예가들은 고문자의 미학적 가치와 고전적 가치를 소중히 여겨 작품에 활용하고 있다. 현대에

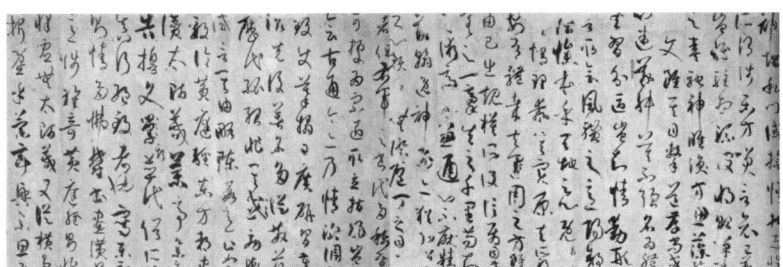

초서

와서는 대전과 소전을 구분하지 않고 합하여 전서篆書라 부른다. 전서는 현대에도 인장이나 전각篆刻을 새길 때 가장 많이 쓰이는 서체로 많은 사람들에게 크게 사랑받고 있다.

비록 소전에 이르러 필획이 많이 단순화되고 정돈되었으나, 전서는 여전히 필획이 많고 복잡하여 쓰기에 불편하였다. 진나라 이후 사회가 발전하면서 문자 사용의 범위와 기회가 늘어나고 확대되었다. 또한 법치주의가 강화되어 법의 집행과 형벌이 엄격해지자 자연 노예와 죄인이 많이 늘어나게 되었다. 이에 따라 노예와 관련된 문서의 양도 많아지게 되었다. 이렇다 보니 문서를 보다 빠른 속도로 쓰기에는 간소화된 소전으로도 한계가 있었다. 좀더 간단하며 빠르고 편한 새로운 글자체가 필요하였다. 이런 과정에서 새로운 문서체인 예서隷書가 자연

스럽게 나타나고 발전하였다. 예서는 진나라가 멸망한 후에도 계속 발전하여 점차 안정된 모양을 갖추게 되었고, 마침내 서한西漢 중기에 이르러서는 소전을 대신하여 사회에 두루 쓰이는 정식 글자체가 되었다.

전서가 세로로 긴 길쭉한 형태의 글씨인 반면, 예서는 가로로 긴 납작한 모양을 하고 있어 단정장중端正莊重하며 안정된 느낌을 준다. 전서가 둥근 필획만으로 쓰이는데 비하여, 예서의 필봉은 둥근 원필圓筆과 각진 방필方筆이 섞여 있다. 소전의 불규칙적인 곡선과 둥근 형태는 예서에서 굵고 가는 선과 다양한 형태로 바뀌어 변화가 풍부하다. 또한 삐침과 파임이라는 새로운 필획의 기법이 추가되어, 좀더 아름다운 글씨를 쓰는 것이 가능하게 되었다. 예서에 이르러 글씨를 쓰는 방법은 더욱 규범화되고 편리해졌으며, 사람들에게 새로운 예술적 창작과 감상의 기회까지 열어주었다.

예서의 발전과 더불어 새로운 한자체인 초서草書가 등장한다. 초서는 예서를 한층 부드럽고 자연스럽게 흘려쓰는 과정에서 발전된 서체다. 초서의 특징은 획을 부드럽게 흘려 쓰고 빨리 써서 필획과 필획, 글자와 글자가 흐름을 가지며 이어진다. 초서는 쓰는 사람에 따라 자신의 임의성 내지 개성을 많이 불어넣어 너무 심하게 흘려 쓰면 알아보기가 어려워진다. 반면 서예의 중요한 특징인 운필의 속도에서 나오는 일필휘지一筆揮之와 기운생동氣韻生動의 정신이 잘 나타난다. 이런 까닭에 특히 현대에 들어서는 단순히 감상의 대상이 되는 예술 글씨로만 남게 되었다.

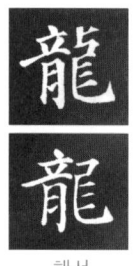
해서

후한後漢이 멸망하고 수隋나라가 전국을 통일할 때까지, 서기 220~589년 사이의 370년간의 위진남북조魏晉南北朝 시기에는 예서의 기초 위에 다시 새로운 글자체인 해서楷書가 발전하여 쓰이기 시작하였다. 해서는 필획과 필법을 예서보다 쓰기 편하게 변화시킨 것으로, 글자의 구성에서도 예서와 차이가 크다. 해서에서는 예서와 같이 가로획의 끝을 다시 위로 올리지 않은 채 필봉을 마무리하고, 점은 길고 **뾰쪽한** 형태에서 둥근 모양으로 바뀌었다. **삐침**의 방향은 아래로 비스듬하게 내리 그었다가 **뾰족하게** 마무리하였고, 갈고리획은 방향을 돌리지 않고 딱딱하게 하였다. 또한 글자체의 형태는 예서의 가로로 긴 납작한 모양에서 반듯한 사각형으로 바뀌었다. 이로써 중국의 한자는 다양한 획들이 네모난 틀 안에 자리를 잡고 형태를 갖춘 방괴자로 변하면서 그 모습의 기본틀을 이루게 되었다.

수당隋唐 시기에 이르러 해서체는 더욱 세련되고 성숙해졌다. 해서가 완성되고 정형화된 다음부터 필획은 여러 서예가의 손을 거쳐 점점 정교하고 치밀해졌으며 구성은 엄격하게 되었다. 따라서 해서는 쓰고 읽기에 가장 편하고 세련되고 분명한 표준 글자체가 되었다.

진대晉代에 이르러 서예의 또 다른 서체가 출현하였는데, 그것은 해서와 초서의 중간쯤 되는 행서行書다. 행서는 해서와 같이 방궤자의 틀 안에 써넣어 규격화되고 깔끔하지 않은 대신, 초서처럼 심하게 흘려 쓰지도 않는다. 이런 행서는 해서를 쓸 때보다 자연스럽고 빨리 쓸 수 있으면서, 또한 초서와 같이 알아보기 어려울 정도로 흘려 쓰지도 않아 운필運筆(붓의 움직임)의 자연스러운 흐름을

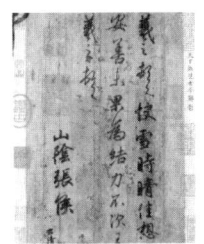

행서

볼 수 있다는 뛰어난 점이 있다. 따라서 운필이 빠르면서도 아름답고 우아하며 편리하고 실용적이다. 이런 이유로 행서는 사람들이 일상적으로 가장 즐겨 사용하는 글자체의 하나가 되었다. 특히 생각의 속도를 따라 빠르게 써 내려가면서 써야 하는 글의 경우 쓰는 이의 감정을 행간에 자연스럽게 표현할 수 있어 널리 사랑받았다.

글씨를 예술로 승화시킨 중국 서예가들

앞에서 한자와 서체의 발전을 살펴보았다. 오랜 세월을 거쳐 발달된 중국의 문자와 서체는 위대한 서예가들에 의해 그 예술적 깊이와 향기를 더하게 되었다.

여기서는 각 시대의 대표적 서예가로서 우리나라 서예계에 비교적 많은 영향을 끼쳤다고 생각되는 이들을 위주로 살펴본다. 특히 내가 이 책에서 다룬 우리나라 현대 서예가들에 미친 영향도 함께 살펴 보았다.

왕희지王羲之(진晉, 321~379 혹은 303~361)

왕희지는 글씨의 성인, 서성書聖이라 불릴 정도로 역사상 가장 윤택한 기운과 고상하며 짜임새 있는 글씨를 썼다. 대표작으로 〈난정서蘭亭敍〉가 있다. 〈난정서〉는 천하제일의 행서로 여겨져 이후 모든 행서체의 전범이 되었다. 왕희지는 한대에 싹이 튼 해서·행서·초서의 실용 서체에 고아한 품격을 갖춘 운치韻致의 멋을 불어넣어 예술적 서체로 승화시켰다. 즉 쓰고 읽히는 실용적 글씨에 신비롭고 기품이 있는 신운神韻을 가미한 서예가다. 사실 서체 발전은 그에 이르러 완성된 것이나 다름없다. 그의 글씨는 따뜻하고 후덕한 품격이 느껴져 특히 역대 중국의 황실이 애호하고 널리 수집하였다.

왕희지 이후 서예가들 중에서는 그의 영향을 안 받은 사람은 없다 하겠다. 전통필법을 잘 계승 발전시킨 그의 해서와 행서는 평정하면서도 안온하고, 자형은 웅건하면서도 표일飄逸한 가운데 자유롭다. 왕희지는 순수한 전통필법에서 한 걸음 더 나아가 자연스러운 가운데 변화무쌍한 필법을 조화롭게 잘 구사하였다. 따라서 후대에 서예상의 새로운 모색과 변화가 추구될 때마다 늘 왕희지에 대한 새로운 평가와 재해석에서 시작되었다. 즉 중국의 역대 서예가들은 모두 왕희지가 도달한 글씨의 경지를 뛰어넘으려 노력하였다. 그의 글씨는 우리나라에서도 삼국시대 이래 해서와 행서의 전범이 되었다.

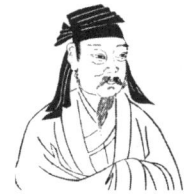
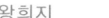

왕희지

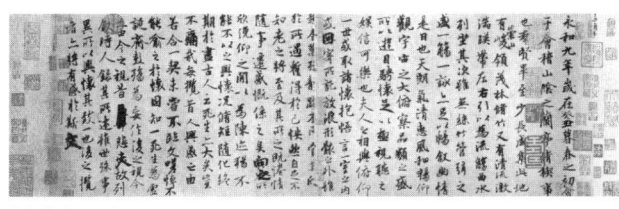

〈난정서蘭亭敍〉

구양순歐陽詢 (당唐, 557~641)

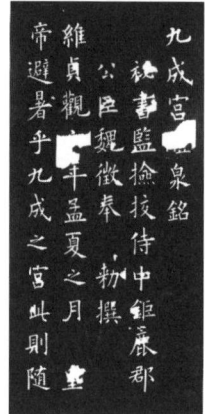

〈구성궁예천명九成宮醴泉銘〉

해서의 완성기인 당나라 초기를 대표하는 구양순의 글씨는 역사상 가장 자획字劃과 결구結構가 방정한 필체다. 반듯하고 근엄한 그의 글씨는 한자 한자를 쓰는 데 잠시라도 정신적 이완을 허용하지 않을 정도로 율법적律法的인 특색을 지녔다. 그도 왕희지의 글씨를 본받았으나 옛 비석의 방필方筆 글씨를 연구하여 정밀하고 견실한 서체를 완성하였다. 그의 대표작이라고 할 수 있는 〈구성궁예천명九成宮醴泉銘〉은 해서의 바르고 곧은 필력의 표준이 되는 독창적인 글씨로, 자획의 구성과 짜임새가 완벽에 가까운 해서체다. 그는 '법'으로 글씨를 썼으며, 해서의 필법을 완성한 서예가로 평가된다.

그의 해서체는 우리나라에서도 신라 말부터 고려 초까지 널리 유행하여 비문과 공문서 등의 서체로 많이 쓰였다. 추사도 그의 정통성을 이어받으려 열심히 배워 쓰고 연구하여 발전시켰다.

안진경顔眞卿(당唐, 709~785)

안진경의 글씨는 당시 중국 황실을 중심으로 사랑받고 유행한 왕희지의 전아典雅한 귀족 취향의 서체에 대한 일종의 반동이라고 할 수 있다. 그는 왕희지, 저수량 등 명가의 글씨를 배우고 한 걸음 더 나아가 그들의 장점에 당시 민간에서 유행한 서법을 용해시켰다. 그는 자신의 개성이 마음껏 드러나는 생기발랄하고 힘에 넘치는 새롭고 독자적인 글씨를 썼다. 그의 필체와 서풍은 웅건하고 장중하며, 짜임새가 단정한 가운데 졸박拙朴하다. 이러한 남성적 글씨는 중국 민족의 강인한 정신과 기백을 가장 잘 반영한 것으로 평가된다.

그는 해서, 행서, 초서에 두루 뛰어났다. 특히 천하제일天下第一의 행서로 여겨지는 왕희지의 〈난정서〉에 이어 천하제이天下第二의 행서로 일컬어지는 그의 〈제질문고祭姪文稿〉는 안록산과 사사명의 난亂 때 장렬하게 전사한 조카의 죽음을 위로하며 비분강개한 마음으로 일필휘지하여 쓴 제문이다. 그는 23행의 글을 단숨에 쓰면서 가슴에서 우러나오는 격앙된 감정을 그대로 붓끝에 옮겨 질풍노도의 필획으로 단숨에 써내려갔다. 때문에 글씨는 지극히 기운생동氣韻生動하고 자연스러운 가운데 충절의 기품으로 넘친다.

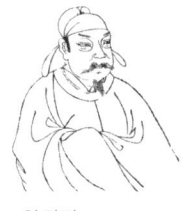 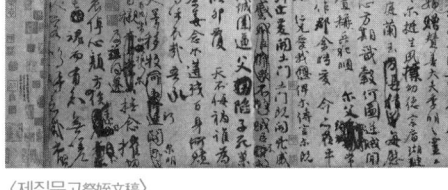

안진경 〈제질문고祭姪文稿〉

우리나라에서는 고려시대부터 많이 보급되어 쓰였다. 석봉石峯 한호韓濩·조광진曺匡振·김돈희金敦熙 등이 특히 안진경체에 능하였다. 그의 가문에서 만든 〈안씨자양顔氏字樣〉은 당나라 때부터 청나라에 이르기까지 약 1,000년 동안 중국의 과거장에서 정체正體의 글씨로 쓰였다. 명나라의 만력연간萬曆年間(1573~1620)에 간행된 서책의 대부분이 안로공顔魯公으로 불린 그의 서체 노송체자魯宋體字로 쓰였을 정도로 중국인들의 사랑을 받았다. 이 책에서 앞으로 다룰 안중근 의사와 소지도인 강창원의 글씨도 안진경의 영향을 크게 받았다.

회소懷素(당唐, 725~785)

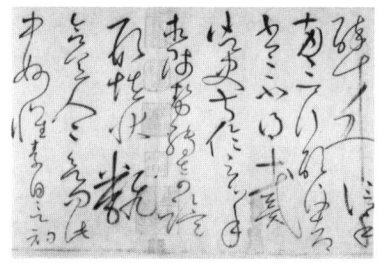

〈자서첩自敍帖〉

회소는 서예 역사상 가장 초서를 활달하게 잘 썼던 승려 서예가다. 불교적 수양의 경지를 잘 보여주는 그의 초서는 미친 사람의 초서라 불리는 광초狂草로 필획의 운필이 자유분방하고 걸림이 없다. 빠른 운필로 글씨를 쓰기 위하여 나온 초서는 회소의 분방하고 거침없는 글씨로 말미암아 독특한 예술적 경지와 향기를 더하게 되었다. 평소에 술을 좋아하여 미친 중[狂僧]으로까지 불렸던 그는 명가들의 글씨와 간찰簡札을 연구한 끝에 호방하면서도 유창한 글씨체를 만들었다. 그의 글씨는 비록 붓은 멈추었으나 필의는 서로 연결되어 기운이 연이어 흐르며 낭만적인 정신으로 가득하였다. 강물이 넘실거리고 물결치듯, 폭포가 쏟아지듯, 그의 서체는 감정과 기량을 잘 표현하고 있다. 회소의 초서는 후대 서예가들에게 많은 영향을 주었다. 나는 그의 글씨에는 현대의 추상예술의 기법과 액션페이팅의 경지와도 일맥상통하는 요소들이 있다고 생각한다.

유공권柳公權(당唐, 778~865)

안진경의 글씨가 후덕하게 살이 많은 반면, 유공권의 글씨에는 강골强骨의 기세가 많다 하여 후대의 사람들이 안근유골顔筋柳骨이라고 했다. 두 서예가의 서체 차이와 개성을 읽을 수 있는 좋은 대비다.

유공권은 안진경의 살찌고 웅장한 세로획의 특징에서 벗어나 가로획과 세로획을 모두 고르게 처리하면서 약간 살이 마른 듯하나 힘찬 획을 즐겨 썼다.

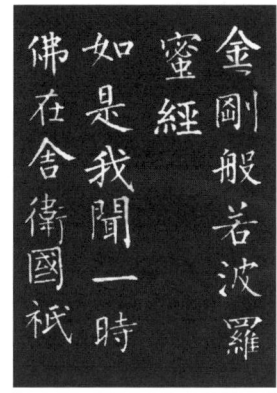

〈금강경金剛經〉

또한 필획의 모서리부분에서 분명하게 전절轉折하여 절도 있고 예리하며 상쾌한 감각이 드러나도록 운필하였다. 대표작으로는 〈현비탑비玄秘塔碑〉와 〈금강경金剛經〉 등이 있다. 그의 글씨는 안진경보다도 단정한 서체인 까닭에 지금도 중국에서는 붓글씨를 처음 배우는 학동들의 교본으로 자주 이용된다. 목종穆宗에게서 필법에 대한 질문을 받고, "용필用筆은 마음에 달려 있고 마음이 바르면 붓도 바르다"고 답한 필간지언筆諫之言이 널리 알려져 있다.

유공권 이후에도 해서에 능한 사람은 많이 있었지만 독자적으로 유파를 형성할 만한 서예가는 끝내 나오지 않았다. 해서는 당나라 대가들인 구양순, 저수량, 우세남, 안진경과 유공권에 의해서 완성되어 그 발전이 끝났다고도 말할 수 있다.

소동파蘇東坡(송宋, 1036~1101)

동파 소식蘇軾은 당송팔대가唐宋八大家의 한 사람인 빼어난 문인으로 시문과 서예, 그리고 그림에 모두에 능하여 삼절三絶의 경지에 오른 사람이다. 왕희지의 정통적 서법과 안진경의 혁신적 서법의 전통을 두루 이어 개성이 넘치는 글씨를 썼다. 글씨에는 정치가이자 문학가로서의 그의 개성이 그대로 나타나 침착하고 호방하며 맑고 곧다. 그는 옛사람의 것을 배웠으나 이에 얽매이지 않고 이를 변화시켜 자기의 예술의 풍격을 새로 만들어낸 개성주의 서예가다. 그는 옛것을 충실히 배우는 가운데 새로운 창조성을 강조하는 법고창신法古創新의 예술정신에 입각하여 글씨를 썼다. 이런 의미에서 필획에 '의意'를 넣어 쓴 최초의 서예가라고 하겠다. 대표작으로 〈한식시권寒食詩卷〉 등이 있다.

소동파는 또한 그림을 그리는 데 있어서도 기교를 쓰지 않았으며, 한 점의 세속성도 보이지 않는 탈속의 경지를 보여주었다. 그는 "시 속에 그림 있고 그림 속에 시가 있다(시중유화화중유시詩中有畵畵中有詩)"라는 유명한 말을 남겼다. 소동파의 예술론은 이후 중국 화론사畵論史에 면면이 이어져 하나의 커다란 흐름이 되었다.

소동파가 이룬 삼절의 경지는 후대에 많은 서예가와 문인화가들이 다다르려

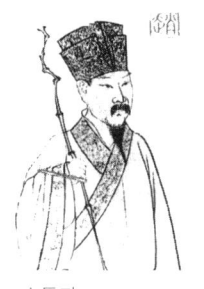 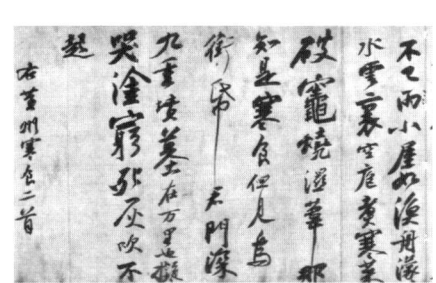

소동파　　　　　　　〈한식첩寒食帖〉

한 하나의 모델이 되었다. 따라서 그가 좋아하던 취미를 따르며 인품마저 닮으려 하는 이른바 '동파벽東坡癖'이 크게 번졌다.

우리나라의 추사와 검여 유희강도 그의 글씨와 그림에 심취心醉되어 깊이 영향을 받았다. 추사의 동파벽은 그에게 지대한 영향을 미쳤던 청나라의 옹방강翁方綱에게서 이어졌다.

조맹부趙孟頫(원元, 1254~1322)

조맹부는 원나라의 대표적인 문학가이며 서화가다. 그는 시서화와 인印에 모두에 뛰어났다. 그는 왕희지의 글씨를 연구한 끝에 송설체松雪體라 불리는 아름다

운 자태의 글씨를 썼다. 그의 글씨는 법도가 근엄하고 우아한 운치가 있으며, 필법은 둥글고 윤택하면서 군세며 흐름이 유창하다. 그림에도 뛰어나 '서화동원書畵同源'이라는 서화론을 펼치며 시서화 삼절의 경지를 이루었다.

조맹부의 글씨는 고려 말에 소개된 이래 조선 초 200년간 우리나라에서 가장 많이 쓰인 서체가 되었다. 한석봉은 왕희지체와 송설체의 장점을 잘 살려 석봉체石峯體를 완성한 뛰어난 서예가다.

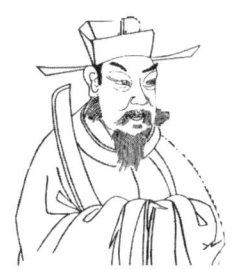

조맹부　　　　　　　　〈적벽부赤壁賦〉

동기창董其昌(명明, 1555~1636)

명나라의 대표적 서예가 동기창도 소동파와 같이 서예와 그림, 문예에 두루 뛰어나 시서화 삼절의 경지에 올랐다. 그는 안진경과 우세남에 이어 왕희지로 거슬러 올라가 옛것을 익힌 후 조맹부의 글씨까지 모두 섭렵하여 배웠다. 그는 서예야 말로 운필運筆을 통하여 한 개인의 진정한 개성과 인품, 나아가 사람됨의 본질을 추상적으로 표현하는 가장 이상적인 예술로 여겼다. 동기창의 서예와 회화 이론, 그리고 창작에 대한 생각과 방식은 진지하고 독창적이며 체계적이다. 그는 학구적인 서예가로서 단지 옛사람들이 쓴 서체의 겉모습을 맹목적으로 답습하기보다는 그 서체의 바탕이 되는 정신을 탐구하고 파악하고자 하였다.

동기창은 "만 권의 책을 읽고 만리의 길을 두루 여행하라讀萬卷書 行萬里路"고 설파하면서, 무릇 훌륭한 서화가가 되기 위하여는 문인적 교양을 풍부하게 쌓고, 두루 여행을 하는 가운데 산수山水에서 시서화의 소재를 풍부하게 관찰하고 체험해야 한다는 뜻을 남겼다.

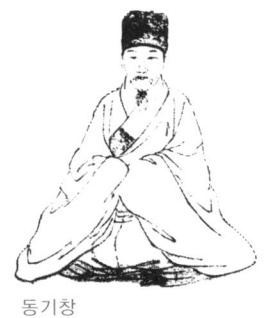

동기창   〈주자통서周子通書〉

추사의 학예일치學藝一致 사상도 동기창의 이런 사상과 일치한다. 추사도 초기에는 동기창董其昌을 배우고, 후기에는 소동파와 당의 구양순의 서풍으로 거슬러 올라가 역대 명필을 연구한 다음 한나라 시대의 비석에까지 이르러 독특한 추사체를 완성할 수 있었다.

오창석吳昌碩(청淸, 1844~1927)

오창석은 청나라 때 크게 일어난 서예 이론과 금석학을 깊이 연구하여 시서화 모두에 능하게 되었다. 한대의 비문을 깊이 연구하였고, 특히 석고문石鼓文을 연구하여 새롭게 해석한 운치 있는 전서체의 글씨를 썼다. 전서, 예서, 해서, 행서, 초서의 다섯 가지 서체에 두루 정통하였던 그의 글씨는 간결하면서도 힘이 있고 소박하면서도 중후하다. 해서는 굳세고 힘이 넘치며, 만년에는 전서, 예서, 광초를 즐겨 썼다. 필획은 자연스럽고 운필은 호쾌하고 분방하다. 금석문金石文을 깊

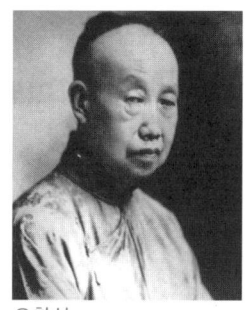

오창석

이 연구한 까닭에 전각에도 일가를 이루었다. 그의 문인화의 색조는 질박하고 온후하며 서예적 운필의 맛과 멋이 잘 나타나 있다. 그는 현대적 시서화 삼절의 경지를 보인 좋은 예이다.

오창석의 글씨와 전각, 문인화는 영운潁雲 김용진金容鎭같은 개화기 서예가들에게 많은 영향을 미쳤다.

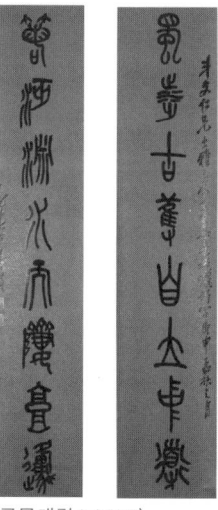

〈금문대련金文對聯〉

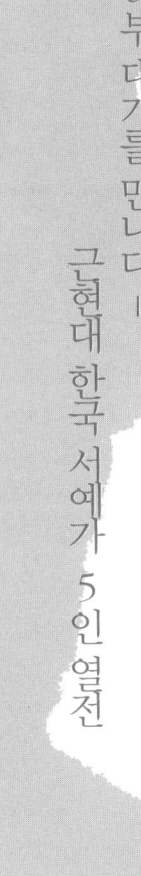

3부 대가를 만나다 —
근현대 한국 서예가 5인 열전

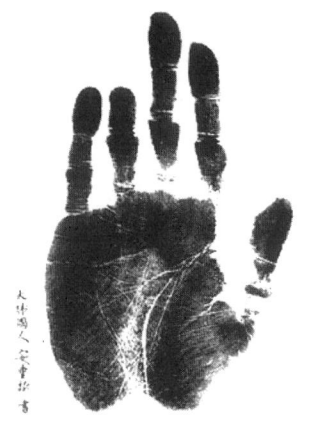

大韓國人 安重根 書

안중근 의사의 장인掌印

01

애국심과 인격이 배어난 혼의 글씨

도마 안중근

영원히 살아 있는 유묵

안중근 의사를 전문 서예가 여섯 명과 함께 이 책에서 다루는 것을 이상하게 생각하는 사람도 있을 것이다. 그러나 나는 안중근 의사를 서예가의 가장 좋은 본보기라고 생각한다. 또한 그는 서예의 기능을 가장 잘 활용한 사람이다. 비록 32세의 젊은 나이에 생을 마감해 시서화 삼절의 경지에는 이르지 못하였으나, 서예만은 일절—絕의 경지에는 확실히 올랐다. 아니 나라를 사랑하는 마음으로 가득 찬 훌륭한 문장을 쓴 사람이니 이절二絕의 경지에까지 올랐다고도 하겠다.

안중근 의사의 유묵遺墨은 경술년庚戌年(1910) 2월과 3월에 집중적으로 쓰인 것이다. 안 의사는 1909년 10월 26일 만주 하얼빈에서 이토 히로부미를 쏘아 죽인 뒤 다음해 2월 14일 사형선고를 받고 3월 26일 순국할 때까지 중국 뤼순旅順 감옥에 갇힌다. 이때 그를 담당한 일본인 검찰관, 형무소 간수, 재판관들까지도 안 의사의 인품과 나라를 사랑하는 마음에 깊이 감복하고 감동하였다. 이들은 안 의사를 존경한 나머지 글씨를 써줄 것을 부탁하면서, 벼루와 먹, 붓과 종이를 제공했다. 일본인 관헌官憲들의 부탁을 받은 안 의사는 자서전에 다음과 같은 아주 겸손한 기록을 남겼다.

법원과 형무소의 관리들이 종이와 비단 수백 장을 사서 넣어주고 글씨를 써달라고 부탁을 했다. 일이 이렇게 되니 나는 필법이 능하지도 못하면서, 또 남의 웃음거리가 될 것을 생각하지 못하고, 매일 몇 시간씩 붓을 잡았다.

우리는 안중근 의사의 서예 작품에서 비범한 필력을 볼 수 있다. 더구나 글 내용에서는 지성인의 체취마저 느낄 수 있다. 그는 생각과 사상을 종이 위에 옮기고는 단지斷指한 왼손에 인주를 대신하여 먹물을 묻힌 다음 힘있게 장인掌印을 찍었다. 이 유묵의 서예 작품에서 안중근 의사가 자서전과 〈동양평화론〉에서 다 풀어 놓지 못한 우국충정憂國衷情의 뜻과 평화 사상을 좀더 웅변적으로 읽을 수 있다. 죽음을 앞둔 그에게 서예는 침묵의 묵상이자 참선이며, 감옥에서 즐길 수 있는 유일한 취미였다.

이 작품은 1910년 안중근 의사가 뤼순 감옥에서 한 교도관에게 써

준 것이다. 단 두 글자 "독립獨立"은 그의 손도장을 찍은 〈대한국인 안중근大韓國人 安重根〉이라 쓴 낙관과 함께 강한 인상을 남긴다.

글씨를 보면 안 의사의 서예는 그 기초가 매우 단단함을 알 수 있다. 안 의사의 성품처럼 원만함을 보이는 원필圓筆의 점과 획은 모두 하나 같이 또렷하고 힘차다. 이 두 글자는 어떤 연설과 문장보다도 강한 설득력을 지녔으며, 특히 삶을 마감하기 전 조국의 독립을 간절히 염원하는 그의 마음을 느낄 수 있다.

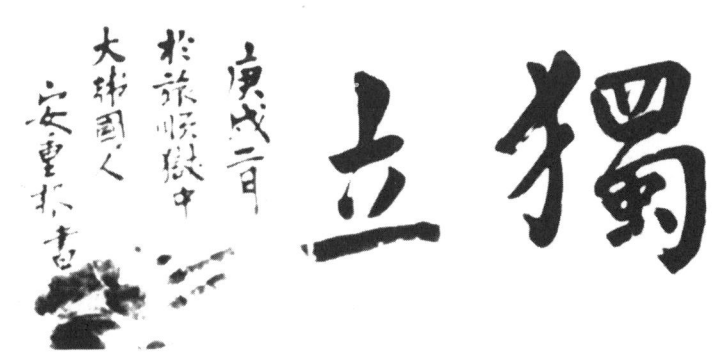

안중근, 〈독립獨立〉, 63×33cm

힘찬 필획에서 안중근 의사의 품성을 엿보다

안중근은 사형선고 후 순국할 때까지 달포 정도의 짧은 기간 동안 많은 글을 쓰고 남겼다. 이렇듯 그의 글씨는 죽음을 앞둔 상황에서 쓴 것이기에 더욱 절심함이 배어 있다.

그가 쓴 소품부터 감상해 보자. 우선 독실한 가톨릭 신자로서의 자세를 보여주는 〈경천敬天〉, 어려움을 잘 참고 견디는 자신의 성격을 보여주는 〈인내忍耐〉를 보자.

안 의사의 필획은 그 기상이 씩씩하고 활달하며 힘차다. 자획간의 간격과 결구도 뛰어나다. 기필과 수필의 기법도 충실하다. 붓에 힘을 넣고 눌러 획이 미끄러지지 않도록 마감하는 안필按筆의 기본기도 뛰어나다. 또한 삐침을 낼 때의 힘과 붓의 방향도 정확하다.

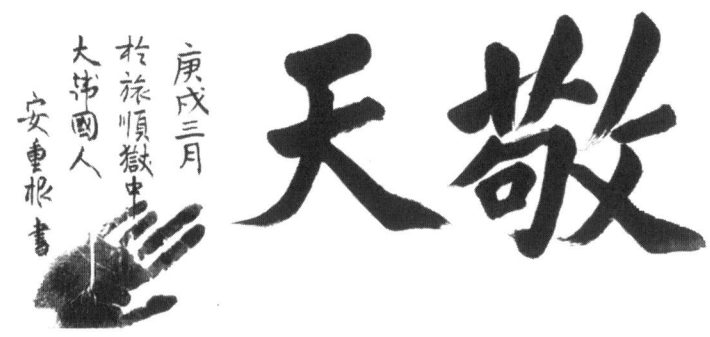

안중근, 〈경천敬天〉, 34.5×67cm, 일본인 소장

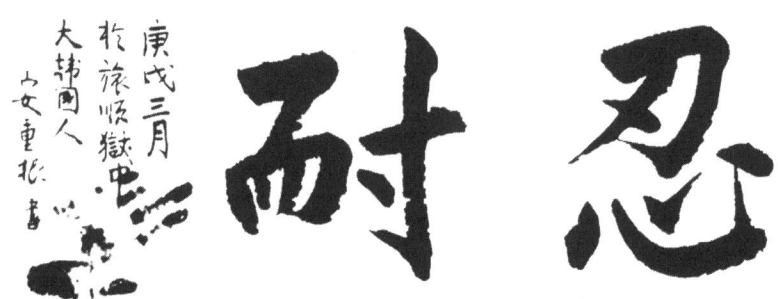

안중근, 〈인내忍耐〉, 26.8×72.1cm, 김성섭 소장

기교를 부리지 않은 그의 글에서는 오직 붓을 잡은 이의 품성만이 반영되어 담백한 멋을 느낄 수 있다.

見利思義   이익을 보거든 정의를 생각하고
見危授命   위태로움을 보거든 목숨을 바쳐라.

본래 《논어》에 나오는 공자의 말씀인데 안중근 의사의 유묵으로 인해 유명해진 글귀다. 이 글귀는 《논어》의 제14편 헌문편憲問篇에 나온다. 제자 자로子路가 인간 완성에 대해 묻자 공자가 대답하길 "지혜, 청렴, 무욕, 용감, 예능을 두루 갖추고 예악으로 교양을 높여야 한다. 그러나 오늘에는 이익을 보면 정의를 생각하고, 위태로움을 보면 목숨을 바칠 줄 알고, 오랜 약속일지라도 전날의 자기 말을 잊지 않고 실천한다면 역시 인간 완성이라고 할 수 있다"고 답한 구절에서 나온 글이다.

글의 내용, 전절, 필획, 결구 모든 면에서 빼어난 작품이다. 그 필획의 힘참이 매우 돋보여서 남아 대장부가 쓴 글씨임을 굳이 글씨를 배우지 않아도 첫눈에 알아볼 수 있다. 나는 이 작품이 서예적인 면에서도 작품성을 갖춘 유묵으로 생각한다.

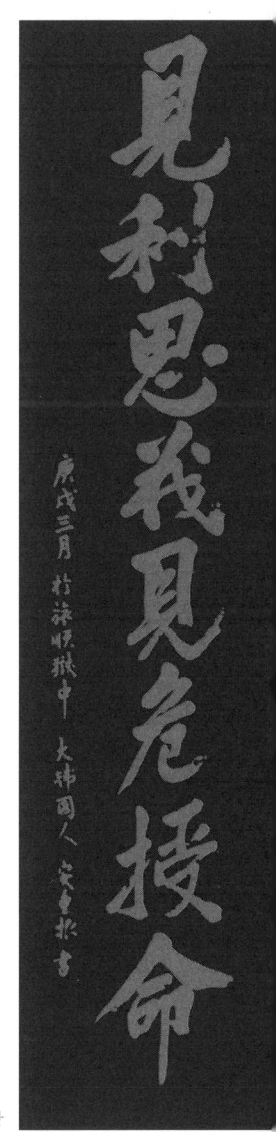

안중근, 140.8×30.6cm, 동아대학교 소장

澹泊明志　욕심 없이 마음이 깨끗해야 뜻을 밝게 가
　　　　　질 수 있고
寧靜致遠　마음이 편안하고 고요해야 원대한 포부를
　　　　　이룰 수 있다.

이 글씨는 어떤 유묵보다 힘차고 완벽한 구도를 보이고
있다. '치致' 자의 마지막 비백이 섞인 파임의 획과 '원遠'
자의 밑받침 획의 처리도 특이하고 매끈하다. 가로 획들이
조금 오른쪽 위로 올라감도 자연스럽고, 글자들의 간격 또
한 고르며 바르다. 여덟 글자가 줄을 잘 맞추어 가운데를
중심으로 좌우의 대칭도 빼어나다.

　爲國獻身軍人本分 나라를 위해 헌신하는 것이 군인의 본
　　　　　　　　　　분이다.

안 의사의 작품 중 삐침의 획과 파임의 획이 뛰어난 작품
이다. 또한 전절轉折 부분의 처리도 훌륭하다. '헌獻' 자의
마지막 획의 처리도 안필을 확실히 하여 획의 끝에 씨눈을
잘 살렸다.
이 글씨에는 안 의사가 국적을 불문하고 젊은 사람들에
게 나라에 충성할 것을 부탁하는 사연이 있어 그 필획이 더
욱 힘차보이기도 한다. 일본군 헌병특무조장으로 안 의사
의 감방을 지키는 실무책임자였던 지바 도시치千葉十七는

그를 각별히 존경했다. 도시치는 1934년 사망했는데, 그는 죽기 전에 조카 가노 타쿠미에게 다음과 같은 증언을 한 것으로 전해지고 있다. 지바 도시치는 뤼순 형무소에서 안 의사와 세 차례 마음을 터놓고 이야기를 나눌 기회가 있었다고 한다. 특히 그는 사형집행 며칠 전 일요일 안 의사에게 "일본 헌병으로서 당신과 같이 훌륭한 인격자를 중대범으로 다루는 것이 괴롭다"고 고백했다고. 그리고 비단을 건네며 그 위에 글을 써줄 것을 부탁했다고 한다. 그러자 안중근 의사는 "아니오. 당신은 군인으로서 당연한 임무를 수행하고 있는 것이오. 군인은 나라를 지키고 일단 유사시에는 나라를 위해 몸을 바치는 것이 본분이기 때문에 우리는 서로의 입장을 이해하고, 최후까지 임무에 충실하도록 합시다"라고 답하며, 글 써주는 것은 정중하게 거절했다고 한다. 그런데 사형이 집행되던 날인 1910년 3월 26일 오전 하얀 한복으로 차려 입은 안 의사가 갑자기 지바 도시치를 불러 "어제 당신이 부탁한 글 한 폭을 씁시다"라고 말하고, 감방에서 글을 써주었다고 한다. 안 의사가 순국하던 날 감방을 나서기 직전에 쓴 안 의사의 절필絶筆은 이렇게 쓰였다. 지바 도시치는 귀국하여 안 의사의 영정과 함께 이 유묵을 모시고 조석으로 참배했으며, 그가 죽은 후에는 그의 부인이 이를 대신했다고 한다. 이 유묵도 그들의 후손이 안 의사의 조국에 돌려보내준 것이다. 안중근 의사의 조국 광복을 위한 독립군으로

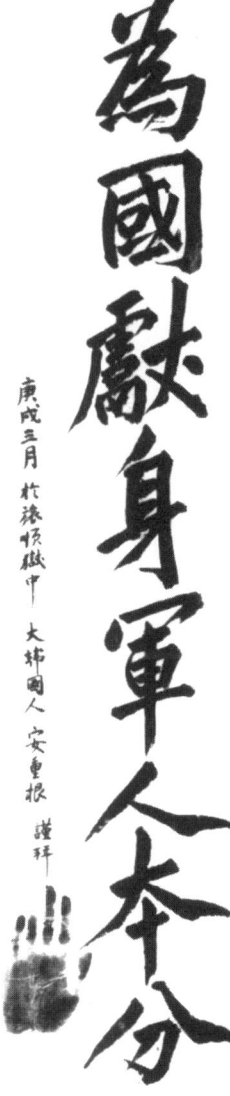

안중근, 126.1×25.9cm,
안중근의사기념관 소장

右

白人種之先鋒一概大破可謂不世之偉業
紀念表蹟也 時韓淸兩國有志家不
自勝者日本政畧順序就緒東西球
一等魁傑之大事業是爲刱建也
噫韓淸兩國之人無知愚昧坐以待亡
料外逢此千古最上同種之義勤東洋
室忽濡滿洲長春以南韓淸兩國人之
於靄然起日本之義伐露兵渡遼
雲忽起日本之偉名一朝發揚世界一般人腦髓漲疑
行動如此雷宜然也何得何償可痛
於斯耳目信如全天下人之指揮於蛇蝎之
王於東洋平和如好意求之句絶已經過於天下
國人立耳目信如全韓淸兩國人之探章於肝膽
笑如此之大字卒難措載泯泯一者

左

二個人智謀豈能抹殺耶現今西勢東漸之禍患東
洋人種一致團結極力防禦可爲第一上策雖尾童
瞭知者而世而何以乃日本如此順然之勢不顧同
種隣邦剝割之勤友誼頓絶自作蚌鷸之勢若待變人耶
韓淸兩國人之所望大絶天地大略同理殘賊之勢不政遍
前轍明若觀火大抵家諸歷觀男兒念念不忘
許前兵死力横豎猶一體東洋平和同一問題提出
局之尾死如此東洋平和同一問題提出
何三思死悟於旅順之後東洋平和同一
諸公眼深察哉
一千九百十年庚戌二月
大韓國人安重根書于旅順獄中

서의 본분을 잘 읽을 수 있는 글이다.

　이 짧은 미완성의 글 〈동양평화론東洋平和論〉(일본 관헌의 필사본)은 생을 마감하기 전에 남긴 마지막 글이다. 이 글은 안중근 의사의 탁월한 국제 정세 감각과 해박한 역사 인식을 엿볼 수 있는 명문으로, 한국과 동양 제국의 당시 현실과 평화유지 방략을 일제에게 충고하는 내용이다. 우리는 이 글을 통해 독실한 천주교 신자이자 지식인으로서의 그를 만날 수 있다.

　만약 이 글이 미완이 아닌 완성된 것이라면 〈동양평화론〉은 상당히 체계적인 저작이 되었을 것이다. 〈동양평화론〉은 "1. 서문, 2. 전감前鑑, 3. 현상現狀, 4. 복선伏線, 5. 문답"의 구조로 구성되었으나, 서문과 전감만이 발견되었다.

東洋平和論

세계 역사상 가장 아름다운 손도장

안중근 의사의 서예와 관련하여 빼놓을 수 없는 또하나의 특징은 안중근 의사의 낙관이다. 그는 낙관을 할 때 반드시 '대한국인大韓國人'이라고 써 떳떳한 한국의 남아男兒임을 밝혔다. 이로써 그는 동포들에게 잃어버린 나라를 상기시켰을 뿐만 아니라, 나라를 잃은 가운데서도 국권의 회복을 바라고 광복을 믿는 그의 굳은 마음을 나타내었다.

옥중에 갇힌 몸으로 도서圖書와 인주印朱 등의 서구書具(붓글씨 도구)를 고루 갖추고 있지 못했던 까닭에, 왼손에 검은 먹물을 묻혀 도서 대신 찍었다. 그는 모든 작품의 끝부분에 "대한국인 안중근 서大韓國人 安重根 書"라고 쓰고 그 바로 밑에 장인掌印을 찍었는데, 이는 서예 역사상 일찍이 볼 수 없었던 안중근 의사만의 유일무이한 멋진 예술적 마감이다.

안 의사는 29세 때 러시아 영토인 카리에서 독립운동을 함께하기

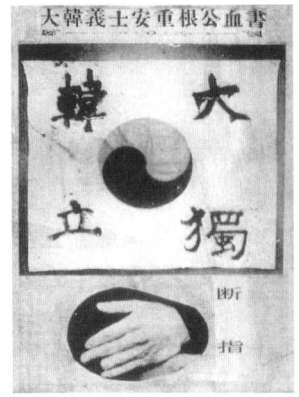
단지동맹 후 쓴 혈서

로 한 비밀결사동지 열한 명과 단지동맹斷指同盟을 맺었다. 그리고 잘라낸 손가락에서 흐르는 선혈로 태극무늬를 중심으로 "大韓獨立 대한독립"의 네 글자를 썼다.

나는 안중근 의사의 이 손도장이야말로 세상에서 가장 훌륭한 도장이라고 생각한다. 그 이상 확실하게 그 자신의 사람됨과 생각과 나라 사랑의 마음을 보여주는 상징은 없다. 손도장은 그만의 확실한 트레이드마크가 되었다. 그런 까닭에 2005년 8월 독일의 세계적으로 유명한 카메라 라이카Leica 사社는 우리나라 광복 60주년을 기념해 한정판 카메라 60대를 제작하면서 안중근 의사의 글씨와 손도장을 카메라에 새겨 넣었다.

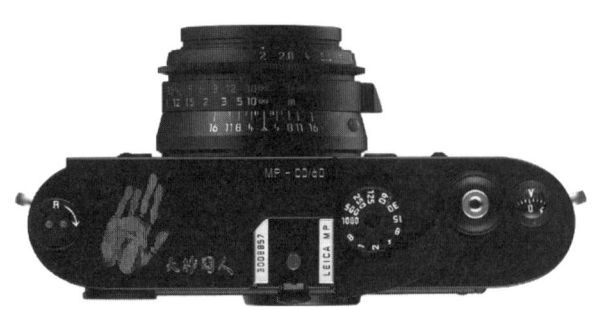
2005년에 발매된 안중근 의사의 장인이 새겨진 카메라

東洋平和論

東洋平和論 序

도마 안중근 安重根(1879~1910)
1879년 황해도 해주에서 출생. 1894년 결혼. 동학농민군을 진압하는 의려군義旅軍의 선봉장으로 용맹을 떨침. 1896년 천주교에 입교하다. 1897년 토마스 다묵多默이란 세례명을 받다. 1906년 진남포로 이사해 육영사업에 헌신하다. 1907년 연해주에서 독립운동을 시작하다. 1909년 2월 7일 단지동맹을 하다. 왼손 무명지를 끊어 그 피로 '대한독립大韓獨立' 네 글자를 쓰다. 1909년 10월 26일 하얼빈 역두에서 이토 히로부미를 총으로 응징하다. 1910년 뤼순 감옥에서 〈안응칠역사〉를 탈고하고 〈동양평화론〉을 쓰다. 1910년 10월 26일 사형집행으로 순국하다.

〈서해맹산〉 부분

소전 손재형

그림이 된 글씨

해방과 더불어 한국 현대 서예를 열다

소전 손재형은 복도 많고 재주도 많은 사람이다. 1903년 예술의 고장인 전남 진도의 부유한 가정에서 태어난 그는 일찍 서예에 입문하였고, 일제 강점기였던 20대에 조선미술전람회를 통해 서예계에 등단했다. 해방 직후에는 조선서화동연회朝鮮書畵同硏會를 만들어 일본인들이 운영하던 선전鮮展이 없어진 공백을 채웠다. 그리고 1949년 대한민국미술전람회大韓民國美術展覽會, 이른바 국전이 시작되자 서예 부문의 주역으로 활동하였다.

손재형은 고금서체를 두루 공부하는 가운데 각 서체의 특징과 장점을 파악하고 나름대로 해석했다. 이런 노력 끝에 새로운 현대적 조형미를 갖춘 서체를 개발하였다. 그는 자신의 혼합체적 성격의 글씨를 정판교의 표현주의 기법에서 더 나아가, 현대의 전위적 서예로까지 발전시켰다. 또한 해방된 조국의 현실에 맞춰 한문서예뿐만이 아니라 한글서예에서도 새로운 서체를 개발하려 노력하였다. 그 결과 국한문이 잘 조화된 소전체素篆體를 창안하였다. 뿐만 아니라 문인화에 이르기까지 독자적인 서풍과 예술세계를 구축하여 한국 현대 서예의 발전의 기초를 닦는 데 커다란 공헌을 하였다.

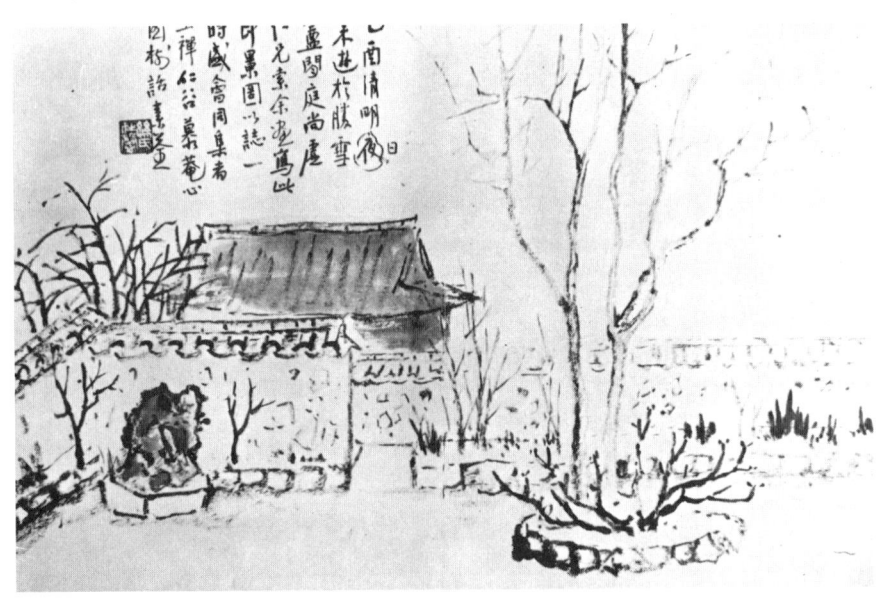

손재형, 〈승설암도勝雪庵圖〉, 1945, 23×35cm, 정하건 소장
손재형이 추사의 〈세한도〉를 보고 연구한 끝에 그린 그림이다. 승설암 뜰의 정경을 사생한 것으로 두 그루의 나무를 갈필로 중심을 잡고, 그 뒤로 기와 담과 집을 배경으로 하였다. 초일超逸한 선비의 풍모風貌와 격조 높은 문기文氣가 흠뻑 배인 작품이다. 손재형은 이와 같이 옛 선비의 전통을 따라 문인화를 즐겨 그렸다.

우리나라의 현대 서예는 1945년 광복과 함께 손재형의 주도하에 성립되었다 해도 과언이 아니다. '서예'라는 말도 그가 주장하여 쓰이게 된 용어다. 8·15 해방을 맞자 손재형은 일본인들이 쓰던 '서도書道'라는 용어를 대신하여 서예라는 용어를 들고 나왔다. 일본 서도의 영향에서 벗어나려는 의지를 반영한 것이다. 또한 서화동원書畵同源이라는 새로운 서예운동을 펼쳤다. 글씨를 문자의 조형적 측면에서 점과 선, 획과 획, 획과 문자, 문자와 문자 사이에서 이루어지는 균형과 대비, 조화의 아름다움이 공간의 여백과 어우러져 자아내는 추상성을 더욱 예술적으로 발전시키려는 게 이 운동의 취지다. 즉 서예도 현대 예술의 한 장르로서 새롭게 전개되어야 한다는 의미에서 새로운 이름 아래 새로운 서예운동을 시작한 것이다.

손재형은 국전을 통해 많은 제자를 길러냈다. 내가 서예에 입문해 처음 글씨를 배웠던 원곡原谷 김기승金基昇을 비롯한 많은 국전 추천 작가를 배출하였다. 우리나라 서예가들 중 그의 문하門下에서 배출된 서예가는 학남鶴南 정환섭鄭桓燮, 서봉西峰 김사달金思達, 장전長田 하남호河南鎬, 평보平步 서희환徐喜煥, 우죽友竹 양진니楊鎭尼 등이 있다.

변화를 통한 현대적 추상미의 창조

손재형은 뛰어난 미적 감각으로 일찍부터 남다른 예술 창조의 기량을 발휘했다. 그는 자신의 성격과 같이 단아한 필체로 한문의 각체와 한글 등을 두루 잘 썼다. 그리고 열심히 공부하고 연구한 끝에 소전체라는 특이한 한문과 한글의 서체를 만들었다.

손재형은 서화를 보는 안목뿐만 아니라 시대와 예술사상을 보는 뛰어난 안목을 가진 예술가이다. 그는 고법古法에 안주하기보다는 자기의 감각으로 새롭게 조형造形하려는 의지가 더 강하였다. 이러한 이유로 그의 글씨는 정통의 필법으로 설명하기 힘든 것들이 많았다.

그것은 손재형이 어느 특정한 서체에 얽매이지 않고 문자의 조형적 측면에 보다 관심을 갖고 강조하였기 때문이다. 그는 정판교가 예서를 중심으로 여러 가지 서체의 특징을 섞어 육분반서라는 특이한 서체를 만들었듯이, 전서를 중심으로 나름의 혼합체적 성격의 소전체를 만들어 썼다.

그의 대표작의 하나인 이순신 장군의 시를 작품화한 〈서해맹산誓海盟山〉을 보자.

誓海魚龍動　　바다에 맹세한즉 고기와 용이 움직이고
盟山草木知　　산에 맹세한즉 풀과 나무가 아는구나.

이 작품은 소전 손재형이 오체五體 필법을 섞어 쓴 글씨다. 맨 처음의 글자인 '서誓' 자에서 위의 '절折' 자는 극히 작게 쓰고 아래 '언言' 자는 상대적으로 크게 하여 예서와 같이 가로로 확장 하였다. 또한 '언言' 자의 가로획 네 개는 서로 붙을 정도로 포개어 썼으며, 그 아래의 '구口' 자는 아주 작게 썼다. 두 번째 글자 '해海' 자의 삼수변은 전서의 필체로 썼고, '매每' 자는 독특한 모양을 하여 마치 바다 속에 노니는 고기를 그린 듯 썼다. 세 번째 '어魚'는 상형문의 모양을

손재형, 〈서해맹산誓海盟山〉, 1954, 120×58cm, 손일석 소장

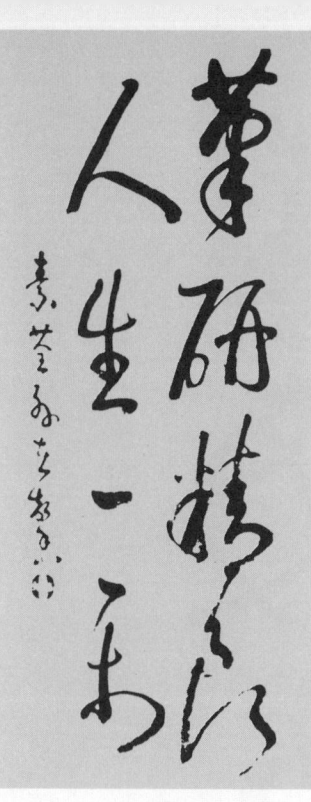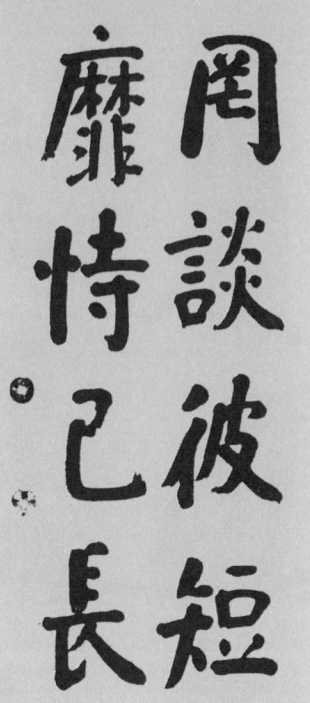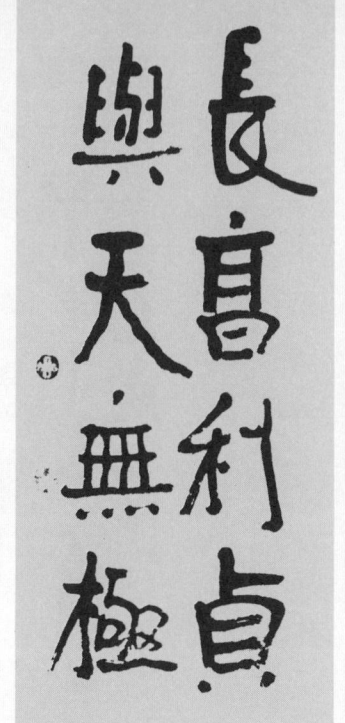

그림으로 그린 듯하다. 그 아래 '용龍' 자는 '월月' 자 부분을 전서체로 강조하고 오른쪽 부분은 마치 용의 날개를 그린 듯 힘찬 곡선으로 처리하였다. '동動' 자의 우변 '역力' 자는 원형으로 처리해 앞의 용자의 직선적 선과 대조를 이루게 하였다. 추사의 여러 작품을 깊이 연구, 분석하였음을 알 수 있는 대목이다.

이런 특이한 기법은 두 번째 행에서도 그대로 적용된다. 손재형은 서로 대자對字와 대구對句를 이루는 글씨마다 글씨의 원형을 찾아 전서의 필획을 중심으로 독특한 결구를 써서 회화화했다.

이 작품에서 보이듯 그의 필획은 생동감이 넘치고, 형태는 그림과

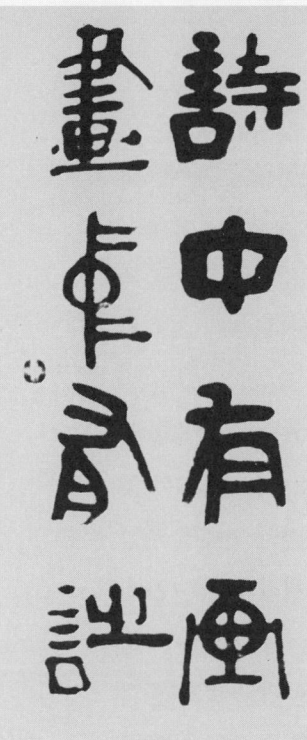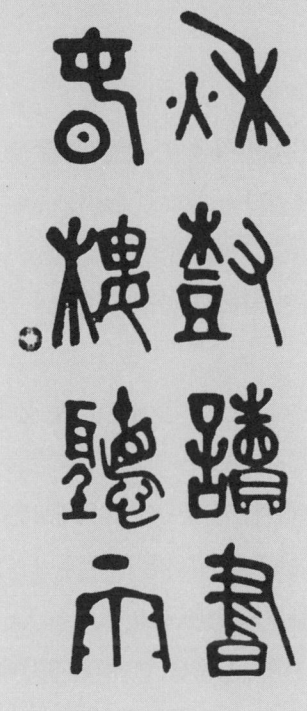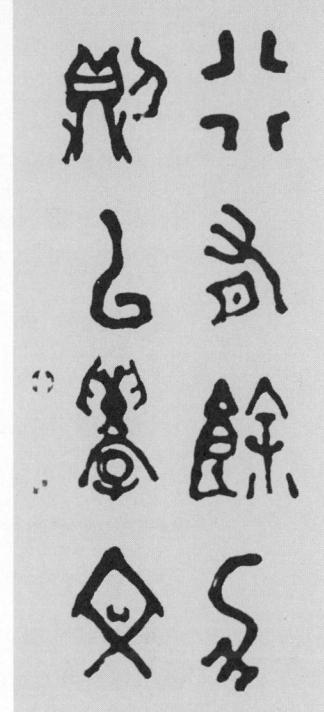

같이 특이하다. 그리고 전체의 장법은 한 폭의 그림을 그린 듯 아름
답다. 그는 한문의 글자를 상형하여 그림을 그리듯 썼으며, 필획과
결구는 오체五體의 요소를 두루 섞어 썼다. 필획은 생동감이 살아 있
고 자획은 변화무쌍하며, 전체적으로는 우아하면서도 기이하다.

　손재형이 1965년에 쓴 여섯 폭 병풍의 글씨에서는 여러 서체의 특
장을 한눈에 볼 수 있다. 그는 하나의 병풍에 자신만의 특징이 있는
각체의 글씨를 골고루 써서 작품화하기를 즐겼는데, 이 작품도 그중
의 하나이다. 그가 새로운 조형미를 창조하기 위해 많은 노력을 아끼
지 않았음을 잘 알 수 있는 작품이다. 너무 창의적인 글씨를 쓰려 한

나머지 무리한 결구나 필획을 쓴 듯한 곳도 있는 듯하나 전체적으로는 맑고 아름다운 글씨다.

觀山聽泉　　　산을 바라보며 샘물 흐르는 소리를 듣는다.

〈관산청천觀山聽泉〉에서는 그림에 가까운 필획의 운용을 보이고 있다. 전서의 필획을 회화적으로 처리한 솜씨가 예사롭지 않다. 그는 옛사람들의 필법을 엄격히 따르는 것보다 새로운 형태미와 현대적 추상성을 추구하는 데 더 역점을 두었다. 손재형의 조합체적 특징과 재기才氣, 해학이 잘 나타나 있다.

손재형의 글씨는 여러 서체를 한데 집결시켜 멋을 내고 글자를 갑골문, 금문이나 전서의 형태로 환원시켜 회화화하면서 새로운 조형미를 만들어내는 하나의 현대적 추상의 작업 과정이라고 하겠다. 이런 추상화 과정에서 그가 중요하게 생각한 것은 옛사람들의 전통적 필법과 법식보다는 그 원초적 미감美感과 정신이었을 것이다.

따라서 손재형이 보인 운필의 특징은 자연 원숙한 화가가 드로잉을 하듯 그의 붓끝에서 녹아 나오는 모나지 않고 친밀감을 주는 원필圓筆에 있다. 자연스러운 운필을 하는 가운데 강약과 리듬을 회화적으로 표현하려 한 그의 서예는, 서예를 글씨와 그림의 중간단계에 위치시켜 현대적 추상예술로 재창조하려 한 노력의 결과라고 생각한다. 나는 그의 이러한 의도적 창작의 태도는 창신創新의 정신을 상실한 채 법고法古의 고루함만을 고집하는 서예계에 그가 던진 새로운 화두話頭이자 도전이라고 생각한다.

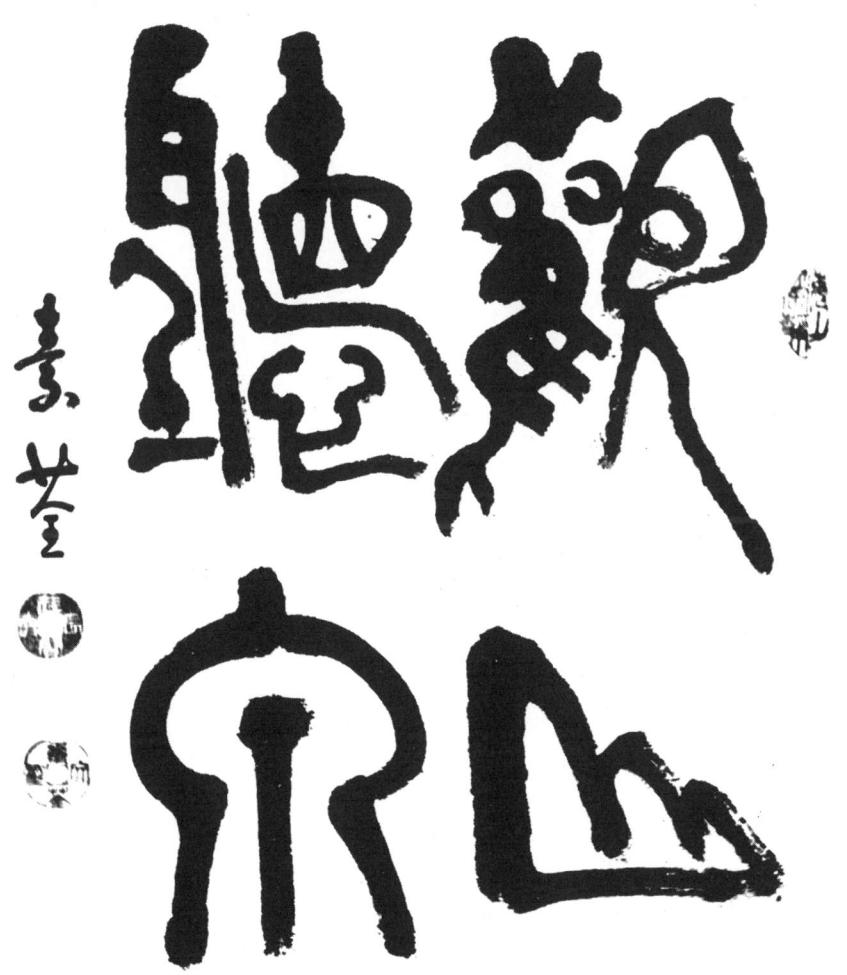

손재형, 〈관산청천觀山聽泉〉, 1963, 40×32cm, 권영도 소장

한글전서를 만들다

손재형이 서예계에서 이룬 또 하나의 업적은 한글서체의 개발이다. 사대부들이 한문서예에만 몰두한 까닭에 한글서체의 개발과 그의 작품화는 지지부진하였다. 궁중에서 부인들과 궁녀들이 쓰던 궁체宮體와 더불어 한글창제 당시 책을 찍던 판본체板本體, 민간의 민체가 고작이었다. 그것도 궁체와 판본체를 따라 임서를 할 뿐 창작은 거의 없었다.

손재형은 해방 후 한글전용론이 우세했던 사회적 분위기에 힘입어 한글서예를 현대적 감각으로 해석하고 독자적인 조형미를 창조하였다. 이러한 그의 노력은 한글서예를 단순한 필사筆寫에서 예술로 승화시킨 일대 쾌거라 하겠다. 이는 그가 이룬 가장 큰 예술적 성과다.

손재형은 한글의 서체를 한문의 오체五體와 같은 다섯 가지 서체로 발전시켰다. 이런 노력의 결과 그는 한글서체에 전서와 예서의 형태와 기법을 불어넣어 독특한 소전체로 예술화하는 데 성공하였다. 그의 한문 소전체와 마찬가지로 한글 소전체도 실용성보다는 시각적 예술성에 중점을 두고 개발된 것이다.

한글 소전체 작품의 대표작이라 할 수 있는 〈충무공벽파진전첩비忠武公碧波津戰捷碑〉를 보자. 이 작품은 1956년 손재형의 고향인 진도 고군면 벽파진에 세워진 비의 탁본이다. 우리나라 최초의 국한문 혼용비인 이 비석의 글씨는 한문과 한글의 점, 선 등의 변화가 다양하고 서로 잘 조화를 이루고 있다. 손재형은 노산鷺山 이은상李殷相이 쓴 글을 비석의 글씨로 옮기면서 몇 가지 새롭고 재미있는 시도를 하였는데, 자신 특

유의 한글 전예체를 창조하여 쓴 것이다. 그는 이
러한 시도를 통해 한글 소전체와 한문 소전체를 같
은 필법으로 쓰면서 형태미의 일치 및 조화를 꾀하
는 한편 국한문 혼용의 예술 서체의 길을 열었다.

나는 손재형이 서예가로서 위대한 점은 바로 이
런 점에 있다고 생각한다. 서양의 필기구들이 도
입되어 사용되기 시작하면서 붓글씨는 이미 일상
생활에서 실용성을 크게 상실하고 있었다. 이런
현실을 감안할 때, 소전은 붓글씨가 예술로서 존
속하고 사랑받기 위해서는 실용성을 다소 희생하
더라도 예술성을 더 확보하고 확장하려 했다.

나는 한글 소전체가 소전의 민족문화에 대한 깊
은 애정과, 소전의 재능과 인품이 어우러져 만들
어낸 소전 예술의 결정이라고 생각한다. 그의 한
문 소전체는 논란이 많으나, 한글 소전체 내지 국
한문 혼용 소전체만은 우리나라 현대 서예사에서
한 획을 긋는 업적이라 하겠다.

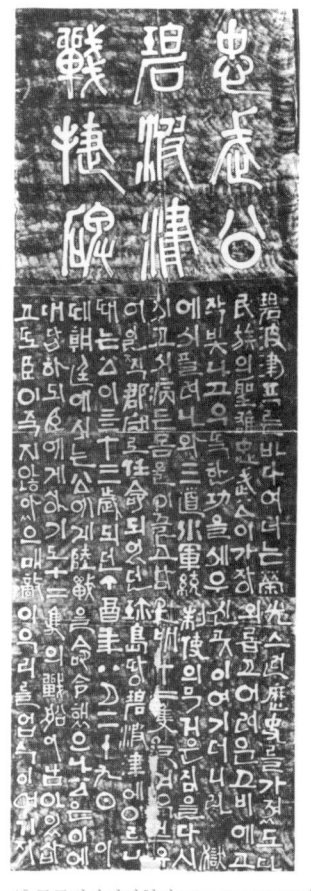

〈충무공벽파진전첩비忠武公碧波津戰捷碑〉
탁본6本, 1955년 작, 진도 소재

정치로 좌절된 추사 극복의 꿈

나는 손재형이야말로 꾸준히 한길로 나갔다면 시서화 삼절의 경지
에 올라 충분히 추사를 뛰어넘을 수 있었다고 생각한다. 호사다마好

事多魔라고 할까. 그는 문화계와 교육계, 정계 진출 등으로 공사다망한 가운데 자신의 예술을 더 한층 높은 경지로 끌어올릴 수 없었다. 그러나 그는 〈세한도〉에 이어 또 다른 문화유산을 유지하고 복원하였다.

1958년 손재형은 서울의 종로구 홍지동 125번지, 인왕산을 등지고 북한산을 바라보고 있는 터에 기념비적인 한국 전통 가옥을 짓고자 하였다. 손재형은 이곳에 대원군 이하응의 별장인 석파정石坡亭의 사랑채 석파랑石坡廊을 사들여 옮겨 짓고, 그의 집에 있는 옥전장과 문옥루를 옮겨 한자리에 모았다.

손재형은 자신의 모든 것을 다 바쳐 이 집을 우리나라 전통 예술의 정수로 재현하고 완성하려 하였다. 그는 옥인동, 삼청동 일대의 안동 김씨 권문의 옛집을 사서 옮기고 옛집을 헐 때 나오는 고재古材를 모아 집을 지었다. 그러나 10년 넘게 계속된 이 숙원사업은 완성되지 못했다. 손재형은 병석에 눕더니 1981년 79세의 나이로 끝내 운명하고 말았다.

손재형은 세상을 떠났으나 그가 지은 석파랑은 서울시 유형문화재로 지정되었고, 지금은 같은 이름을 붙인 전통음식점으로 변하였다. 나는 석파랑을 찾을 때마다 손재형 선생의 높은 뜻과 예술사랑의 정신을 생각하곤 한다. 그리고 그가 세운 만세문萬世門을 드나들며, 그가 남긴 예술정신과 서예에 대한 열정이 만세의 사표가 될 것임을 의심치 않는다.

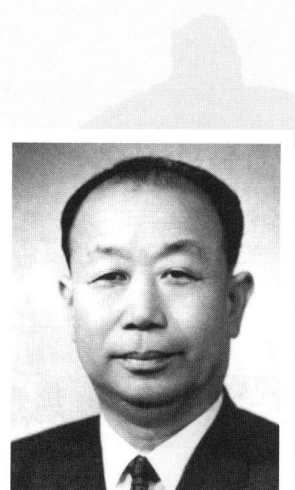

소전素箋 손재형孫在馨 (1903~1981)

1903년 전남 진도에서 태어남. 1920년 양정의숙(양정 중고등학교)에 입학해 1924년 졸업. 1924년 제3회 조선미술전람회 입선으로 서예계 등단, 이후 입선과 특선을 계속함. 1934년 조선서도협회 이사. 1944년 2차 세계대전 중 추사 김정희의 대표작 〈세한도〉(국보 제180호)를 찾아옴. 1945년 해방 후 조선서화동연회를 조직하고 초대 회장이 됨. 1947년 재단법인 진도중학교 설립, 서울대학교 미술대학 강의 시작. 1949년 제1회 대한민국미술전(국전) 심사위원. 1956년 대표작 〈이충무공벽파진전첩비문〉을 국한문 전예체로 씀. 1958년 제4대 민의원 의원 당선. 1960년 예술원 회원. 1961년 대한민국예술원상 수상. 1971년 제8대 국회의원 당선. 1977년 동아일보사 주최 회고전. 1979년 예술원 종신회원. 1981년 서울에서 영면.

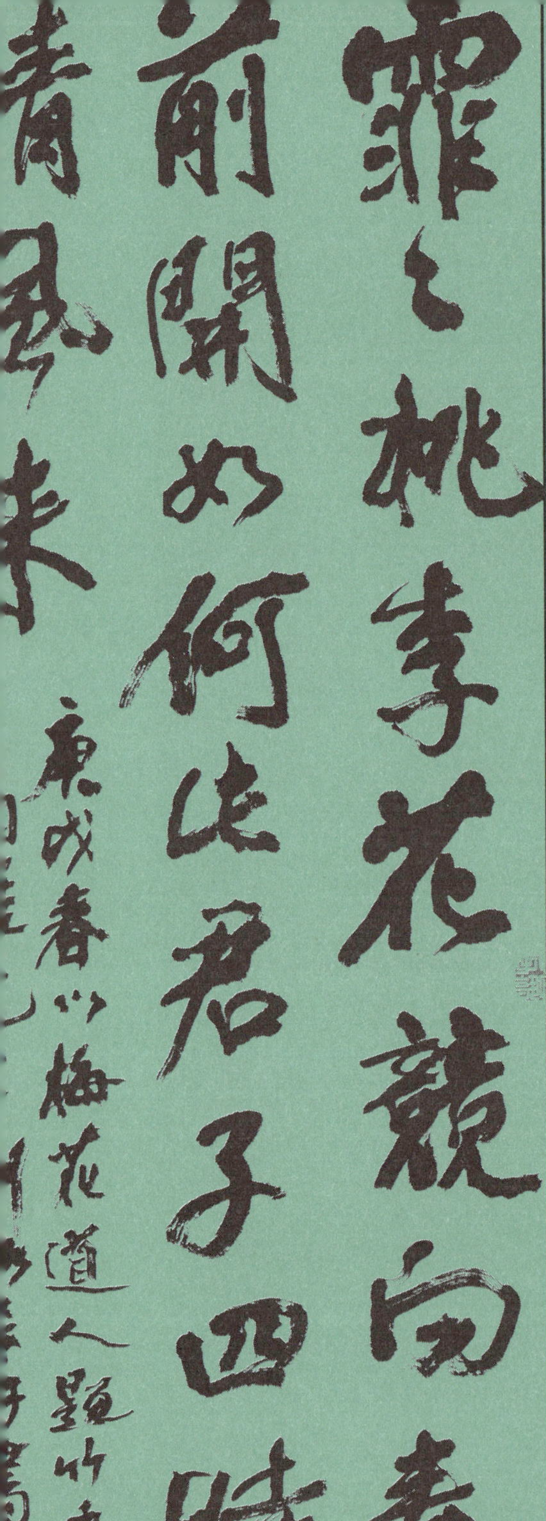

朝吟東渚風夕景
而興月人境諒誅非

霏霏桃李花競向春
前開如何此君子四時
青風采來

庚戌春以梅花道人題竹應

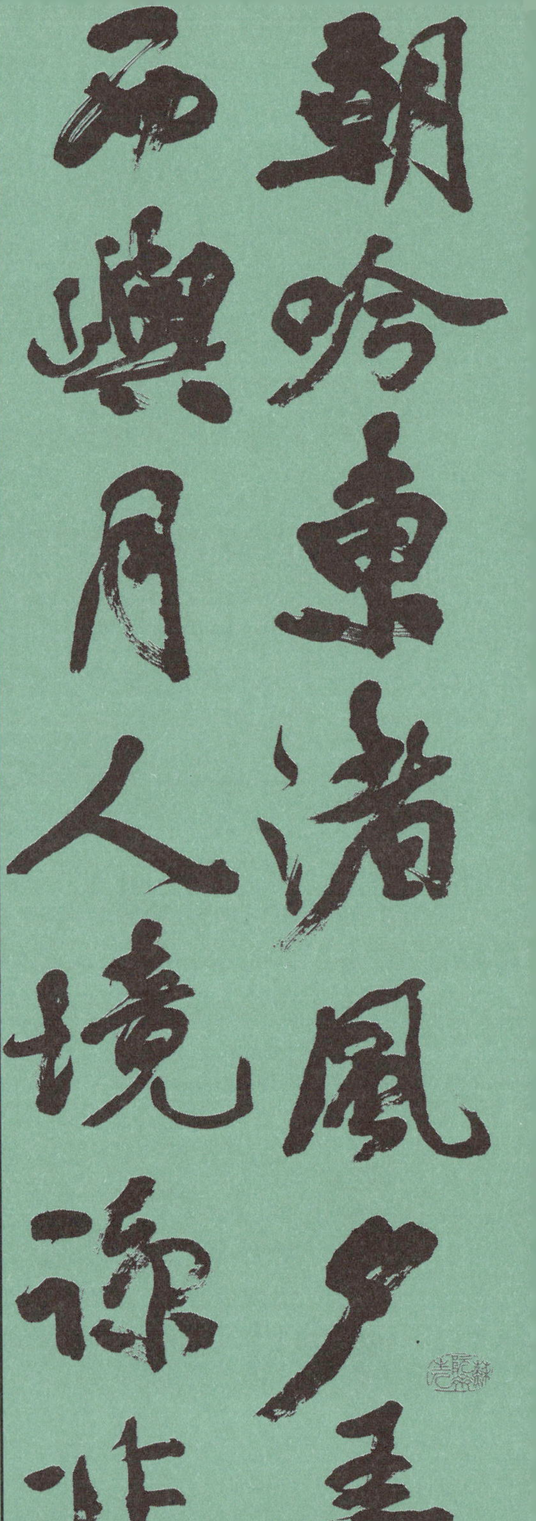

대가를 만나다

검여 유희강

오른손으로 붓을 못 잡으면 왼손으로라도 잡지

추사에 이은 또 하나의 서예세계를 열다

추사 이후 가장 뛰어난 현대 서예가로 나는 서슴없이 검여 유희강을 꼽는다. 나는 유희강이야말로 우리나라 현대 서예계에서 가장 전통에 충실하면서도 독창적인 글씨를 쓴 사람으로 생각한다.

유희강은 칼과 같이 준엄하고 예리하며, 돌과 같이 단단하고 굳세며, 박과 같이 소박하며 둥글둥글한 특이한 글씨를 쓴 서예가다. 검여 유희강은 이렇게 칼, 돌, 박과 같은 [검여劍如 · 석여石如 · 표여瓢如한 삼여三如를 이상으로 삼고 자신만의 독특한 서예 예술을 추구하였다.

유희강은 당나라 시대에 해서가 완성되기 이전의 고대 해서의 한 스타일인 육조체를 연구해 이에 바탕을 둔 특이한 행서체를 쓰게 되었다. 중국 육조시대 북위에서 사용한 서체의 정신과 비법을 익혀 해서·행서·초서에 웅혼한 기운을 담아냈다. 유희강이 변용시킨 새로운 미적 조형의 세계는 아주 독특한 것이어서 예스런 멋과 현대적 감각을 두루 갖추었다.

추사의 글씨가 한나라 예서의 뛰어난 조형미를 바탕으로 필획간에 변화와 긴장감을 더하여 예서와 행서, 해서 모두에서 독특한 미적 세계를 구축하였다면, 유희강은 육조의 장중하고 소박한 필획에 느리고 빠른 운필의 묘를 살려 조형미와 율동미가 뛰어난 글씨체를 창조하였다.

검여체劍如體의 독특한 서풍書風이 형성되자, 그는 자신의 서예 완성을 위한 마지막 도전을 시작하였다. 유희강은 추사야말로 극복해야 할 유일한 상대이며, 추사의 입고入古의 과정과 창신創新의 원리와 방법을 밝혀 깨닫지 않고는 자신의 서예는 더 이상 발전될 수 없음을 절감하였다. 이제 유희강 앞에는 추사라는 거봉巨峯만이 우뚝 솟아 있을 뿐이었다.

그러나 유희강이 추사를 쳐다본 순간 운명의 장난이 그를 덮쳤다. 뇌출혈로 쓰러져 실어증과 함께 오른쪽 반신이 마비된 것이다. 유희강의 웅건하고 호방한 우수서右手書(오른손 글씨)의 시대가 그렇게 막을 내리는 듯싶었다. 사실 서예가가 붓을 잡던 오른손을 못 쓴다는 것은 치명적인 일이었다.

유희강의 예술가로서의 남모르는 고통과 투쟁은 여기에서부터 시작되었다. 사람들은 그의 예술가로서의 삶도 몸과 함께 쓰러졌다고 생각했다. 그의 인품과 기품이 깃든 붓글씨와 그림을 다시 볼 수 없게 되었음을 안타까워했다.

그러나 유희강은 불굴의 의지로 다시 일어났다. 왼손으로 붓을 잡고, 처음부터 글씨를 다시 쓰기 시작했다. 그가 1976년 《신동아》 6월호에 기고한 글을 읽어보자.

내게는 그야말로 청천의 벽력이었다. 환갑을 두 해 앞두고 이제 조금만 더 노력하면 내 서도 예술의 절정을 이룰 수 있으리라고 생각하던 시기에, 나는 예기치 못한 운명의 장난으로 생사의 기로에 서게 되었던 것이다. …… 나는 왼손을 들어보았다. 완전한 손이 아닌가. 무엇이 부족한가. 오른손이 못 하는 일을 왼손에게 맡기자. 딸에게 먹을 갈게 하고 왼손으로 붓을 잡았다, 작은 붓을. 왼 손에 쥐어진 붓은 흔들리지 않았다. 튼튼했다. 조심스럽게 한 "一"자를 그어본다. 그러나 글씨가 되지를 않았다. 건강할 때 장난으로라도 왼손으로 숟가락 한번 들어본 일이 없었으니 글씨가 될 리가 없는 노릇이 아닌가. …… 나는 광석鑛石처럼 잠든 대지大地에 씨앗을 찾으려고 희미한 등불을 비추는 늙은 농부와도 같은 심정으로 눈에 익은 흰 화선지를 오래도록 응시하였다. 집중과 인내와 일, 그러나 나는 초조하지 않으려고 노력하였다.

서너달 지나자 왼손 글씨가 간신히 터를 잡은 느낌이 왔다. 나의 서체書體가 본디 그러하였지만, 좌수서에서는 더욱 기교를 생각지 않았다. 오직 서書는 손에 있지 않고 곧은 마음의 자세에 있다는 신념으로 서書는 눈으로 보고 손으로 쓰는 것이 아니라 머리로 보고 가슴으로 쓰는 것이란 생각에서 진도가 느린 학습을 계속하였다. 매일 반으로 접은 화선지 10여 장씩을 끈기있게 써내렸다.

사람들은 이러한 유희강의 재기를 기적이라 여겼다. 그러나 그것은 기적이 아니라 그의 예술을 향한 뜨거운 열정과 인고忍苦의 결과인 것이다.

1969년 6월 서울 국립공보관에서 열린 〈한국서예가협회 전시회〉에 유희강은 왼손으로 쓴 글씨를 처음으로 출품하였다. 풍을 맞은 지 10개월 만의 일이었다. 마침내 서예가 유희강의 좌수시대左手時代가 시작된 것이다.

유희강의 왼손 글씨는 오른손 글씨의 기교를 넘어 순박하고 천진한 가운데 아름답고 현묘玄妙한 예술의 경지를 보였다. 그리고 무한한 인간의 가능성과 높은 예술혼을 보여주었다. 유희강은 마침내 불굴의 의지로 서예 예술의 최대 적인 우반신 불수라는 병마와 자신과의 싸움에서 이긴 것이다. 유희강은 그 후로 왼손 글씨를 갈고 닦아가면서 세상 사람들을 계속 놀라게 하였다.

나는 혹시 독자들이 유희강의 위대함이 단지 그가 왼손으로 글씨를 썼기 때문만으로 오해를 할까 하는 걱정이 앞선다. 그의 예술가로서의 위대함은 불편한 왼손으로 글씨를 쓰면서도 오른손으로 쓸 때보다 오히려 더 깊은 예술성 있는 글씨를 쓴 데 있다고 생각한다. 그는 1976년 10월 17일 다시 고혈압으로 인한 뇌출혈이 재발하여 이튿날 오후 영면하였다. 왼손 글씨를 쓰기 시작한 지 7년 만이었다. 돌의 굳

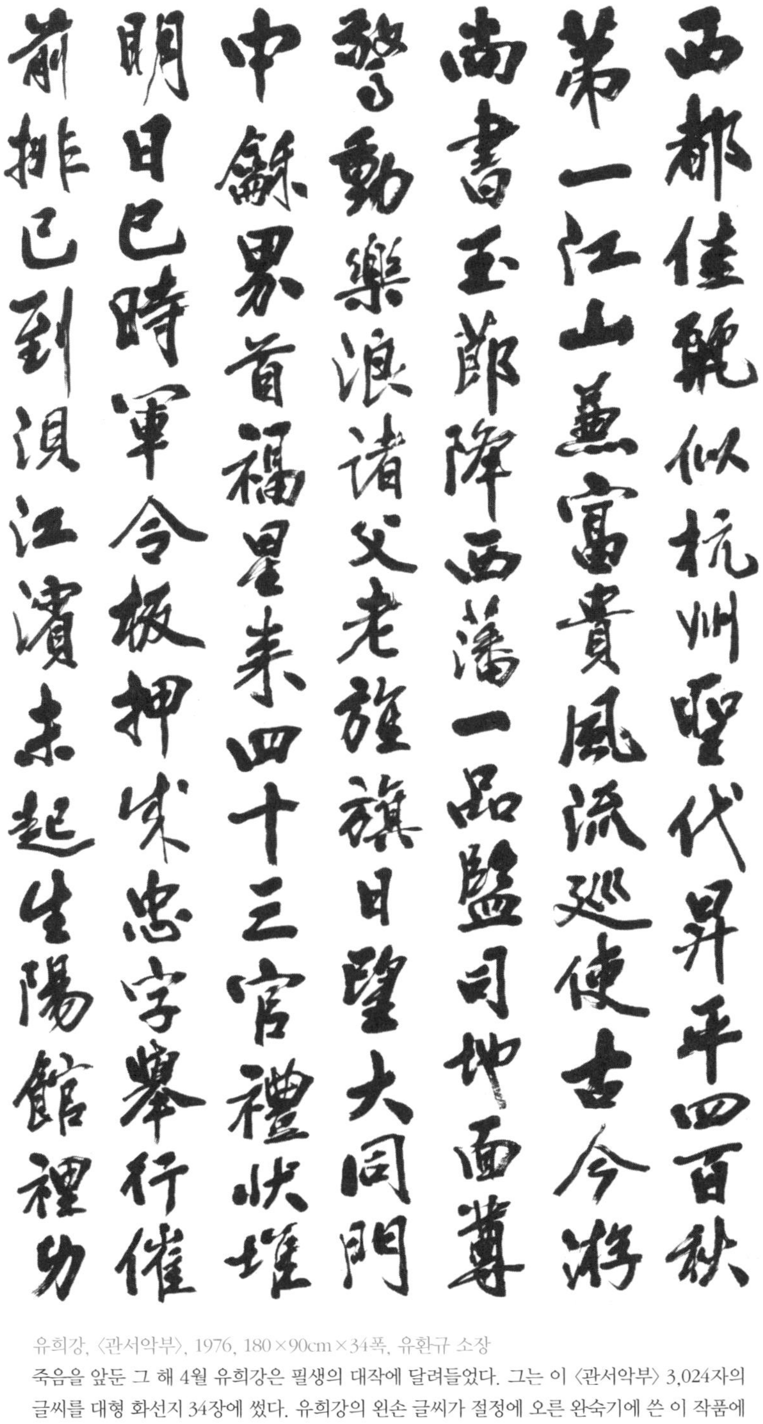

西都佳麗似杭州聖代昇平四百秋
第一江山蓋富貴風流迎使古今游
尚書玉節降西藩一品監司坤面尊
警動樂浪諸父老旌旗日望大同門
中飮界首福星來四十三官禮狀堆
明日巳時軍令板押岀忠字擧行催
前排巳到浿江濱未起生陽館禮坊

유희강, 〈관서악부〉, 1976, 180×90cm×34폭, 유환규 소장

죽음을 앞둔 그 해 4월 유희강은 필생의 대작에 달려들었다. 그는 이 〈관서악부〉 3,024자의
글씨를 대형 화선지 34장에 썼다. 유희강의 왼손 글씨가 절정에 오른 완숙기에 쓴 이 작품에
서 우리는 그의 오른손 글씨 못지않은 기백과 운치와 호방한 행서를 만날 수 있다.

셈과 박의 부드러움, 칼의 날카로움을 닮은 글씨를 찾아 평생을 살아
온 유희강은 마침내 그의 서예를 통한 구도의 길을 마감한 것이다.

글씨의 교巧를 잃고 졸拙을 얻다 – 유희강의 좌수시대

오른손으로 쌓아온 공든 탑이 무너지고 다시 원점으로 돌아가게 된
유희강의 처지는 예술가에게는 커다란 비극이며 잔인한 형벌이었다.
예술세계에서 나름의 일가를 이룬 경우 그 비극은 더욱 큰 것이다.

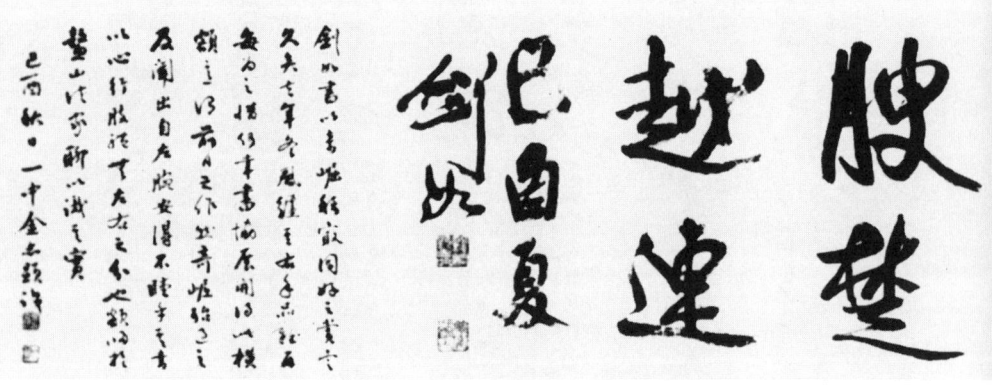

그러나 유희강은 원점에서 왼손으로 다시 시작하여 새로운 좌수서
의 서체를 개척하였다. 보통의 서예가였다면 이런 치명적인 발병과
동시에 예술 활동이 끝났겠지만 그는 재기하였고 극복하였다.

유희강이 병마를 딛고 일어나 왼손으로 글씨를 쓴 예술가로서의 불굴의 정신은 마치 악성 베토벤Beethoven이 말년에 청각을 잃은 가운데 명작 〈합창〉을 작곡하고, 그 첫 번째 연주회를 지휘한 만큼이나 극적인 사건이다. 그의 말년 좌수서는 이런 불굴의 정신으로 쓰인 까닭에 오른손으로 표현할 수 없었던 더 깊은 예술의 세계를 보여주었다.

나는 유희강이 첫 번째 좌수서 개인전을 열었을 때 휠체어에 앉아 있던 그의 모습을 잊을 수 없다. 수염을 기른 모습은 마치 도인과 같았다. 하늘은 그에게 예술의 궁극적 완성을 주기 위해 고통을 준 것 같았다.

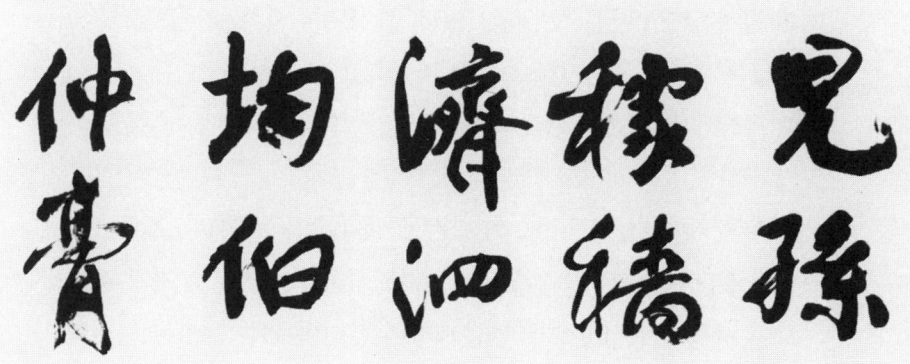

유희강, 〈주감가경전酒酣歌耕田〉, 1969, 33×129cm, 박순석 소장

유희강이 왼손으로 쓴 첫 번째 행서작품 〈주감가경전酒酣歌耕田〉을 보기로 하자.

작품을 보면 안 쓰던 왼손으로 글씨를 쓴다는 일이 얼마나 어려운

지 잘 알 수 있다. 유희강의 웅건한 필획의 흔적이 곳곳에 부분적으로 남아 있으나 전체적으로는 글씨의 형태를 만들고 유지하는 데 애쓴 흔적이 짙다. 부자연스러운 왼손으로 운필이 자유롭지 못한 까닭에 유희강 특유의 운필의 속도감이 훨씬 떨어져 있다. 왼손으로 충분한 힘을 넣어 안필按筆을 할 수 없었던 까닭에 일부 획은 미끄러진 듯한 모습도 보인다. 왼손이 확실한 필력을 얻지 못해 마지막 부분의 획은 힘없이 처리된 곳도 있다. 그러나 이런 정도의 글씨를 썼다는 것만으로도 기적에 가까운 일이다. 유희강이 아니면 해낼 수 없었던 일이다.

같은 해 가을에 국전에 출품한 〈한창여시〉를 보자. 여름 내내 얼마나 열심히 좌수서를 연습하였는지, 그는 이미 오른손으로 글씨를 쓸 때의 필력 상당부분을 회복하고 있다. 또한 우수서가 보여줄 수 없는 꾸밈없는 고졸한 멋을 좌수서로서 완성하고 있음을 볼 수 있다. 그에게는 못쓰게 된 오른쪽 몸과 손보다 더 강인한 정신과 예술혼이 남아 있었고 마침내 그 예술혼이 본격적으로 뿜어 나오기 시작한 것이다.

유희강이 개인전에서 선보인 왼손 글씨의 작품들에서는 오른손 글씨에서 볼 수 없었던 보다 높고, 보다 소박하고 신비로운 점과 획과 구성이 나타나기 시작하였다. 유희강의 불편한 왼손 놀림은 자신의 순박하고 어진 마음과 높은 안목을 표현하고 나타내는 데는 오른손보다도 더 안성맞춤이었던 것이다. 유희강은 왼손을 가지고 빠른 붓놀림과 기교를 부릴 수 없었던 까닭에 보다 더 정신을 집중하고 정성을 들여 침착하게 운필運筆해야만 했다. 이런 왼손의 운필에서 좀더 신비롭고 깊은 운치를 풍기는 새로운 필력이 쓰여지게 된 것이다. 유희강은 마침내 '대교약졸大巧若拙'의 경지에 다다른 것이다. 마침내

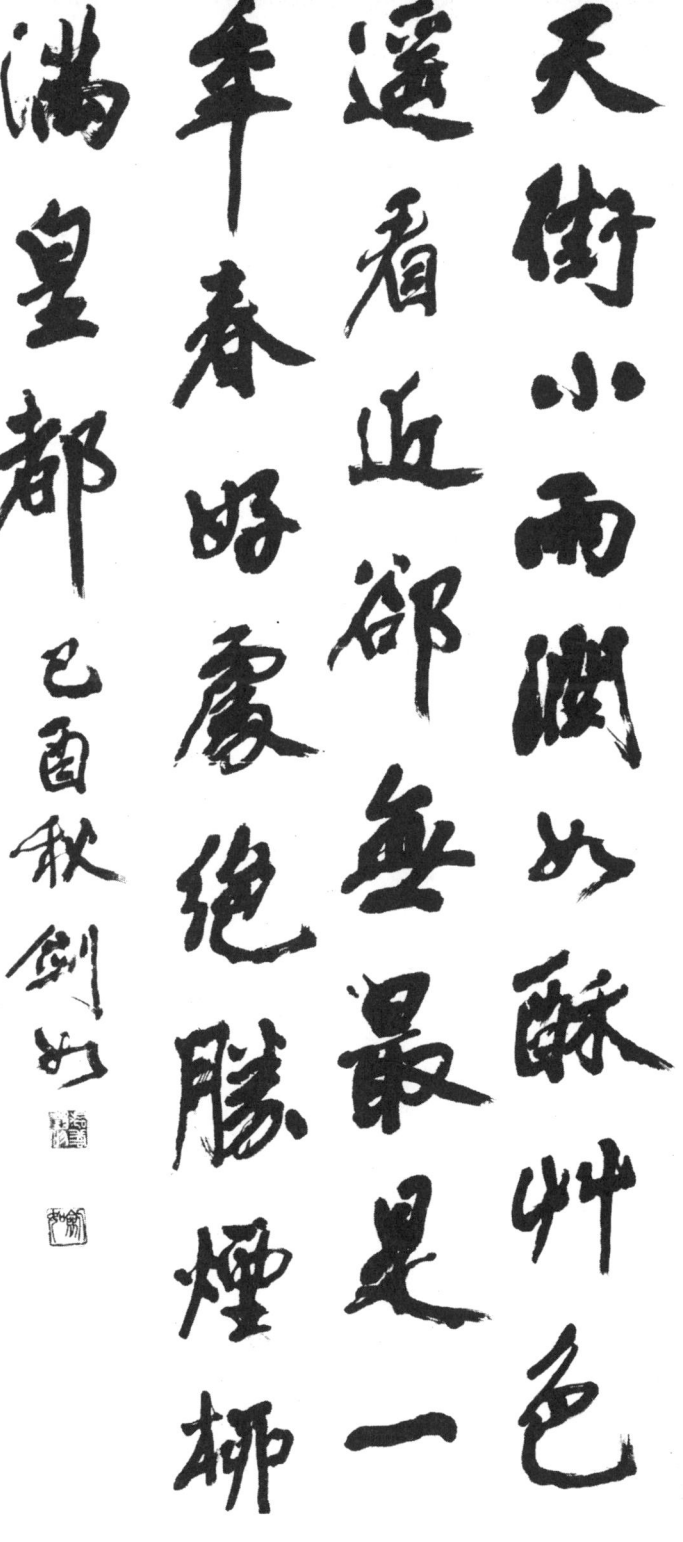

天街小雨潤如酥草色
遙看近卻無最是一
年春好處絕勝煙柳
滿皇都 己酉秋劍如

유희강, 〈한창여시韓昌黎詩〉, 1969, 120×60cm, 이흥우 · 유환규 소장

그는 그가 그렇게 쓰고 싶어하던 '박 같은(표여瓢如)' 글씨까지도 쓰게 된 것이다.

유희강의 왼손 글씨가 오른손 글씨와 같이 기교 넘치고 속도감이 뛰어난 필획을 보여줄 수는 없었다. 대신 왼손의 졸을 얻었다. 졸은 교보다 서예와 문인화에서 더 중요시하는 경지다. 유희강이 사랑하는 제자 송천 정하건에게 써준 왼손 글씨를 보면 그가 도달한 졸의 경지가 교를 뛰어넘은 모습을 잘 볼 수 있다.

유희강이 풍을 맞고 2년이 지난 1971년에 쓴 이 〈세질민순世質民淳〉의 왼손 행서 글씨를 보면 오른손 글씨의 완벽한 결구가 거의 회복되어 있다. 단지 운필의 속도만이 좀 떨어질 뿐이다. 그러나 유희강은 떨어진 속도를 점과 획의 고졸한 맛으로 충분히 보완하였다. 오히려 느린 운필에서 나오는 획의 윤택함과 군건함은 도저히 오른손으로는

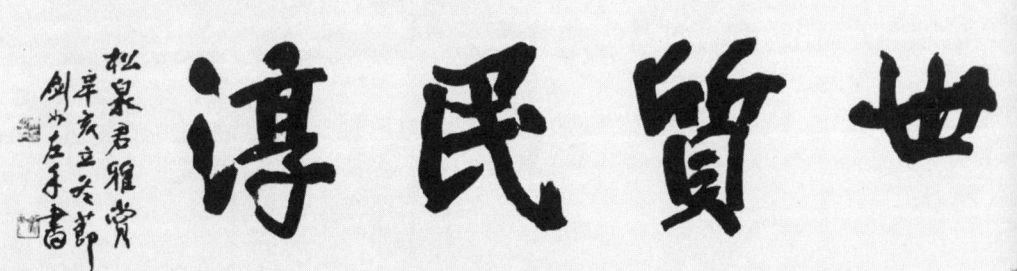

유희강, 〈세질민순世質民淳〉, 행서, 1971, 30×130cm, 정하건 소장

유희강, 〈마철저磨鐵杵〉, 행서, 1967, 90×30cm, 박정애 소장

〈마철저〉는 '쇠몽둥이를 갈아 바늘을 만든다'는 뜻으로 이태백의 고사에서 나온 글이다. 그의 육조풍의 특징인 점과 획의 강인함과 무거움, 호방함과 동시에 예리한 필획을 압도하는 듯한 화면 구성을 잘 보여주는 작품이다. 그는 쇠몽둥이를 갈아 바늘을 만드는 고사 속 노파와 같이, 글씨의 점과 획을 꾸준히 갈고 닦으며 평생을 살았다. 그는 쇠몽둥이 같은 자신의 신중한 성격과 박과 같이 둥근 원만한 성격을 갈고 닦아 내면에 숨겨진 바늘처럼, 예리한 칼처럼 날카로운 예술혼을 발휘하고 싶었을 것이다. 유희강의 절차탁마切磋琢磨의 공부 과정을 잘 보여주는 작품이다. 나는 이 작품이 그의 검여와 석여石如의 정신을 가장 잘 보여주는 작품이라고 생각한다.

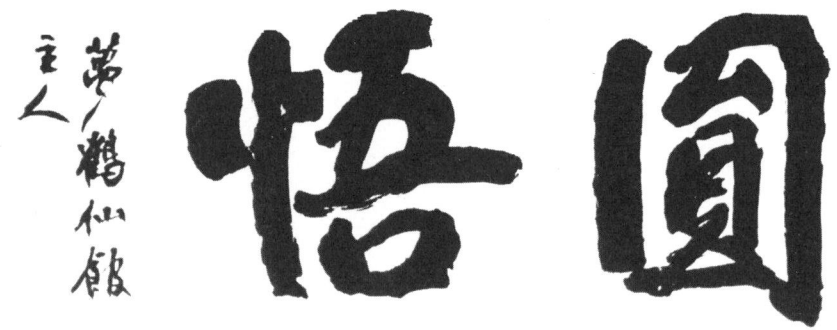

유희강, 〈원오圓悟〉, 해서, 1975, 33×88cm, 김두환 소장

유희강의 박을 닮은 글씨들이다. 작품 〈원오〉와 〈소운유거〉는 그의 둥글둥글한 원필圓筆의 경지를 보여준다. 모든 필획은 칼의 날카로운 검기劍氣를 안으로 감추어 원만하고 부드럽다. 그러나 이런 편안함을 느끼게 하는 필획에는 역시 돌과 같은 강인함이 숨어 있다.

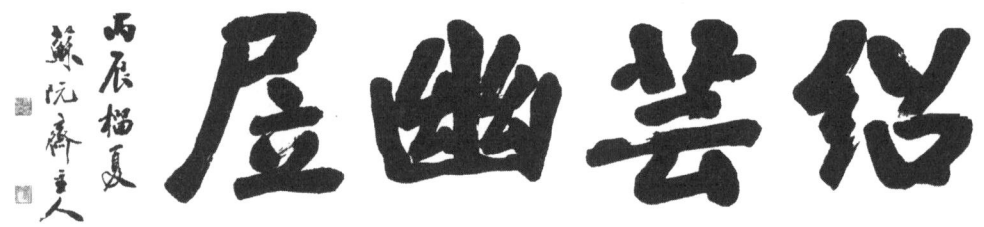

유희강, 〈소운유거紹芸幽居〉, 1976, 41×170cm, 이우복 소장

유희강, 〈황금국백옥료黃金鞠白玉醪〉, 1975, 오언대련, 각 폭 129×33, 유신규 소장

박같이 부드러운 필획의 정수는 유희강 만년의 예서 작품 〈황금국백옥료黃金鞠白玉醪〉에서 느낄 수 있다. 어눌하기 짝이 없어 보이는 이 대련 작품의 필획 하나 하나를 잘 들여다 보면, 그가 붓으로 표현하려 하였던 박과 같은 부드러움이 원만한 자태로 표현되었다.

滿把黃金鞠
盈尊白玉醒

낼 수 없는 것이다.

그는 왜 그의 호를 '칼과 같은'의 뜻을 가진 검여劍如라고 지었을까? 나는 그의 작품을 들여다보며 이 호를 즐겨 쓰는 그의 마음을 헤아려 보았다.

〈완당정게阮堂靜偈〉는 검여가 1965년에 경기예총미술전에 출품한 작품이다. 이 작품의 글자는 단순히 의미전달을 목적으로 하는 기호가 아닌 빼어난 구도를 가진 조형물이다.

유희강은 화선지의 한가운데에 위에서 아래로 "나무아미타불南無阿彌陀佛" 여섯 자를 큰 예서체의 글씨로 썼다. 마치 부처님의 진신사리眞身舍利를 모신 불탑佛塔과 같이 맨 위의 남南자를 작게 쓰고 맨 아래 탑의 기단부基壇部에 해당하는 불佛자를 넓고 편하게 썼다.

중앙의 "南無阿彌陀佛" 여섯 글자 이외의 여백에는 유희강이 흠모한 추사 김정희의 〈완당정게阮堂靜偈〉란 선시禪詩를 자신만의 고유한 행서체로 가득 메웠다. 이 행서는 글자의 크기며 획의 굵기 등에서 많은 변화를 주면서 리드미컬rythmical하게 매우 힘차고 빠른 속필速筆의 솜씨로 썼다. 이와 같이 한 글자 한 글자의 모양과 형태에 변화를 주어 불규칙적인 듯이 보이지만 전체적으로 질서를 유지하는 장법의 글씨는 경지에 오른 서예가만이 쓸 수 있다.

이 작품은 훗날 유희강이 세상을 떠난 후 그를 아끼고 따르던 많은 이들이 서비書碑에 새겨 넣었다. 나는 이 서비 탁본을 송천 정하건 선생님의 특별한 배려로 한 점 선물로 받을 수 있었다. 나는 이 탁본을 표구하여 집 거실의 벽에 걸어두고 있다. 그 앞에는 와불상臥佛像을 모셨는데, 이 두 작품의 조화는 절묘한 것이어서 볼 때마다 저절로

유희강, 〈완당정게阮堂靜偈〉, 1965, 64×43cm, 박정현 소장

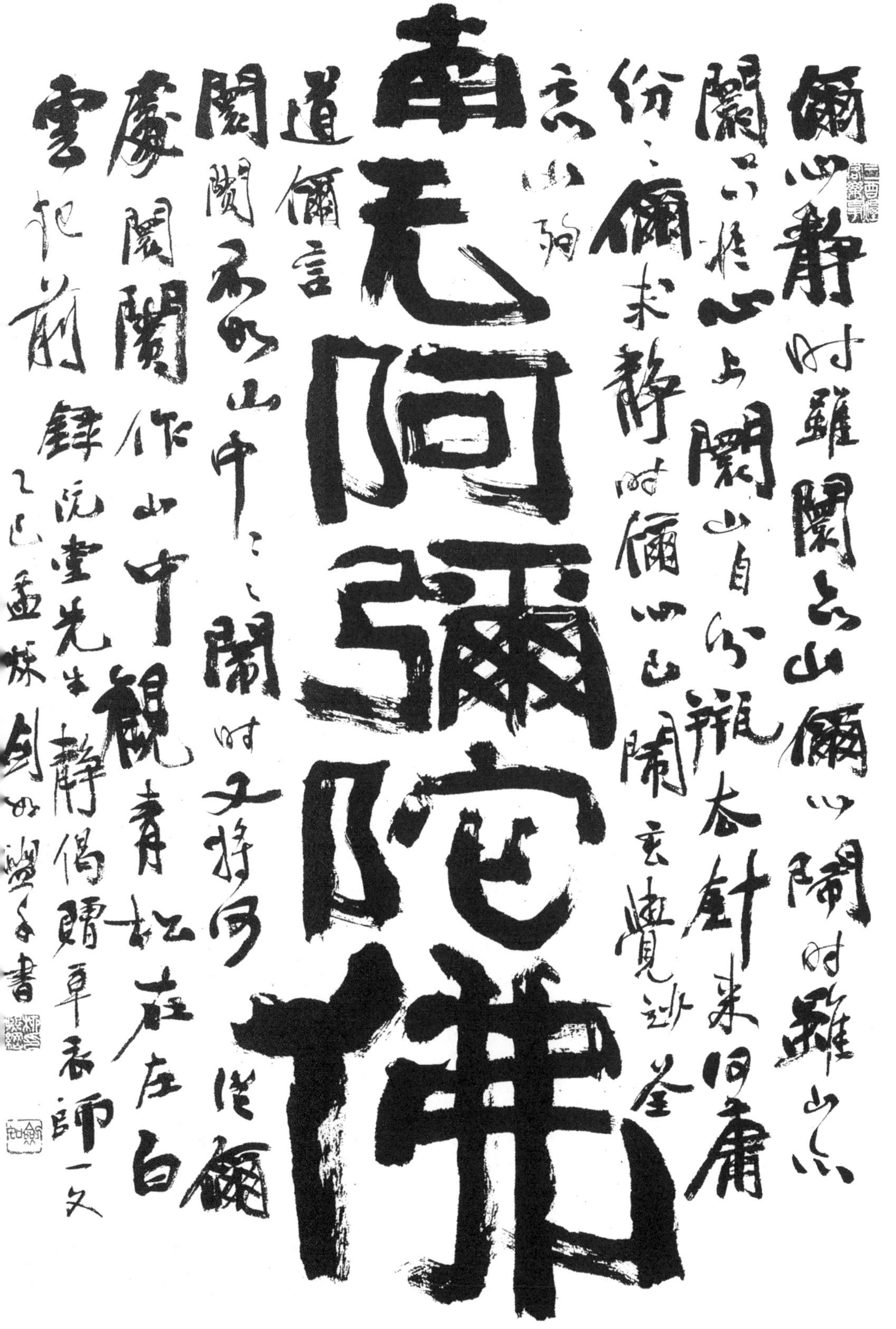

南無阿彌陀佛

道俚言

尔心静時雖閙亦山　尔心閙時雖山亦點
閙心依心上閙山自分龍太針來舊庸
紛紛尔求静時尔心正閙玄覽妙峯

玄山駒

閑閑不問山中　閙時又將何以尔
庶閑閑　作山中觀青松在庄白
雲起前　靜偶贈草堂師一文
　　　　　　院堂先生

乙亥孟春劍如澄玄書

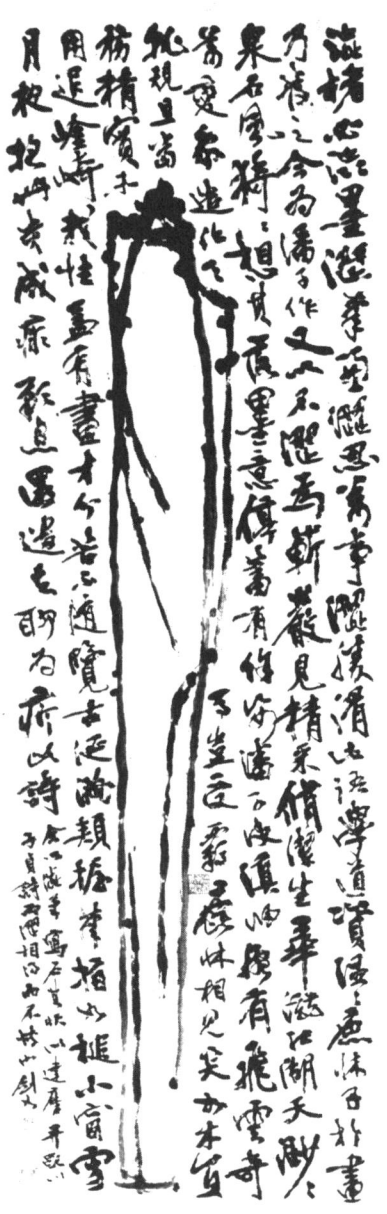

유희강, 〈자제화석自題畵石〉, 1966, 190×60cm,
동명목제사 소장

합장을 하게 된다.

유희강은 이런 구도를 좋아하여 이듬해인
1966년에는 좀더 대담한 작품을 선보였다.
서양화도 공부한 검여의 문인화는 독특한 화
면 구성과 현대적 추상성을 아울러 갖추고
있다. 나는 유희강의 문인화 작품들 중에서
주석도柱石圖를 가장 좋아한다. 이 시서화가
어우러진 작품은 아마 유희강 자신도 가장
흡족하게 생각한 구도인 듯하다. 유희강은
같은 구도로 몇 번에 걸쳐 비슷한 작품을 그
리고 썼다.

돌을 그린 첫 번째 작품인 〈자제화석自題畵
石〉(우수서)에서 유희강은 중앙에 과감하게 석주
石柱를 그려넣었다. 그리고 주위를 청나라 말
기의 대 서예가 자정子貞 하소기何紹基의 글을
특유의 행서로 가득 채웠다. 그리고 그 끝에
스스로 그림의 뜻을 풀어 다음과 같이 썼다.

내가 컬컬한 붓으로 돌을 그렸는데, 그 모양이
달마와 닮은 데가 있어 자정 하소기의 시를 나
란히 썼으니 두 컬컬한 모습이 서로 어긋남이
없도다.

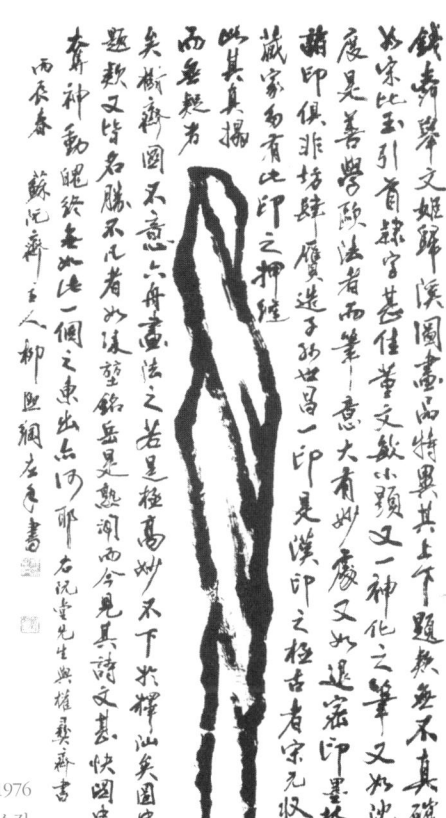

〈완당선생서병화석阮堂先生書幷畵石〉, 1976
132×69cm, 이우복 소장

　그는 완당정계의 '나무아미타불' 부처님 대신 중국에 불교를 처음
전파한 달마대사의 모습을 돌기둥으로 그려넣은 것이다. 유희강은
이 돌기둥으로 면벽구도面壁求道하며 참선하던 달마의 이미지를 그리
고, 자신의 돌에 대한 사랑과 서예를 통한 구도의 자세를 드러내고
싶었을 것이다.

　좌수시대에 들어서도 유희강은 보다 더 추상화된 주석도를 그렸다.
〈완당선생서병화석〉의 선돌은 나선형의 꼬인 형태를 하고 붓과 획
의 터치는 더욱 과감하고 거칠다. 유희강은 이번에도 추사 선생의 글
을 바윗돌 주위에 써넣었다. 이 바위는 아마 불편한 자신의 몸 깊숙

한 곳에서 용솟음치는 추사를 뛰어넘고자 하였던 그의 치열한 예술
혼을 그렸는지도 모르겠다.

　그의 마지막 〈괴석도怪石圖〉를 보자. 그가 마지막
으로 그려 남긴 돌은 선돌도 아니고 정원석으로 세
워둔 괴석도 아닌 원형질의 마그마가 굳어서 형성
된 돌과 같다. 앞서 그린 괴석도들은 모두 그 크기
가 130cm를 넘는 커다란 돌들로 남은 여백은 온통
추사의 글로 채웠거나 자신의 자제서自題書로 채
웠다. 그러나 1973년경에 그린 이 엽서 크기의 자
그마한 괴석도에서는 일체 글을 써넣지 않았다.
오직 교巧를 버리고 졸拙의 세계로 들어간 자신의
마음속에서 웅축된 돌만을 그렸다. 그는 이 괴석
도를 마지막으로 영원한 침묵의 세계로 떠날 채비

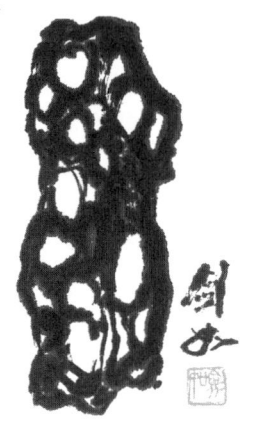

유희강, 〈괴석도〉, 1973년경, 12×
10cm, 유신규 소장

를 한 듯하다. 그는 아무런 제발도 쓰지 않고 그저 침묵의 여백으로
남겨둔 자리에 '劍如' 두 글자와 붉게 찍은 아호인雅號印만 남겼다.

좌수로 이어진 시서화의 세계

　유희강의 서예는 바로 문인화로 이어졌다. 그는 육조체를 바탕으
로 발전시킨 독특한 점과 획을 문인화에도 과감하게 적용했다. 그래
서 그의 문인화에는 동양화만 공부한 사람의 작품에서는 볼 수 없는
깊고 풍부한 점과 획들이 가득하다. 다음에서 보는 〈묵란墨蘭〉, 〈묵

죽墨竹〉, 〈국화병도菊花瓶圖〉, 〈홍매도紅梅圖〉 등의 작품처럼 유희강
은 전통 사군자 소재를 잘 그렸다.

유희강이 가장 아꼈던 제자 송천 정하건이 소장하고 있는 〈묵란
墨蘭〉에는 다음과 같은 멋진 발문을 써넣었다.

蘭愛石潔　　난초는 돌의 순결함을 사랑하고
石愛蘭香　　돌은 난초의 맑은 향기를 좋아한다.
君子之交　　군자의 친구 사귐은 이와 같아
不在顔色　　겉모양에 있지 아니하다.

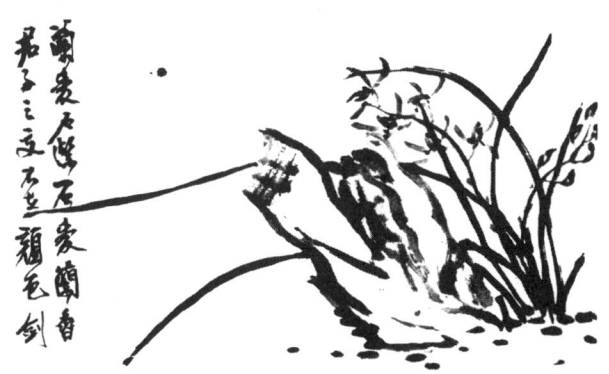

유희강, 〈묵란墨蘭〉, 1967, 45×65cm, 정하건 소장

그러나 유희강이 선택한 그림의 소재는 전통적 사군자에만 머문
것이 아니다. 그는 동물과 산수 등 생활 주변의 모든 것을 그림으로
그렸다.

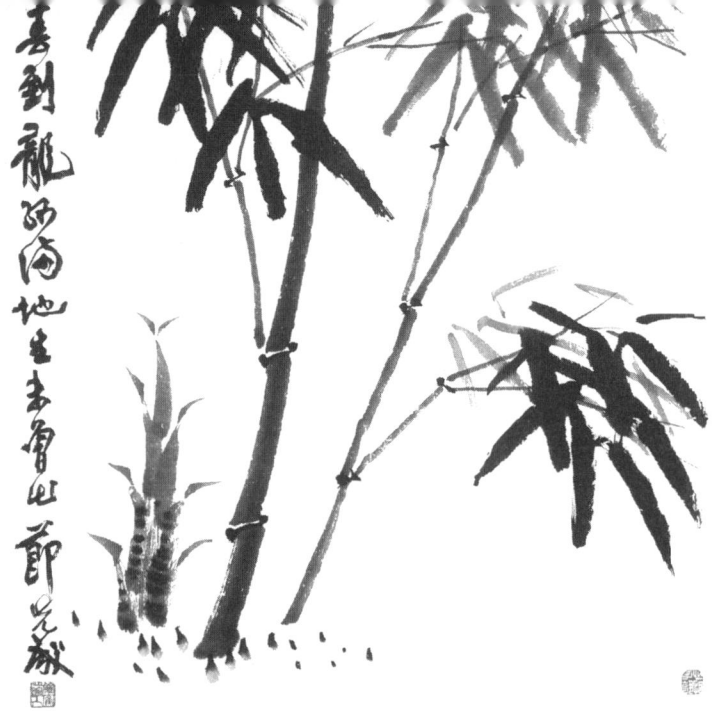

유희강, 〈묵죽墨竹〉, 1967년경, 60×65cm, 원중식 소장
유희강의 애제자 원중식 선생이 소장하고 있는 작품이다. 그는 봄을 맞아 땅을 뚫고 돋아 나오는 죽순을 그리며 다음
과 같이 제발을 썼다.
春到龍孫滿地生 봄이 되니 땅에 죽순 그득 돋아난다.
未曾出節先成 아직 마디를 내지 않았으나 이미 품어 이루었네.

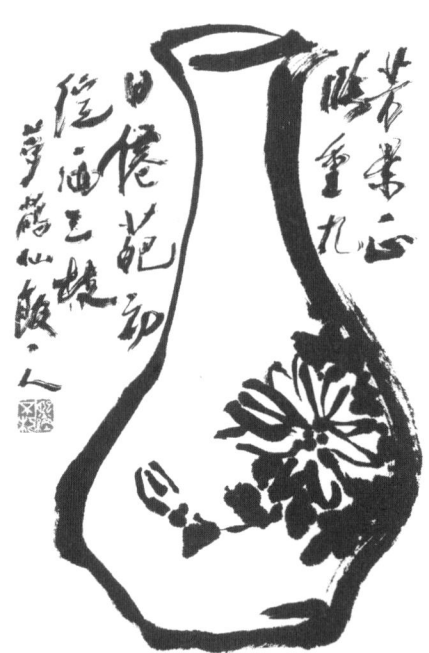

유희강, 〈국화병도菊花瓶圖와 칠언대련〉, 1973년경,
30×20cm, 유신규 소장
유희강이 그린 화병의 필획은 단순하면서도 힘차고 절묘하다.
그는 화병에 국화를 그려넣고 병목의 좌우에 제발을 하여 균형
을 잡으면서 글씨로 화면을 그득히 채웠다.

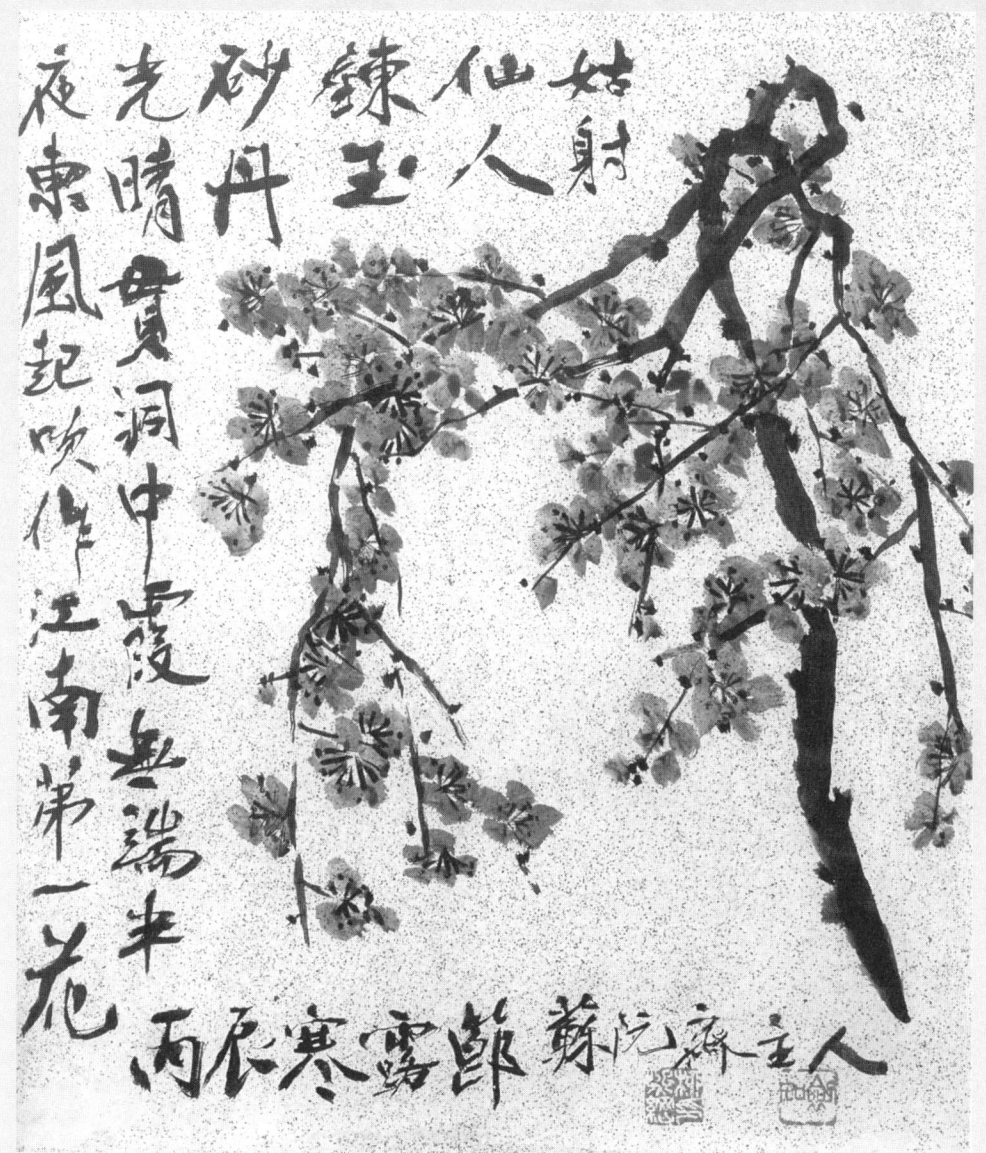

유희강, 〈홍매도紅梅圖와 정학년丁鶴年 시〉, 1976, 36×30cm, 이우복 소장

〈홍매도〉에서 눈여겨 볼 것은 제발의 글씨를 쓴 방향과 형태다. 유희강은 매화를 그리고 남은 여백의 자리에 제발을 하면서 시작은 전통적인 한문의 필순을 따랐다. 위에서 아래로, 이어 우에서 좌로 열을 써나갔다. 그러다 화선지의 왼쪽 끝부분에 가서는 한글을 쓰듯이 좌에서 우로 쓴 다음 도서를 찍었다. 결국 매화는 화면의 오른쪽 끝의 선을 따라 그 굵은 기둥을 올리고 꽃을 피운 가지들은 왼쪽으로 뻗어 만발하였는데, 글씨는 남은 여백을 'ㄷ' 자 같은 모양으로 가득 채웠다. 그도 판교 정섭과 추사 김정희가 보인 파격을 이 작품 속에서 한번 보이고 싶었나 보다. 그러나 특별히 사전에 계획된 의도나 밑그림이 없이 붓을 잡고 마음이 가는 대로 그림을 그리고 글씨를 쓰다 보면 이런 결과를 낳을 수 있다. 얼마나 자연스러운 조화인가!

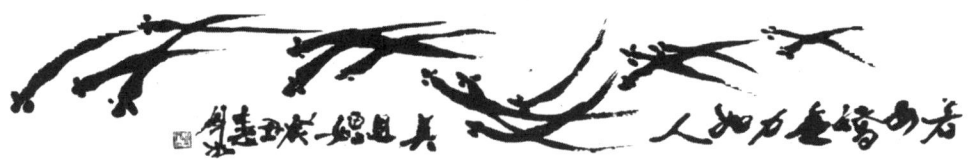

유희강, 〈유어도游魚圖〉, 1973, 10×52cm, 유신규 소장

    다음의 고기들이 떼를 지어 헤엄을 치는 〈유어도游魚圖〉와 〈삼여도三餘圖〉를 보자. 유희강은 이들 고기떼들이 자유롭게 헤엄치며 노는 모습에서 자신의 불편한 반신으로 못 즐기는 율동과 움직임의 세계를 동경하는 마음을 그린 듯 하다.

    그런데 재미있는 것은 〈삼여도〉 그림의 제목이다. 본래 동양화에서 물고기 세 마리가 유유히 헤엄치는 그림을 '삼여도三餘圖'라고 한다. 삼국지三國志 위서魏書 왕랑조王朗條의 기록에 근거한 그림이다. 어떤 사람이 홍농弘農직에 있던 동우董遇에게 시간이 없어서 독서를 못한다고 말하자 독서에는 1년의 나머지인 겨울, 하루의 나머지인 밤, 맑은날의 나머지인 흐리고 비오는 날(음우陰雨)의 세 여가(삼여三餘)만 있으면 충분하다고 답했다는 것이다.

    여유롭게 헤엄치며 노니는 고기들의 겉모습과는 달리 학문을 재촉하는 그림이다. 유희강은 아마 자신의 글씨와 그림 공부를 더 재촉하

유희강, 〈삼여도三餘圖〉, 9×20cm, 유소영 소장

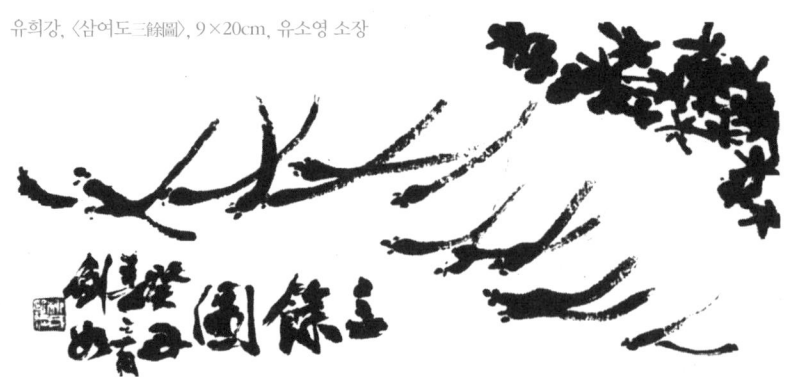

는 뜻에서 무려 열여섯 마리의 고기떼를 그려넣은 듯하다. 따라서 '십육여도十六餘圖'라는 화제가 맞는 게 아닌가 하는 생각도 해본다. 아니면 유희강은 그가 세상을 떠나기 전까지 남은 3년을 미리 예감하고 삼여三餘라고 표현하였는지도 모른다. 그래서 공부를 더 재촉하고 싶은 마음과 더 오래 살고자 하는 마음에서 세 마리보다 훨씬 많은 고기들을 그렸는지도 모르겠다. 유희강은 실제로 이 그림을 그린 다음 3년을 더 살다 이 세상을 떠났다.

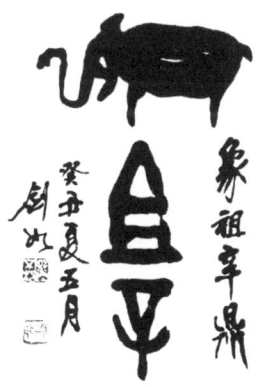

유희강, 〈종정문鐘鼎文〉, 22.6×15.9cm, 유소영 소장

유희강은 몸이 불편해진 말년에도 왼손으로 글씨를 쓰고 그림을 그리면서 예술혼을 더 깊게 하였다. 왼손 글씨는 자연 필획의 속도가 떨어질 수밖에 없었다. 자연 오른손으로 내던 비백飛白의 화법도 부릴 수 없었다. 그러나 유희강은 이런 기술적 약점을 가릴 수 있는 다른 형태의 서체와 기법을 발견하고 응용하였다. 즉 서예의 최초 형태

인 상형문자의 시작점으로 돌아가 그림으로 돌아가는 것이다. 그는 불편한 몸과 손으로 많은 글자를 쓰는 대신에 단순한 필획으로 그림을 그리듯 서예 최초의 출발점인 갑골문과 금문의 세계로 거슬러 올라갔다. 육조체에서 한 걸음 더 거슬러 올라가 그림을 그리다 문자로 발전시킨 상형의 세계까지 간 것이다. 그리고 그 형태만을 그리려 한 것이 아니라, 상형문자에 숨은 옛 사람들의 숨결과 영혼까지 오늘에 살려내려 하였다.

유희강의 이런 말년의 작품들은 주로 1973년 계축년癸丑年에 집중적으로 제작되었다. 사람들은 이들 일련의 작품을 묶어 '계축묵희癸丑墨戲'라 부른다. 계축묵희의 주된 소재는 종정문鐘鼎文과 관어도와 삼여도 계열의 자그마한 소품들이다. 유희강의 계축묵희 이후의 작품들을 보면 마치 아동화 같고 동화책 속의 그림 같기도 하면서 표현의 세련성과 조형적 구성의 치밀성으로 독특한 화풍을 보여준다.

추사가 절필로 어린아이의 글씨와 같은 동자체를 남겼듯 유희강도 궁극에 이르러 이런 동심의 세계로 회귀하였는지도 모른다. 그의 이런 작업은 한걸음 더 나아가 우리나라 선사시대의 암각화와 서예를 접목하는 작업에까지 이르렀다.

이런 일련의 작품을 통하여 어린아이와 같은 마음으로 말년을 산 유희강의 모습을 상상할 수 있다. 유희강은 말년에 그림이자 글씨인 상형문자의 세계에 빠져들어 옛사람들의 천진한 세계를 재현한 것이다. 나는 많은 사람들이 쓴 금문과 갑골문의 작품을 보아왔으나, 유희강의 작품만큼 깊고 유연하며 풍부한 선과 구도의 작품을 본 일이 없다. 마침내 그의 글씨와 그림이 함께 어우러진 경지가 드러난

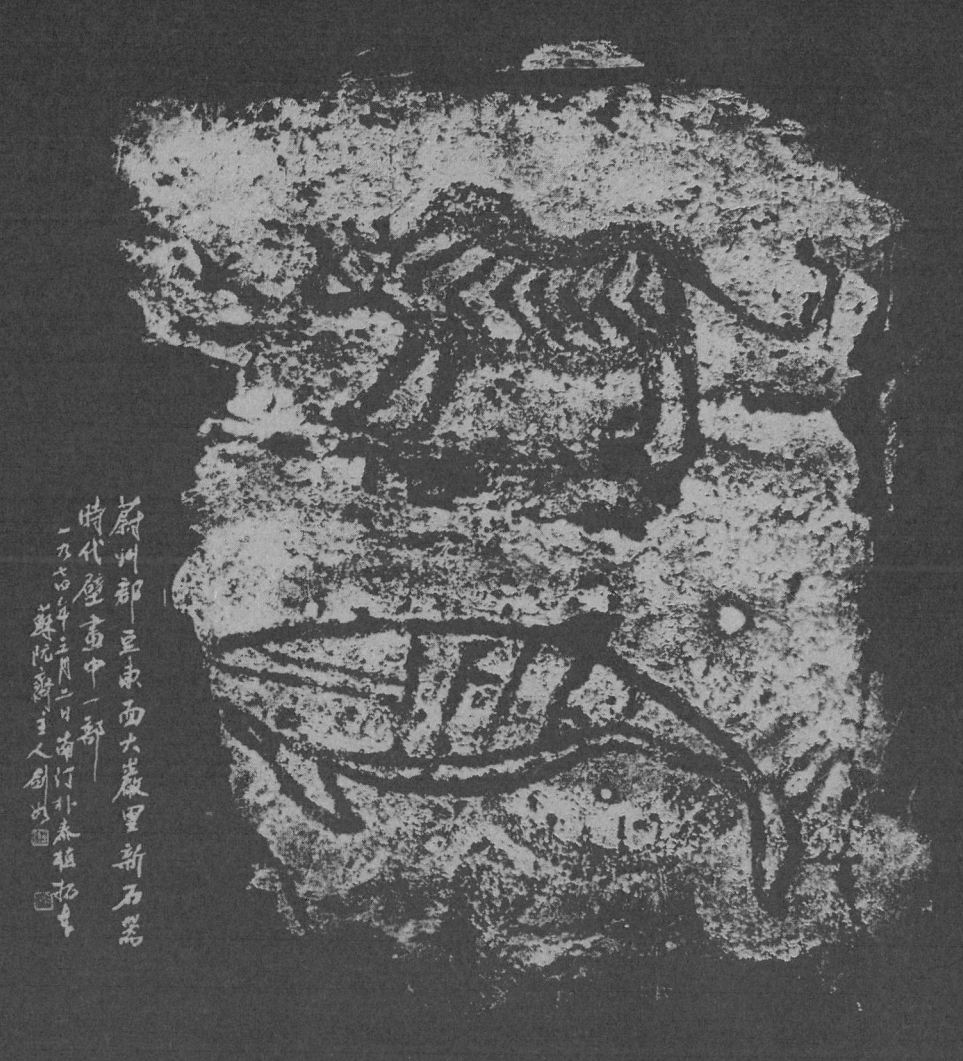

蔚州郡 荳東面大岩里 新石器
時代 壁畫 中 一部
一九七四年 五月 二日 南汀 朴泰植 拓書
蘇院爵 主人 釗兴

유희강, 〈제반구대암각화題盤龜臺巖刻畵〉, 1974, 58×60cm, 박태식 소장

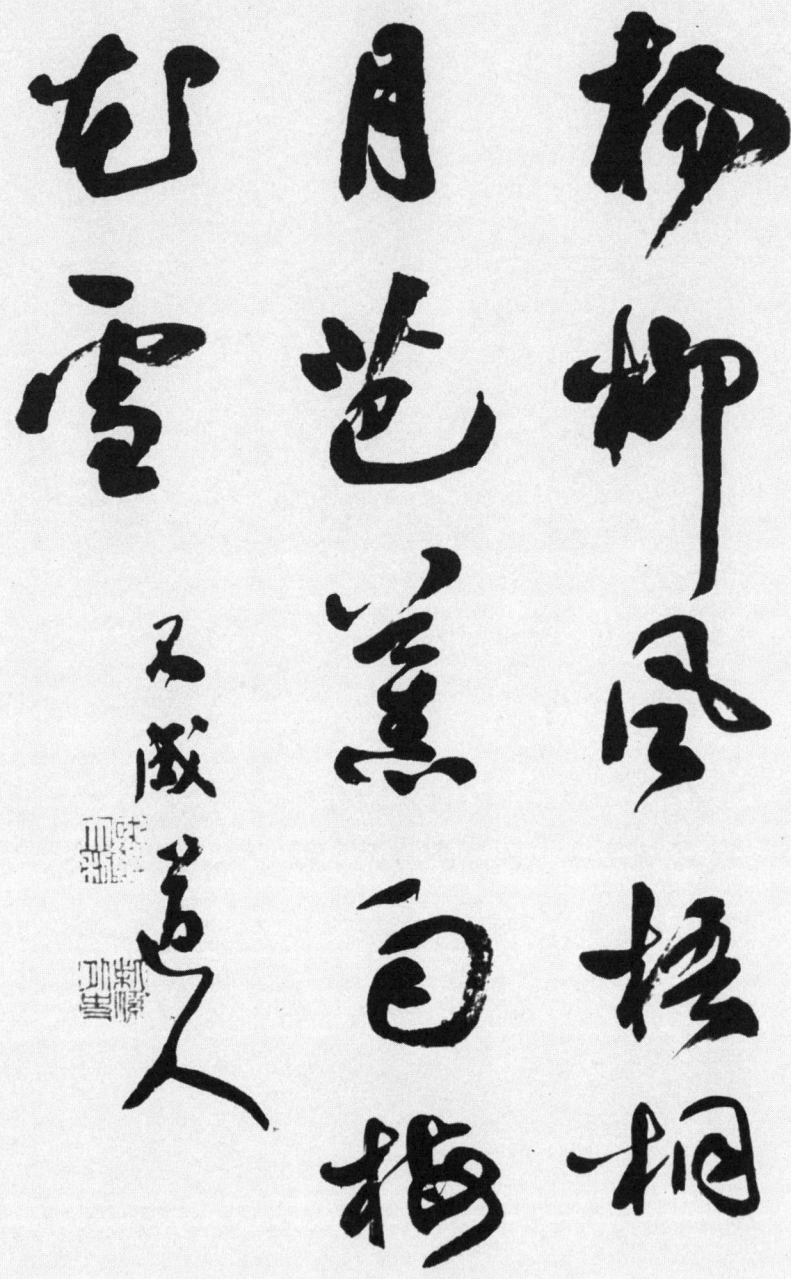

유희강, 〈양류楊柳〉, 1964, 32×26cm, 김종현 소장

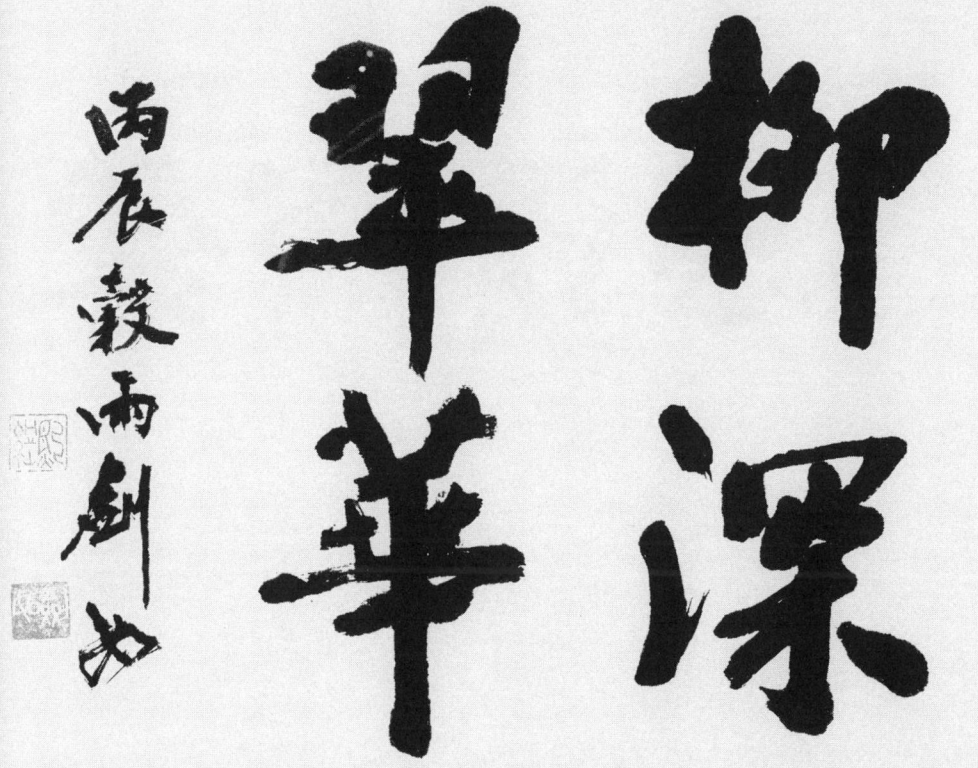

유희강, 〈유심취화柳深翠華〉, 1976, 27×37cm, 김종헌 소장

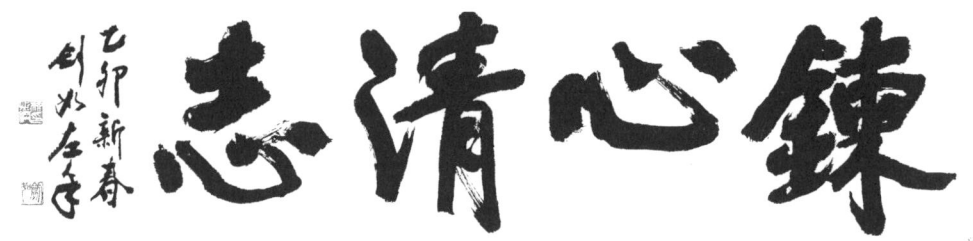

유희강, 〈연심청지鍊心淸志〉, 1975, 33×124cm, 김종헌 소장

것이다. 그의 말년 작품들은 서화가 둘이 아니며 하나의 연원에서
시작되었음을 가장 웅변적으로 보여주는 것이다.

나는 유희강의 우수서 작품 〈양유楊柳〉와 서예집에서는 볼 수 없는
좌수서 작품 2점을 소장하고 있다. 특히 좌수서 〈연심청지〉는 홍천
의 카페 '피스 오브 마인드'를 찾아왔던 출판사를 운영하는 김미혜
사장이 기증해 준 작품이다. 이 기회를 빌려 그에게 감사를 전한다.
전서 작품인 〈낙아안한樂我安閑〉은 서각으로 새겨 감상하며 즐긴다.

나는 유희강을 현대 우리나라의 최고 서예가로서 시서화 삼절에
이른 사람으로 존경한다. 칼 같고, 돌 같고, 박 같은 글씨와 예술이
그의 겸허한 인간성에 바탕을 두고 있어 영원히 은은한 빛을 내고 있

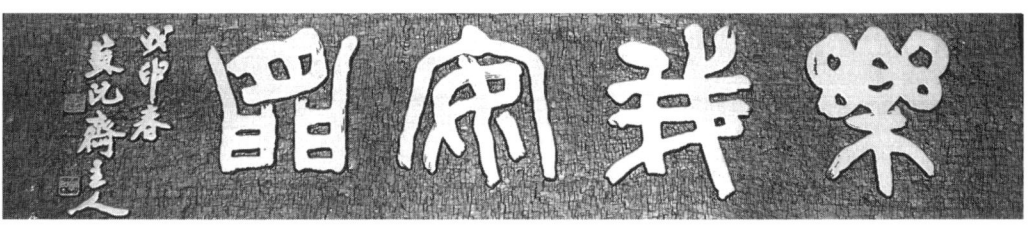

는 것이라고 생각한다. 나는 이 책을 통하여 유희강의 예술혼을 처음 만난 독자들이 앞으로도 그의 작품을 더 자주 감상하며 즐기기를 바랄 뿐이다.

부활하여 돌아온 검여

2006년 11월 유희강의 예술은 부활하여 우리들에게 돌아왔다. 재단법인 인천문화재단은 유희강의 서거 30주년을 기념해 특별전을 그의 고향인 인천 종합문화예술회관에서 열었다. 그의 전 시대에 걸친 대표작들이라 할 수 있는 총 250점의 작품을 한자리에 모아 전시한 이 기획전과 아울러 기념 학술심포지엄도 열렸다. 학술심포지엄에서는 "검여 유희강의 삶과 예술세계", "검여 유희강의 위상과 한국 서예 현황 조망"에 이어 종합토론이 있었다.

이제 서단에서는 공개적으로 유희강을 추사에 이은 우리나라의 최고의 서예가로 자리매김하는 발언을 서슴없이 하기 시작하였다. 그의 예술세계가 사후 30년의 세월이 흐른 다음에야 객관적으로 조명되고 평가되기 시작한 것이다.

나는 강원도 춘천에서 인천까지 이틀을 찾아가 전시장에서 하루 종일을 보냈다. 작품을 하나하나 차근차근 보아나가면서 그의 예술세계에 폭 빠졌다. 그리고 몇 가지 재미있는 사실을 발견하였다.

유희강이 남긴 유화 중 대표작이라 할 수 있는 1953년 작 〈넘念〉을 보면, 그림의 중앙에 위치한 불상의 오른쪽 반신이 검게 처리되어 있다. 또한 사람의 얼굴을 클로즈업시켜 그린 1973년 작 〈묵희墨戲 16〉의 오른쪽 얼굴도 검게 처리되었다. 무슨 우연일까? 그는 일찍부터 자신의 우반신右半身 마비를 숙명적인 것으로 예감하고 있었던 것일까?

나는 그의 절필이라고도 할 〈관서악부關西樂府〉 앞에서 옷깃을 여미고 고인의 예술혼을 그려보았다. 그리고 1973년 계축년에 그린 일련의 작품인 계축묵희癸丑墨戲 수십 점 작품 앞에서는 한 위대한 서예가의 법고창신하려는 끊임없는 실험정신과 뛰어난 회화성, 그리고 왕성한 창작의욕을 확인할 수 있었다.

나는 전시장에서 유희강의 유족인 2남 1녀와 사위되는 조창환 교

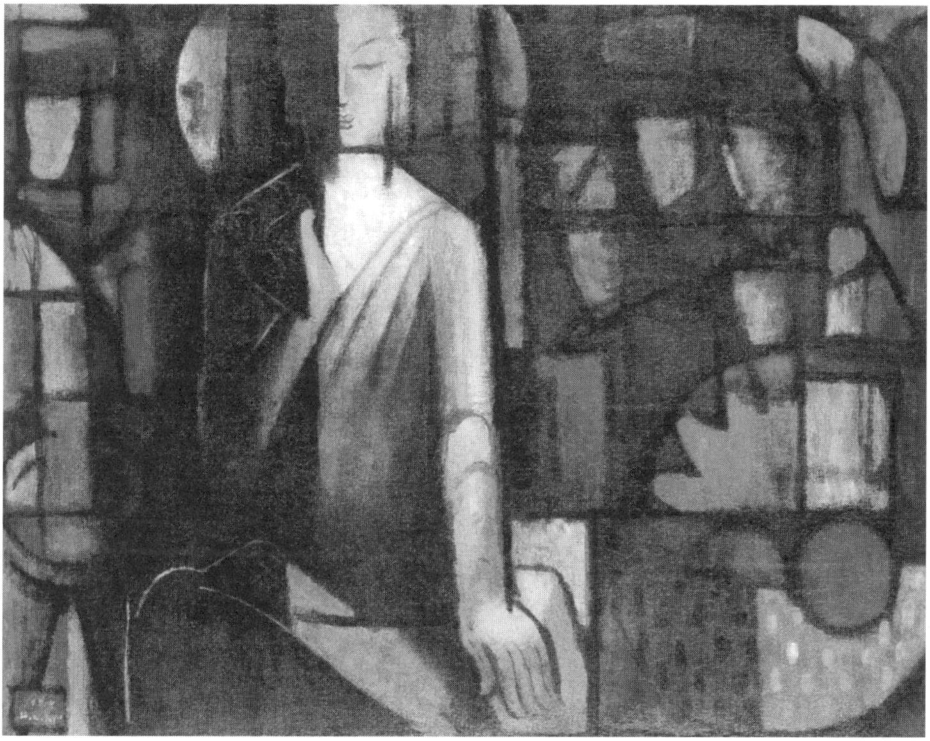

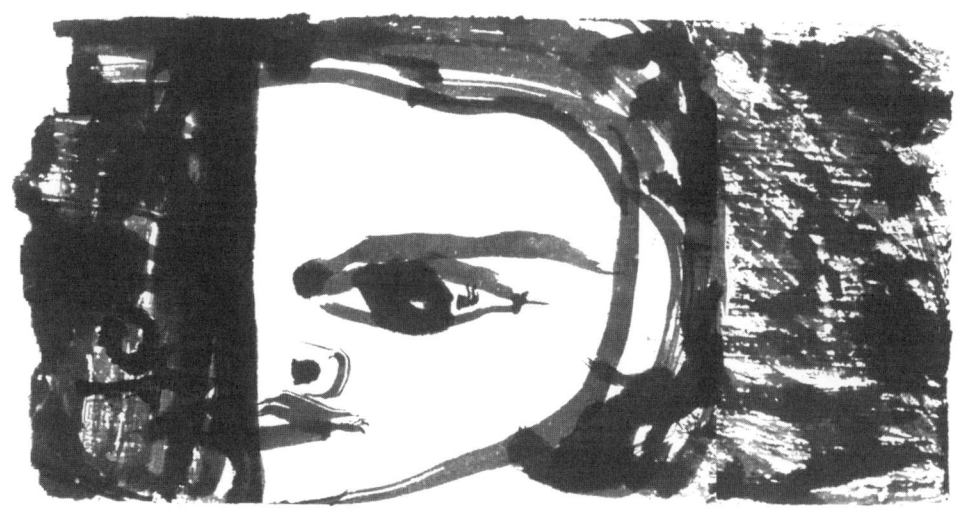

유희강, 〈념念〉, 1953, 캔버스 유채, 75×90cm, 유신규 소장

유희강, 〈묵희墨戲 16〉, 1973, 9×16cm, 유소영 소장

수를 만날 수 있었다. 조 교수가 자상하게 말년의 유희강에 대해 많은 일화를 들려주었다. 그리고 따님은 미국에 생존하고 계신 아버님 연배의 소지도인 강창원의 안부를 듣고는, 마치 돌아가신 아버님 유희강의 소식을 들은 듯 반가워하였다.

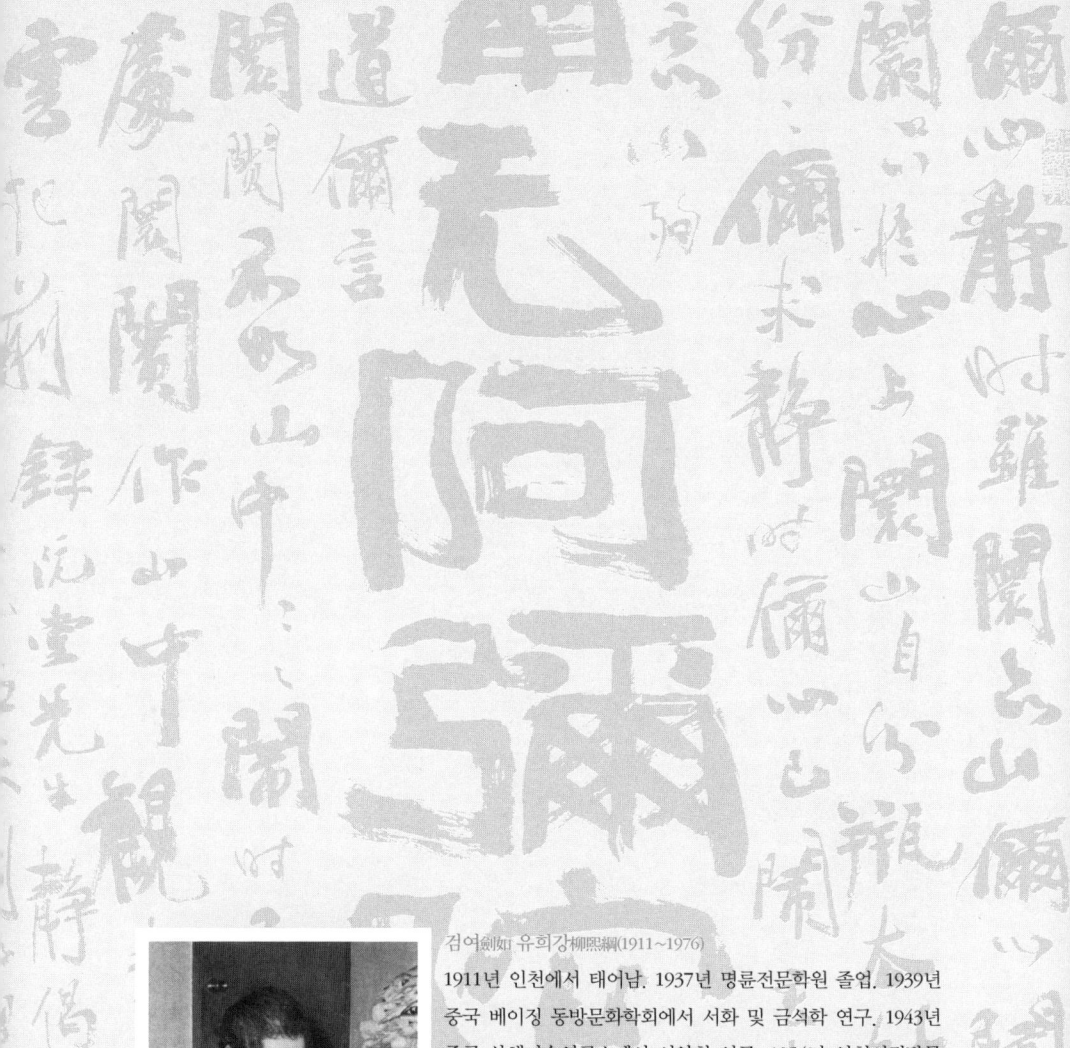

검여劍如 유희강柳熙綱(1911~1976)

1911년 인천에서 태어남. 1937년 명륜전문학원 졸업. 1939년 중국 베이징 동방문화학회에서 서화 및 금석학 연구. 1943년 중국 상해미술연구소에서 서양화 연구. 1954년 인천시립박물관장. 1956년 한국미술가협회 중앙위원. 1959년 국전초대작가. 제1회 개인전. 1961 ~ 국전심사위원. 1964년 제2회 개인전. 1965년 홍익대학교 출강. 1969년 뇌출혈로 오른쪽 반신이 마비됨. 1971년 왼손 글씨로 제3회 개인전·회갑기념전. 1972년 서울시문화상 예술부문 수상. 1973년 왼손 글씨로 제4회 개인전. 1975년 《검여유희강서예집》 제1집 발간. 1976년 65세 세상을 떠남. 1977년 《검여유희강서예집》 제2집 발간. 1983년 《검여유희강서예집》 제3집 발간. 2006년 서거 30주년 기념 특별전.

강창원, 〈예藝〉, 1997

소지도인 강창원

탈속한 도인의 천진난만한 즐거운 글씨

세상이 잘 모르는 숨은 명필

내가 이 책을 쓰면서 가장 보람을 느끼는 일은 잘 알려지지 않은 서예가들의 이야기를 소개하는 것이다. 특히 소지도인 강창원은 일 반인들에게는 이름이 전혀 알려져 있지 않은 숨은 서예가다. 국전을 등지고 살았기에 오직 전문 서예가들에게만 알려진 까닭이다.

해방 이후 우리나라 서예계에서 국전이라는 화려하고 막강한 등 용문을 등지고 재야에서 홀로 글씨를 즐기고 쓴 서예가로서 가장 대 표적인 사람이 강창원이다. 당시 서예계는 손재형을 중심으로 한 국 전파가 완전히 패권을 장악하고 '붓의 권력'을 휘두르고 있었다.

강창원은 한때 소전과 한동네에 살던 이웃이었다고 한다. 그러나 강창원은 이런 국전파와는 담을 쌓고 살았다. 그는 서예란 선비가 학문과 더불어 스스로 즐기며 수양하는 예술이지 이를 이용해 입신양명하거나 권력을 휘두르는 예술은 아니라고 생각하였다. 이런 단순한 이유로 국전을 외면했던 것이다. 그는 그저 좋아하는 글씨를 쓰며 맑고 밝게 살기를 원하였다. 강창원은 이런 낙천적인 성격 탓인지 아흔이 넘은 지금도 아무런 잔병 없이 유유자적하며 열심히 글씨를 쓰고 가르치며 작품 활동을 하고 있다.

추사는 일생에 단 한번 생부를 따라 중국의 베이징을 방문해 한달 남짓의 짧은 기간 동안 당대 중국의 서예계를 둘러보고 많은 영향을 받고 돌아왔다. 검여 유희강은 약 8년간 중국의 베이징과 상하이에 머물며 서예를 공부하고 돌아왔다. 그러나 강창원은 15년 이상 중국 베이징에서 공부하였다. 그것도 '베이징의 맹상군孟嘗君'이라 불릴 정도로 부유하고 후덕하였던 부친 덕택에 서예의 본고장 한가운데서 서예를 배우며 성장한 것이다.

강창원은 1918년 서울 종로의 한 명문가에서 태어났다. 조부 강창흠姜昶欽은 고종과 순종 두 황제를 모셨던 전의典醫로 정삼품正三品에 오른 명의였다. 지금의 제도로 말하면 역대 대통령 두 분의 주치의를 지낸 것이다. 부친 강태영姜台永은 매우 진취적이고 선각자적인 생각을 품은 사람이었다. 급격히 변하는 세상의 흐름을 읽고 일본 유학 후 베이징으로 망명, 치과전문의로 개업하였다.

부친이 중국인 동창생 융조민戎肇敏과 함께 운영한 치과는 크게 번창하여 당시 북경에 사는 한중일 상류인사들과 명사들의 사랑방이 되었다. 이때 선친의 병원과 응접실에는 늘 당대의 유명인들이 환자나 친지로 찾아왔다. 특히 중국 군벌의 우페이푸吳佩孚 장군, 베이징 대학교 펑한화彭漢懷 교수, 개혁 사상가 량치차오梁啓超 선생, 가장 중국 민중의 존경을 받은 청말淸末 민국民國 시기의 서예가이자 화가이고 전각가인 국화사國畵師 치바이스齊白石 등과 그들 인맥을 통한 수많은 문인, 화가, 서예가들이 모여 들었다고 한다. 덕분에 병원과 집에는 이들이 기증한 수많은 서화 작품으로 둘러싸여 마치 화랑과 같았다고 한다.

또한 그 당시 베이징 거리의 모든 건물에는 의례 금분을 입힌 목각 현판들이 경쟁하듯 현란하게 붙어 있었는데, 명필들이 쓴 글씨를 감상하며 걸어 다니는 것만으로도 학창시절의 강창원에게는 큰 공부가 되었다고 한다. 특히 골동 서화상이 집결하여 있는 유리창琉璃廠 거리와 베이징의 주요 건물에는 모두 대가들의 작품들이 걸려 있어 그야말로 서화 속에서 살았다 한다.

나와 강창원과의 인연은 제대하여 복학한 1971년 무렵 당시 서예 공부를 하던 고모님을 따라 그가 운영하던 인사동 서실書室 임지헌臨池軒에 등록하면서부터 시작되었다. 옛 서울의 종로 문 안 사람들은 이런저런 인연으로 얽혀 있기 마련인데, 그와 우리 집안 역시 대대로 세교世交가 있었다. 이런 인연으로 내가 서실에서 열심히 배우자 소지도인은 나를 친아들처럼 대해 주었다. 마침 그의 두 아들이 나와 고등학교 선후배 관계이기도 해 더욱 아껴주었던 것 같다.

내가 틈만나면 부지런히 서실로 나가 글씨 공부를 하자, 강창원은 나에게 '거량居亮'이란 아호雅號를 지어주었다. 나는 이미 중학생 때

원곡 김기승 선생에게서 '일재一齋'란 호를 받아 쓰고 있었으나, 이 새로운 호를 받은 후 줄곧 '거량' 이란 호를 쓰고 있다. 강창원은 이 때 다음과 같은 뜻풀이의 문장을 지어 자그마한 작품으로 써주었다.

大丈夫處世以明道爲本
何不景行此法達其鴻志也
대장부 세상 살아가는 데 밝은 도를 근본으로 삼는다.
어찌 이 밝은 법도를 즐겨 행하여그 큰 뜻을 이루지 않겠느냐.

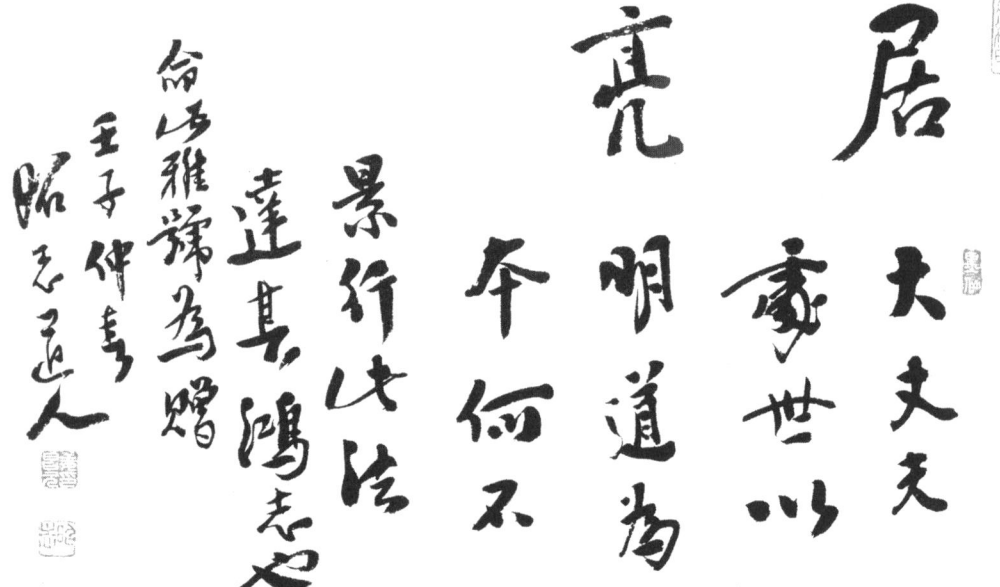

그러면서 강창원은 나에게 백거이白居易 같이 글을 잘 짓고, 제갈량諸葛亮같이 총명하라고 당부하였다. 그리고 유인遊印으로는 선인들의 밝은 도를 이어간다는 뜻의 '계명繼明'이란 글자가 새겨진 도서를 찍어주었다. 나는 이순耳順이 되도록 선인들의 밝은 도를 이어가지도 못하였고, 백거이같이 글도 잘 못 짓고, 제갈량같이 총명함도 얻지 못했으니 강창원이 지어준 과분한 호 값도 못한 사람으로서 부끄럽기 짝이 없다.

정통 필법으로 쓴 당나라 해서의 완성

강창원은 당나라 시대에 완성된 해서楷書를 잘 쓴 보기 드문 서예가다. 베이징에서 당대 서예 대가들에게서 배우며 당나라 해서의 정수를 체득하고 바른 맥을 이어받을 수 있었던 덕분이다. 그는 '임지학서臨池學書 지수진묵池水盡墨'의 노력 끝에 특히 당나라 대가들의 서법과 서풍을 제대로 소화하고 발전시킬 수 있었다. 안진경의 신수를 체득하고 그 바탕 위에 구양순의 완벽한 결구와 법식, 우세남의 우아함, 유공권의 골격, 저수량의 날렵함과 상쾌한 멋이 깃든 법첩을 두루 공부하여 터득한 바를 이에 더했다.

한때 서예계에서는 이런 소문이 돌 정도였다. 강창원과 동년배의 서예가들이 제자들에게 당나라 해서의 체본을 잘 가르치지 않는 여러 이유 중의 하나는, 당해唐楷가 제대로 잘 쓰기 어려운 까닭도 있지만 강창원과 비교 대상이 되기를 두려워한 때문이라고 했다.

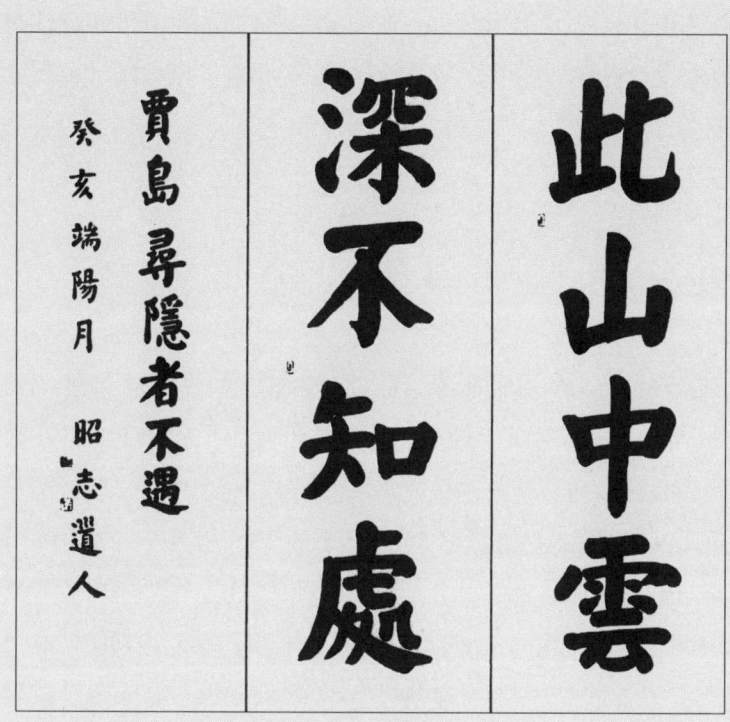

강창원, 〈가도賈島 심은자불우尋隱者不遇〉, 1983, 121×33×6곡

松下問童子言師採藥去只在

〈유어예〉는 1983년도 작품으로, 그의 필력과 결구의 완벽함을 잘 보여준다. 이 작품은 180*42cm인 작품으로 한 글자의 크기는 40cm 쯤 된다. 보통의 필력으로는 이런 큰 글자를 완벽한 결구를 갖추어 쓰기 쉽지 않다. 원필圓筆로 쓴 점과 획은 그의 단정하고 우아한 해서의 특징을 잘 보여준다. 획간의 간격과 자간의 간격은 고르고 정연하다. 자획과 글자는 어느 한쪽으로 치우침 없이 모두 바른 모습으로 의젓하다. 강창원은 이런 큰 작품을 평소에 쓰던 붓으로 스스럼없이 단 한 번의 운필로 일필휘지하여 썼다.

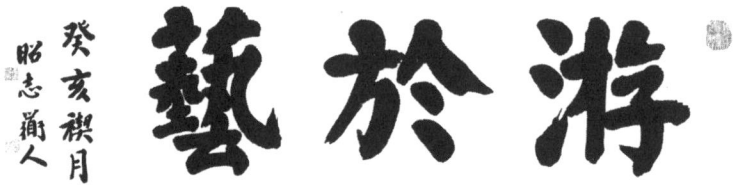

강창원, 〈유어예遊於藝〉, 1983, 42×180cm

해서와 행서의 중간쯤 되는 필획을 구사하여 이태백李太白의 고사故事를 쓴 〈서벽산〉은 강창원 특유의 해서와 행서가 어우러진 작품이다. 이 작품을 보면 그의 운필 속도가 얼마나 바른지, 해서에서 나온 독특한 행서의 아름다움은 어떤 것인지를 느낄 수 있다. 대부분의 서

강창원, 〈서벽산棲碧山〉, 1977, 39×131cm

예가들은 행서를 배울 때 따로 행서의 법첩을 통하여 배우나, 강창원은 늘 행서체에 관해 다음과 같이 주장했다.

행서의 글씨는 역사적으로도 해서를 행기있게 빨리 쓰는 가운데 자연스럽게 발전된 서체다. 따라서 해서를 온전히 익힌 다음에 나온 행서만이 좋은 결구와 행기와 필력을 보인다. 행서를 행서의 법첩만으로 따로 배우는 것은 바른 학습 방법이 아니다.

강창원의 또 다른 대해大楷 작품 〈대변여눌大辯如訥〉을 보자. 나는 가끔 어떻게 선생같이 작은 체구의 몸에서 이런 힘차고 대범한 큰 글씨와 행서의 발문과 같은 활달한 글씨가 나올 수 있는지 놀라곤 한다. 노자老子의 금구金句를 쓴 이 작품의 글씨는 그 내용의 뜻과 같이 눌訥하고 졸拙하다.

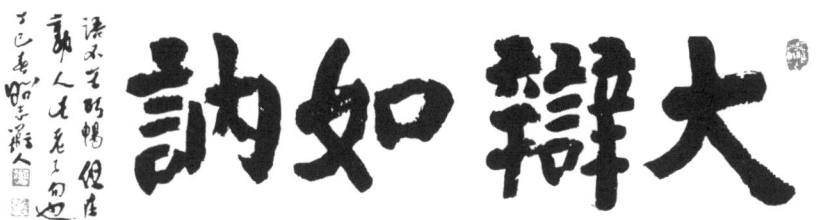

강창원, 〈대변여눌大辯如訥〉, 1977, 38×132cm, 김종헌 소장

강창원은 특히 소해小楷의 작은 글씨도 잘 썼는데, 붓의 크고 작음에 상관없이 아무리 큰 붓으로도 깨알같이 작은 글씨를 쓸 수 있었다.

예를 들어 〈백낙천지상편외〉 선면扇面(부채꼴 종이) 위에 쓴 백낙천의 글들은 모두 하나의 붓을 들어 일필휘지로 쓴 작품이다. 글자의 크고 작음에 상관없이 글씨의 방향과 위치에 상관없이 이런 많은 자수의 글을 고른 글씨로 단숨에 줄을 맞추어 가지런히 쓰기란 보통의 실력과 필력으로는 불가능하다. 특히 필력이 뛰어나 아무리 글씨가 크고 자수가 많은 대작을 써도 작품의 처음과 끝의 글씨가 고르고 한결같았다.

　　이건 여담이지만 언젠가는 그에게 이런 필력을 내는 비법을 물은 적이 있었다. 1983년 8월에 서울의 출판문화회관에서 강창원의 귀국전이 열렸다. 나는 당시 독일의 뒤셀도르프에서 살고 있었으나, 그의 전시회를 보기 위해 일시 귀국하였다. 그날 저녁 서예가 송천 정하건과 중산中山 전덕표全德杓 인형과 함께 강창원을 모시고 인사동에서 식사를 하였다. 한참 전시회에 출품된 작품에 관해 이야기를 나누다 팔순에도 어떻게 힘찬 필력을 유지할 수 있는지 그 비법을 묻게 되었다. 강창원은 그 자리에서 벌떡 일어나 물구나무를 섰다. 한참을 팔을 짚고 거꾸로 선 선생은 자세를 바로 하고 앉은 다음 이런 물구나무를 매일 여러 차례 하고, 종일 글씨를 안 쓸 때면 손운동을 위해 손 안에 가래를 돌린다고 했다. 또한 매일 하체 운동을 위하여 새벽에 일어나면 바로 침대에 누운 채로 자전거를 타듯이 허공에서 다리를 돌리는 운동을 한 30분쯤 한다고 했다. 그날 적당히 술이 오른 선생은 흥이 나자 〈오 셀레 미오 O Sole Mio〉를 불렀다. 그리고는 이런 건강한 몸과 명랑한 마음에서만 건강한 필력의 밝고 맑은 글씨를 쓸 수

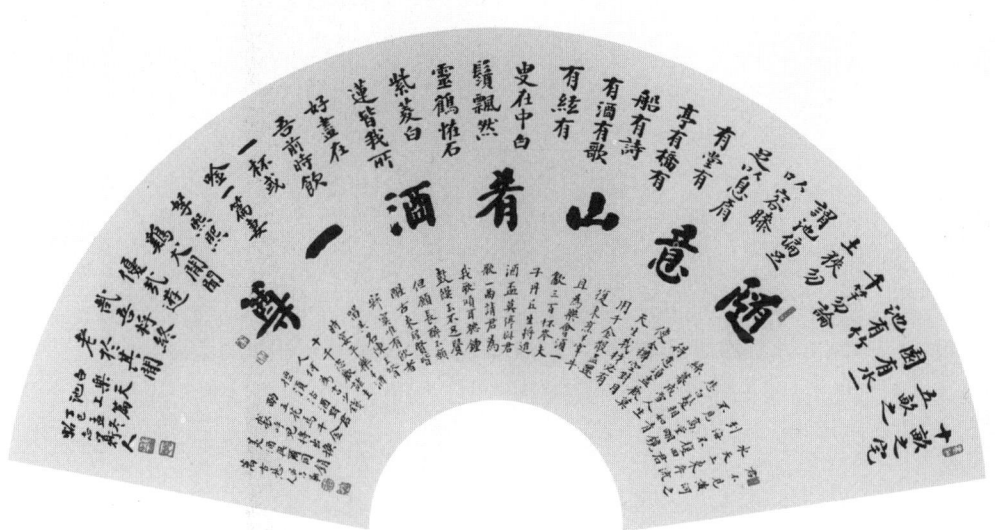

강창원, 〈백낙천白樂天 지상편외池上篇外〉, 1983, 24×59cm

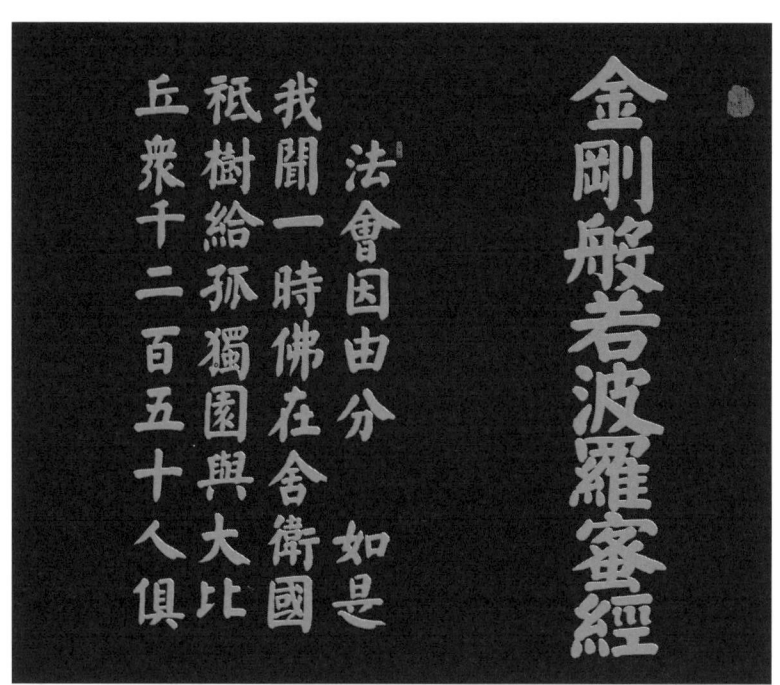

강창원, 〈금강반야바라밀경金剛般若波羅蜜經〉, 1983, 137×70cm×153장

있다고 말하였다.

《금강경》은 전문 5,000자가 넘는 긴 내용의 대승경전이다. 《반야심경》과 함께 우리나라를 비롯한 중국과 일본에서 대승불교의 근본 경전으로 많은 신도들이 매일 읽고 외는 경전이다. 그는 이 중요한 경전을 70X137cm의 전지 153장에 하나의 작품으로 썼다. 이런 대작을 처음부터 끝까지 고른 글씨로 쓴다는 것은 체력과 필력, 그리고 자신감 없이는 쓸 수 없는 글이다. 나는 이 작품을 유희강의 1976년 작 〈관서악부關西樂府〉에 비견하는 강창원의 대표작으로 생각한다.

그리고 그는 스스로 발문을 지어 작품의 끝에 붙였다. 뒷날 선생은 이 작품을 책으로 냈다. A4용지 크기로 축소된 선생의 《금강경》은 매일 가까이에 두고 독경하기 좋은 크기다. 나는 언제고 기회가 되면 이 《금강경》을 영인본으로 출판할 생각이 있다.

강창원이 해서만 잘 쓴 게 아니다. 그는 해서를 통해 다양한 서체를 즐겨 썼다. 사실 국전을 등지고 자신이 좋아하는 글씨를 쓰며 산 강창원은 서단에서 유행하는 서체와는 무관한 사람이었다. 그는 오로지 고전을 익히며 자신만의 글씨를 만들 뿐이었다. 이런 그의 신념은 뜻밖에도 독특한 행서를 만들어냈다. 단연 단단한 해서를 바탕으로 한 행서였다. 나는 그의 운치가 있으면서도 단아한 행기行氣가 넘치는 행서를 무척 좋아한다.

본래 행서는 예서나 해서를 또박또박 쓰다가 빠른 붓질로 편지를 쓰거나 글자의 수가 많은 문서를 쓸 필요에 의해 자연스럽게 발전된 글씨다. 강창원의 행서는 역시 해서를 많이 쓰다 자연스럽게 나온 스타일이다. 그래서 일부 행서만 열심히 쓴 작가들의 그것과 다른 면모가 있다.

강창원의 행서가 뛰어남을 느낄 수 있는 작품이 〈증우삼구도〉다. 나는 이 작품이야말로 해서에서 나온 행서의 특장을 가장 잘 보여주는 작품으로 생각한다. 운필 속도는 빠르고 행기의 흐름은 명랑하다. 육조체나 다른 서체를 많이 쓴 서예가의 글씨와는 달리, 당해를 열심히 쓴 사람의 행서에서만 나올 수 있는 독특한 결구와 형태와 향기를 지닌 작품이다.

강창원, 〈증우삼구도중曾雨三衢道中〉, 1977, 29×18cm, 정하건 소장

뜻을 밝게 하고 종이를 많이 쓴 사람

중국 베이징에서 자란 강창원은 중국어에 능통하고 고급스러운 한문 표현에 자유로웠던 까닭에 중국의 고전뿐만 아니라 백화문白話文으로 쓰인 근현대의 전적들도 마음대로 읽고 쓸 수 있었다. 나는 대학시절 여름과 겨울 방학이 되면 매일같이 임지헌으로 나가 하루 종일 글씨 공부를 하였다. 이때 온종일 서실에서 강창원이 써준 체본으로 임서를 하면서 그의 일거수일투족을 자세히 살피고 지켜볼 수 있었다. 이때 글씨만이 아니라 선비의 삶에 관한 많은 공부를 할 수 있었다. 강창원의 설명에 따르면 '소지'에는 세 가지 뜻이 있다고 한다.

昭志　뜻을 밝게 하는 사람
燒紙　글씨를 많이 쓰고 연습한 종이를 많이 태우는 사람
掃地　비로 땅의 쓰레기를 쓸 듯 법서法書가 아닌 글을 쓸어내는
　　　사람

그는 또한 '일진자一塵子'란 호도 즐겨 썼다. '하나의 먼지 같은 사람'이란 뜻이다. 티끌을 뜻하는 '진塵'이란, 모래를 뜻하는 '사沙'의 10,000분의 1의 크기로 극히 미세한 물질을 뜻한다. 선생은 늘 겸양의 마음으로 스스로를 낮추어 부르면서도 선비의 뜻만은 지켜가는 삶을 살려 하였던 것이다. 그리고 늘 다음과 같이 말하였다.

겨자씨가 작아도 그 안에 생명을 갖춘 온 우주가 다 들어 있네. 아

무리 작은 글씨를 써도 그 안에 필법을 다 넣어 써야 하네.

'임지헌臨池軒' 이란 '당호堂號의 뜻은 '임지臨池' 란 한나라 시대의 서예가 장지張芝의 일화에서 유래하였다 한다.

臨池學書   연못가 집에서 글씨를 배우며
池水盡墨   연못의 물을 다 먹물 색으로 만드네

장지는 글씨 연습을 하는데 집 안에 있는 옷과 베에 글씨를 쓰고 또 빨고 하다 보니 연못 물이 모두 까맣게 물들었다고 한다. 따라서 '임지' 란 열심히 서예 공부를 한다는 뜻이며, 이런 정신은 강창원이 공부에 임하고 연구하는 기본 자세다. 나는 그에게 글씨만이 아니라 이런 정신과 자세를 배운 것을 자랑스럽게 생각한다.

강창원은 드물긴 하지만 또한 독특한 예서와 전서, 갑골문의 작품도 썼다. 그의 예서와 전서 등은 모두 그의 탄탄한 해서 실력에 바탕을 둔 까닭에 독특한 필획과 결구의 묘를 보여주고 있다. 그는 다양한 법첩을 두루 공부한 까닭에, 딱히 어느 한 법첩의 서체만을 고집하여 쓰지 않았다. 오히려 다양한 법첩을 통해 배운 필획과 필의는 그의 탄탄한 해서 및 행서와 결합하여 독특한 작품을 보이고 있다.

강창원은 2006년에 88세를 기념하여 미국에서 미수전米壽展을 열었다. 그는 우리나라에서 가장 나이가 많은 그러나 여전히 활발한 활동을 하는 만년 청년의 서예가다.

사실 강창원은 국전에 참가하지 않은 까닭에 제자를 많이 키우지

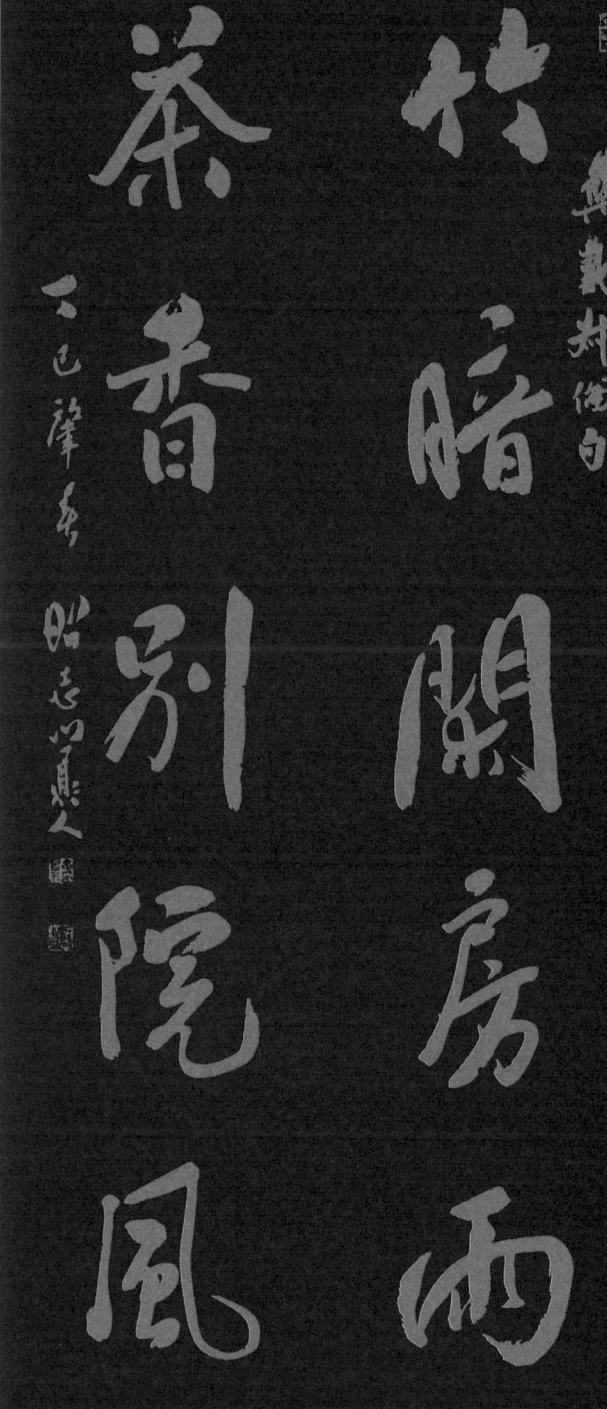

강창원, 〈대숙윤련구戴叔倫聯句〉, 1977, 각 폭 130×27

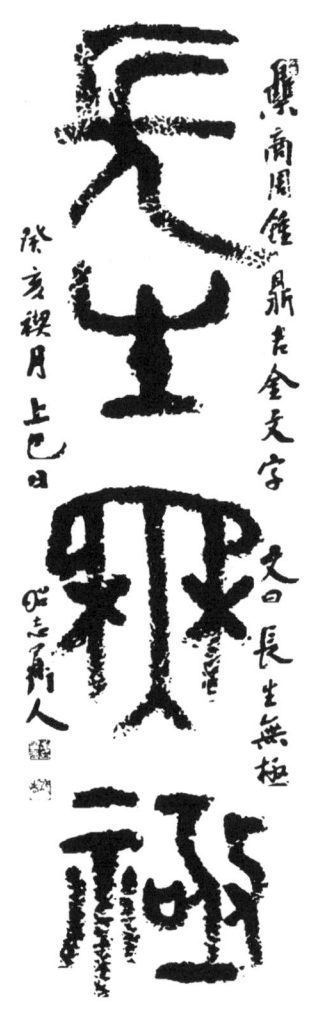

강창원, 〈장생무극長生無極〉, 1983, 30×30cm

못했다. 성균관대학과 세종대학 등 몇몇 대학에서 서예를 가르치고 그의 인사동 서실에서 학생들을 가르치며 본인 스스로 글씨 공부를 즐기는 것으로 만족했다. 그러나 그에게는 그의 실력과 글씨를 좋아하는 많은 지기知己들이 있었다. 정작 국전에 참가하여 정식으로 작가가 된 서예가들도 많이 찾아와 인사를 드리곤 하였다. 작가는 작품으로서 말하는 것이기에 눈이 바른 젊은 작가들은 선생의 작품을 통해 정말 좋은 글씨가 어떠한 것인지를 잘 알고 있다. 심지어 몇몇 중견 작가들은 국전에 출품할 작품을 위해 그에게 체본을 부탁해 받아가곤 하였다. 물론 소속된 서실이나 자신의 선생들에게는 일체 이런 사실을 숨긴 채 몰래 받아 가는 것이다.

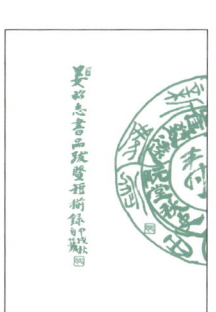

《강소지서품발기단전록》 표지

최근 강창원이 《강소지서품발기단전록姜昭志書品跋曁短揃錄》이란 책을 보내 주었다. 평생 지은 글들을 한 곳에 모아 편집한 책이다. 이 책 속에서 나는 선생의 최근 모습을 발견할 수 있었다. 김의환金義煥 화백이 그린 이 그림에서 소지도인은 정갈한 한복에 정자관程子冠을 쓰고, 긴 담뱃대를 물고 당나귀를 탄 채 한 손에는 부채를 펼쳐 들고 있다.

이 그림 속 강창원의 모습이야말로 이 시대를 살고 있는 마지막 선비의 모습이 아닌가 생각한다. 그는 늘 이렇게 유유자적한 삶을 살고 있는 것이다. 그가 장수하는 까닭도 이런 삶의 태도에 있지 않나 생각해 본다.

2007년 4월 화창한 봄날 강창원에게서 뜻밖의 선물을 받았다. 현재 미국에 거주하고 있는 그가 운영하던 LA의 서실을 닫으면서 그곳에서 쓰던 붓, 종이, 법첩 등을 내게 보내 준 것이다. 1970년대 서울 인사동의 임지헌 서실을 닫고 이민 갈 때 함께 미국으로 가져간 물건들도 상당수 고국으로 돌아왔다.

나는 강창원이 보내준 많은 법첩과 책들을 정리하면서 곳곳에서 그의 체취와 흔적을 발견할 수 있었다. 한 서예가가 90평생 가까이 두고 공부하였던 것들에는 손때와 먹물이 자연스럽게 배어 있었다. 일부 옛 법첩에는 그의 제발문題跋文들이 쓰여 있었다.

강창원은 여전히 그곳에서도 시간만 나면 화교들이 운영하는 책방에 들러 서예에 관한 책이란 책은 모조리 구하여 읽고 공부하는 듯하다. 깨알같이 잔글씨로 가득 찬 그 많은 책들의 행간에는 공부의 흔적이 역력하다.

결국 추사체를 닮아가다

나는 2006년 8월 중순 3년간 홍천 산골에서 운영하던 베이커리와 북 카페 '피스 오브 마인드'를 춘천시 석사동으로 옮겼다. 애초에는

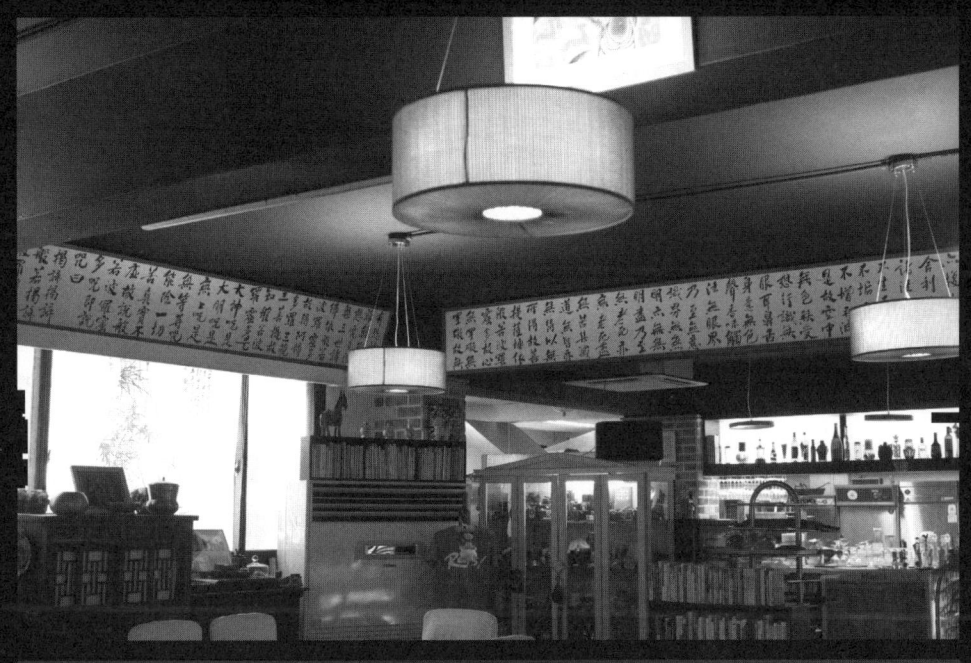

舍利子是
諸法空相
不生不滅
不垢不淨
不增不減
是故空中
無色無受
想行識無
眼耳鼻舌
身意無色
聲香味觸
法無眼界
乃至無意
識界無無
明六無無
明盡乃至
無老死亦
無老死盡

피스 오브 마인드에 표구된 〈반야심경〉

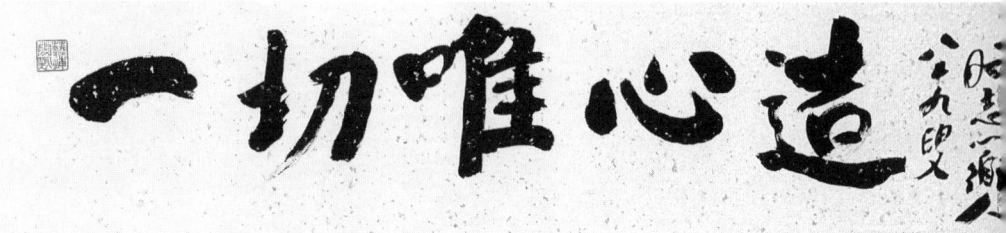

강창원, 〈일체유심조 一切唯心造〉, 2006, 김종헌 소장

풍광이 좋은 카페 인근 산골에 약 2만 점의 책과 음반, 서화 작품으로 이루어진 소장품을 전시 보관할 건물을 지을 계획이었으나, 산골에서 3년간 운영을 하여 보니 여러 가지 현실적인 문제가 있음을 깨닫게 되었다.

춘천에 실내 약 100평이 넘는 공간을 두 달에 걸쳐 인테리어 작업을 하였다. 공간의 반은 책을 정리 정돈하여 꽂아 서재식으로 꾸미고, 나머지 공간은 서예 작품 중심의 화랑으로 꾸몄다. 그리고 화랑 공간의 기둥과 기둥 사이의 벽 네 곳에는 이 책에서 다룬 서예가들의 작품을 전시했다. 아마 우리나라 최초의 서예 전문 개인 상설화랑이라 불러도 좋은 갤러리 카페다.

나는 기존 작품들에 더하여 새로 작품들을 표구하여 하나, 둘 걸어가면서 감상하는 재미로 몇 달을 살았다. 새로 표구한 작품 중에는 몇 년 전 강창원이 행서로 쓴 〈반야심경般若心經〉도 있다. 반절半切한 화선지의 한 열列에 네 자씩 쓴 작품은 무려 길이가 9미터가 넘었다. 나는 표구사와 머리를 맞대고 상의를 한 끝에 작품을 두 개 횡액橫額으로 만들어 기둥의 양쪽에 90도로 꺾어 마주보게 걸었다.

　강창원의 활달한 행서체의 작품은 그 특이한 크기며 글씨로 인하여 곧 화제가 되어 서예에 관심 있는 많은 사람들이 작품을 보러 종종 찾아왔다. 하루는 한림대 태동고전연구소장 이동준 박사가 찾아와 〈반야심경〉을 찬찬히 올려 보며 다음과 같은 의미 있는 한마디를 던졌다. "바로 추사 글씨구만!"

　강창원은 한 번도 추사를 뛰어넘겠다거나, 누구보다 글씨를 더 잘 쓰겠다고 한 서예가가 아니다. 그저 글씨를 즐겨 '유어예遊於藝' 하였을 뿐이다. 나는 곰곰 생각하였다. 추사를 뛰어넘겠다는 생각을 한

번도 가져본 일이 없을 강창원의 글씨가 어떻게 추사의 글씨를 닮게 되었을까? 추사와 강창원의 공통점이 있다면, 두 서예가 모두 당해唐楷를 잘 썼으며, 특히 구양순의 글씨를 열심히 쓴 점밖에는 없다. 그러나 두 서예가 모두 해서에 바탕을 두고 행서를 개발하여 쓴 점에서는 같다. 결국 나는 이런 결론을 혼자 내렸다. 예도에서 궁극의 목표를 향해 가는 사람들은 어떤 길을 통해 가든 종국에는 한 곳에서 만날 수도 있겠다는.

2006년 말 강창원은 카페 이전을 기념하여 내게 〈일체유심조一切唯心造〉, 〈만법귀일일귀하처萬法歸一一歸何處〉라는 불교의 화두話頭를 쓴 작품 두 점을 보내왔다. 그의 나이 89세에 쓴 이 작품들을 보고 나는 새삼 서예의 길이란 이렇게도 오묘한 것임을 깨달았다. 이제까지 그렇게 단정하고 우아한 글씨만 쓰던 그의 글씨가 또 일변하여 추사의 동자체와 같은 천진무구하고 천의무봉天衣無縫한 필획을 보이는 것이다. 그러나 특이하게 가로쓰기를 한 이 두 작품의 서체는 딱히 무어라 이름을 붙일 수 없는 서체다. 이렇게 구순九旬을 맞은 강창원은 평생을 즐겨 배우고 써온 글씨를 통하여 여전히 원숙한 예술의 꽃을 피우고 있다.

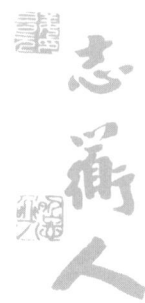

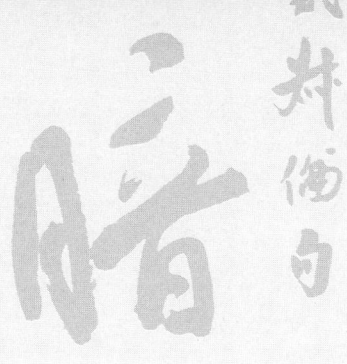

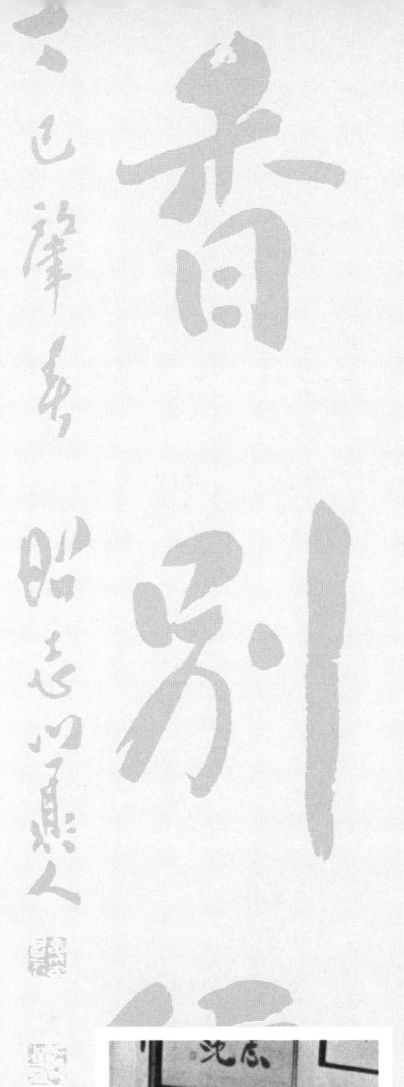

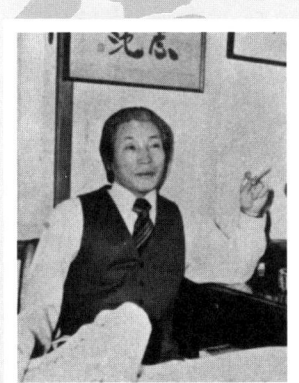

소지도인昭志道人 강창원姜昌元(1918~현재)

1918년 서울 출생. 1930~1945년 중국 북경에서 청소년기와 학창기를 보냄. 1977년 회갑전(서울 신문회관), 미국으로 이주. 1979년 미국 로스앤젤레스에서 개인전. 1983년 서울에서 귀국전. 1988년 미국 로스앤젤레스에서 고희전古稀展. 1997년 미국 로스앤젤레스에서 희수전喜壽展. 2006년 미국 로스앤젤레스에서 미수전米壽展. 2007년 구순전 및 망백전望百展 준비중—미국 로스앤젤레스, 서울, 춘천

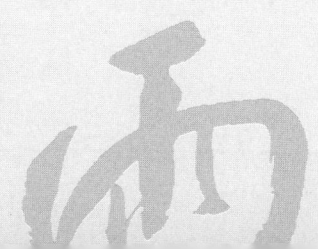

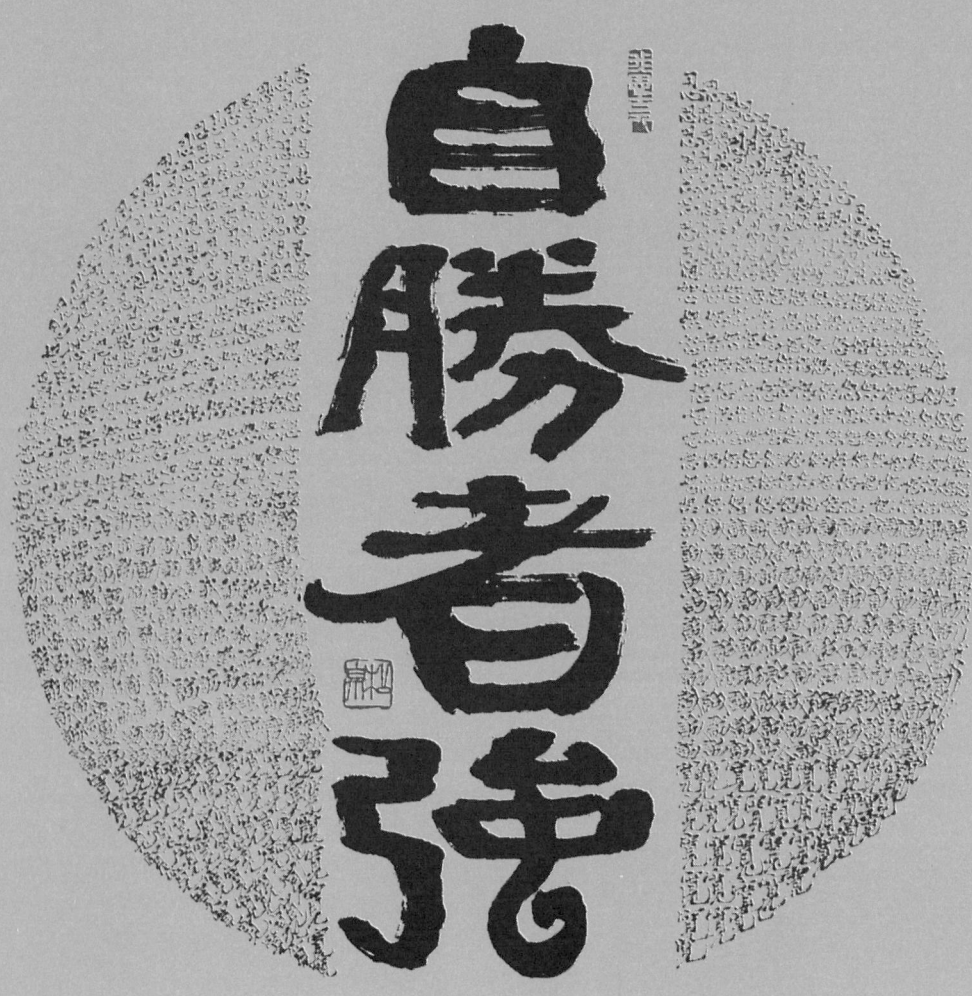

정하건, 〈자승자강自勝者强〉

추사를 뛰어넘으려는 이 시대 마지막 선비의 외로운 길

추사를 뛰어 넘고자 하는 현대작가

새로운 21세기 우리나라 서예계를 이끌어 나가고 있는 신토불이身
土不二의 작가는 누구일까? 앞으로 추사 김정희를 뛰어넘을 이 시대
의 작가는 누구일까? 나는 송천 정하건을 꼽겠다.

추사 이래, 특히 해방 이후 2000년대에 이르기까지 우리나라 서예
계는 양적 팽창을 거듭하였다. 그러나 서예 인구가 늘었다고 훌륭한
작품과 서예가가 더 많이 나오는 것은 아니다. 중요한 것은 단 한 명
이라도 추사와 같은 새로운 차원의 조형미와 함께 더 높은 경지의 정
신세계를 글씨, 그림, 시문으로 표현할 걸출한 서예가가 나와야 하는

것이다. 평균적으로 잘 쓰는 작가는 많아도 독특하고 새로운 미적 세계를 스스로 만들어 글씨를 쓰는 작가는 드문 게 현실이다.

정하건은 해방 이후 순수하게 이 나라의 신교육을 받은 세대의 가장 맨 앞에 서서 홀로 노력하는 사람이다. 이 나라 서예계가 지닌 가장 큰 과제이자 소망인 추사라는 높은 봉우리를 정복하고 넘어야 할 무거운 짐을 진 사람이다.

나는 정하건이 서예를 임하는 정신과 자세에서, 이미 이룬 실력과 작품에서, 나아가 학문과 인격 면에서 볼 때 이런 숙제를 풀 적임의 서예가라고 생각한다.

요즘의 서예계를 보면 추사체를 쓰고 가르친다는 사람들이 많다. 나는 이런 서예가들은 추사의 정신을 전적으로 모독하는 사람들이라고 생각한다. 추사의 글씨를 열심히 베껴 쓰고 그대로 가르치는 것은 추사의 근본정신인 '법고창신法古創新'을 정면으로 위배하는 일이다. 그런 사람들은 '추사'라는 브랜드를 붙여 이른바 '짝퉁' 글씨를 팔아먹는 서생에 지나지 않는다. 진정한 추사 정신을 이어받은 예술가가 아니다.

정하건이 걸어온 길을 보자. 그는 일찍이 1975년과 1978년 국전 서예 부문의 최고상인 문공부장관상을 수상하고, 동아미술제 심사위원과 운영위원, 예술의전당 운영위원, 대한민국미술대전 서예부분의 심사 및 운영위원장, 서울서예대전 추진위원장, 근역서가회 초대회장, 한국서가협회 회장과 명예회장을 지낸 사람이다. 그의 경력만 읽어보면 순탄한 성공의 길을 걸어온 서예가로 보인다.

그러나 정하건은 가시밭길을 헤치고 고난을 이겨온 사람이다. 송천은 국전을 통해 작가가 되었으나, 국전의 못된 관행에 가장 큰 희생을 당한 사람이다. 우리나라 서예계가 국전을 중심으로 운영되면서 한때 잘못된 방향으로 빠져버린 이야기는 앞서 소지도인 강창원에서 잠깐 언급하였다. 송천은 국전을 통해 추천작가가 되었으나, 그 과정을 보면 정말 한심한 과거 서예계 풍토를 보는 듯해 쓴웃음을 감출 수 없다.

해방 후 현재까지 활동하고 있는 중진 및 대가로 불리는 서예가들은 대부분 국전이라는 등용문을 거쳐 추천작가가 되었다. 추천작가가 되기 위해서는 최소한 다섯 번의 특선을 해야만 한다. 그런데 정하건은 세 번 밖에 못하였다. 일찍이 두 번의 국전 서예 부문 최고상을 수상하고도 남은 그가 이를 더 채우지 못한 것이다.

특선 세 번을 포함한 그의 15회에 걸친 입선 경력을 보자. 그는 고등학교 재학시절인 1957년 한글작품으로 제6회 국전에 입선한 것을 시작으로 8, 15, 16, 18, 19, 20, 22, 23, 25, 26, 28, 29회에 입선을 하고, 제24회와 26회, 27회에는 특선, 그중 제24회와 27회에는 서예 부문 최고의 상인 문화공보부 장관상을 받아 도합 세 번의 특선을 하였다.

그러나 공교롭게도 정하건의 스승인 유희강이 1968년 쓰러지면서 국전을 비롯한 모든 공직에서 물러나게 되자, 그는 제 실력만으로 스스로의 운명을 개척해야 했다.

국전의 다른 유파의 원로들은 정하건에게 자신의 문하로 옮길 것을 권하였으나, 그는 처음의 뜻을 지켜가며 검여를 받들고 배웠다. 자연 그는 다른 서예가 선생들에게 시쳇말로 '왕따'를 당한 것이다.

정하건은 결국 또 다른 방법인 열다섯 번의 입선으로 추천작가가 되었다. 그는 한번은 나에게 이런 이야기를 한 적이 있다.

글씨를 안 쓰면 안 썼지, 추천작가가 안 되었으면 안 되었지, 내가
스승을 바꿔가면서까지 추천작가가 되어 서예가의 길을 걷고 싶은
생각은 전혀 없었다.

그는 스승을 배신하기는커녕, 공무원 생활까지 버리고 스승의 와
병臥病으로 흩어지기 시작한 제자들과 서실을 지키기 위해 검여의 인
사동 서실로 출근하기 시작하였다. 이렇게 하여 그는 첫 입선 후 낙
선과 입선만 19년간 계속되는 불운을 마침내 이겨내고 24년 만에 추
천작가로 탄생한 것이다.

그리고 3년 후 유희강 선생이 화곡동 집으로 들어가 은거를 하게
되자 마침내 1973년 서울의 종로 인사동에 송천서회松泉書會를 열었
다. 그후로 송천은 30년 이상 우리 전통문화의 골목을 지키며 전통
예술의 왜곡과 부침을 안타까워하고 있다.

지금은 서예계에서 대가로 대접받고 있는 정하건은 여전히 자신의
부족함을 느끼며 늘 공부한다. 그는 지난 수십 년간 서예를 위해 꾸
준히 한학을 공부하는가 하면, 예술세계의 완결을 위해 서화와 골동
을 비롯한 전통예술의 전반에 관해 광범위하게 공부하고 있다. 또한
사군자에도 숨은 실력을 가지고 있다.

이런 정하건의 면모를 가장 잘 보여주고 있는 일화가 하나 있다.
우연한 기회에 그와 함께 여행을 하게 되었다. 우리는 대만의 중국식
고급호텔 원산대반점圓山大飯店의 대륙풍의 큰 방에 머물며 첫날 하

루는 고궁박물관故宮博物館 전체를 둘러보고, 이튿날은 서예와 관련된 전시물을 둘러보았다. 또 다음 날은 화련花蓮의 그림같이 빼어난 산수를 관광하고 홍콩으로 갔다. 홍콩에서도 대학박물관과 역사박물관 등을 찾아 서예 관련 전시회를 관람하였다. 나는 정하건을 독선생으로 모시고 여행을 하면서 개인지도를 받은 셈이다.

마침 그때 고궁박물관에서는 소동파와 미불의 특별기획전이 열리고 있었다. 또한 내가 좋아하는 고서古書들을 전시하는 사고전서四庫全書의 특별기획전도 열리고 있었다. 소동파와 미불의 작품을 본 선생은 조금은 실망한 듯한 말을 하였다. 내가 그 까닭을 물으니 선생은 다음과 같은 설명을 들려주셨다.

내가 오늘 소동파와 미불의 진품을 보기 전에 사진으로 찍은 영인본을 너무 자주 보고 감상하며 짐작하고 상상하였던지, 막상 실제 작품을 보니 다소 생각했던 것보다는 감동이 덜한 점이 있군요. 나는 집안에 노모를 모시고 사는 사정도 있고 서실을 비울 수 없어 해외여행을 자제해 왔습니다. 그대신 나름대로 마음속에서 진품과 만나는 방법을 터득하였지요. 나는 추사 선생님의 작품을 공부하기 위해 먼저 집과 서실에서 영인본을 열심히 보고 감상한 다음에 국립박물관과 간송미술관 등 진품이 전시된 장소를 수없이 찾아갔습니다. 그리곤 영인본과 진품의 차이가 어떤지를 살펴 비교하면서 공부를 하였더니, 이제는 영인본만 보아도 진품의 자태며 상태와 향기를 짐작할 수 있습니다.

이어 서예가로서 가장 행복한 일은 역사적으로 유명한 옛 대가들의 진품을 육안으로 직접 보고 감상하는 일이라고 하였다. 그런 점에서 선생님은 나를 안복眼福을 타고난 팔자가 좋은 사람이라고 하였다. 나는 일찍 무역회사에 근무하면서 약 60개 국을 돌아다녔고, 덕분에 그곳의 박물관과 미술관 등을 찾아 많은 진품을 볼 수 있었기 때문이다. 요즘은 누구나 돈과 시간만 있으면 이런 여행이 가능한 세상이지만, 1970년대와 80년대 초까지만 하여도 정말 하기 힘든 문화여행이었다.

정하건은 진품을 직접 보기 힘든 시절 나름대로 독특한 방법을 고안한 것이다. 즉 국내의 박물관을 찾아 좋아하는 추사의 진품을 자주 접하고, 이때 같은 작품의 사진이 실린 도록이나 화집과 비교 분석하는 것이다. 이런 과정을 수없이 반복하고 계속하다 보면, 어떤 도록의 사진만 보아도 진품의 상태를 짐작하고 머릿속에 그려낼 수 있는 판별력과 감상의 안목이 생긴다는 것이다.

그동안 추사의 진품과 작품사진을 비교 분석하여 얻은 실력으로 막상 소동파, 미불 두 대가의 작품과 마주하고 보니 선생님 자신이 도록을 보며 이미지로 그려본 진품의 상태보다는 못한 듯하다는 이야기를 들려주었다. 아마 소동파와 미불이라는 중국 서예계의 양 대가에 대한 기대가 그만큼 컸나 보다. 그러면서 "추사는 역시 추사야, 추사 선생님 같으신 분이 없어!"라는 말을 덧붙였다.

이런 성격의 정하건은 스승이 되는 검여 유희강보다 더 칼 맛이 나는 필획의 글씨를 썼다. 그의 스승에 대한 정성스런 마음과 흠모의 정은 그의 별호別號에서도 알 수 있다. 그는 송천松泉이라는 호의 한글풀이인 '솔샘' 이외에도 몇 개의 다른 호를 즐겨 쓰는데, 그중에

'소검재蘇劍齋'는 소동파와 검여, '사검재史劍齋'는 추사와 검여 선생을 기리는 뜻에서 즐겨 쓰는 듯하다.

정하건은 한때 호암 이병철 회장을 개인지도했다. 당시 비서실에서 처음 부탁을 드리려 왔을 때 송천은 다음과 같이 말했다고 한다.

연로하신 관계로 힘차고 좋은 글씨를 쓰기에는 이미 시작이 늦으신 감이 있습니다. 이점을 전제로 욕심 없이 글씨를 배우신다면 지도해 보겠습니다. 단 두 가지 조건이 있습니다. 나도 바쁜 사람이니 회장이 부득이 자리를 비우시는 날은 미리 사전에 연락을 주시어 헛걸음을 치는 일이 없도록 해줄 것과, 교통편만 마련하여 주신다면 일체의 조건은 다른 개인지도를 받는 사람과 똑같은 조건으로 하겠습니다.

후일 7년을 계속하여 송천 선생과 서예를 함께 공부한 다음 친숙하여진 이병철 회장은 다음과 같이 말했다고 한다.

제가 서예 선생님을 구하고자 비서실을 통하여 여러 선생님을 접촉하여 본즉 모든 분들이 아무 조건도 없이 나서서 지도를 자청하였습니다. 송천 선생만 조건을 내걸었고, 그 조건이 아주 합당하였다고 생각하였습니다. 그리고 제가 여러 서예가들과 교류하고 글씨를 받아본 결과 대부분의 선생님들이 자기 글씨는 잘 쓰셨으나, 지도를 하는 데는 별로라는 생각을 금할 수 없었습니다. 또한 곧은 성격과 바른 몸가짐을 갖고 사시는 송천 선생께 배우는 동안 한결 같은 마음과 정신에 감동하였습니다.

송천은 아마 고 이병철 회장이 연로하게 된 다음에도 깍듯이 선생
으로 모신 유일한 사람이었을 것으로 생각된다. 송천과의 서예 공부
에 대하여 이 회장은 그의 자서전 《호암자전湖巖自傳》에서 다음과 같
이 회고하고 있다.

망중한忙中閑의 집무실에서 오전 한때를 서예로 보내는 것도 최근
수년래의 습관이 되고 있다. 먹을 갈고 붓을 잡으면 온 정신이 붓끝
에 집중되고 숙연해진다. 내가 어려서 글씨를 익힌 것도 펜이나 연
필이 아닌 붓이었다. 붓은 손에 익은 터이나 글씨가 서투르다. 서예
가 정하건 선생의 지도를 받으며 임서臨書를 해봤지만 여의치 않다.
특별한 서체도 아닌 어중간한 서체이지만, 무심히 그은 일획, 일점
의 운필이 마음에 들 때의 희열이란 이루 형언할 수 없다. 글귀는
대개 경서經書에서 따고 있으나, 삼성 각사의 사장들의 휘호 요청
이 있으면 그 회사 특성에 맞는 성구도 써본다.
내가 아무리 정진 노력을 한들, 남에게 자랑할 만한 글씨를 쓸 수
있을 리 없다. 다만 스스로 마음을 바로 잡기 위하여 글씨를 써볼
따름이다.

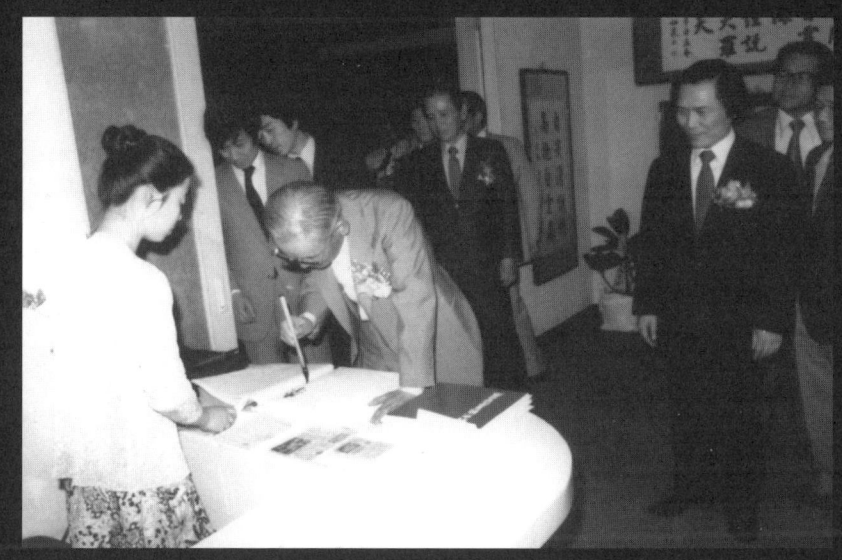

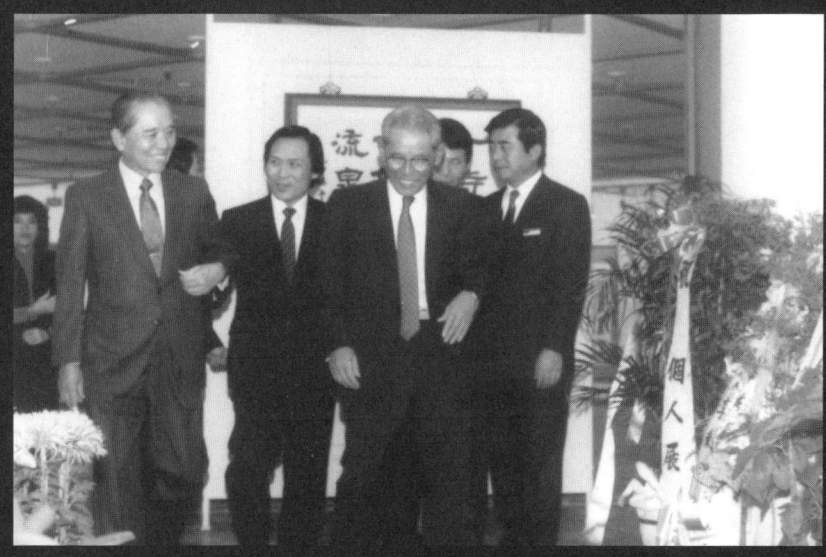

개막 테이프를 끊고 방명록을 쓰시는 호암 이병철 삼성그룹 회장 (위)
송천 정하건 선생으로부터 작품 설명을 듣고 있는 호암 이병철 회장과 중앙일보의 홍진기 회장 (아래)

삶의 환경을 모두 좋은 글씨를 위하여 꾸미다

정하건은 서예가에게 가장 이상적인 집을 짓고 살고자 하였다. 나는 일찍 송천 정하건이 서울 수유리 옛집에 살 때부터 문안을 다닌 까닭에, 구봉루九峰樓를 지은 전 과정을 비교적 소상히 알고 있다. 그는 북한산의 인수봉, 백운대, 만경대와 도봉산의 자운봉과 만장봉 및 수락산 등 아름다운 아홉 봉우리가 마주 보이는 곳에 일찍 집터를 장만하였다. 송천은 자그마한 살림집 한 채를 먼저 장만한 다음 한참을 비좁게 살다, 여유가 생기자 옆집을 사들인 다음 두 집을 튼 터 위에 '구봉루'를 지었다. 그는 대부분의 사람들이 편의를 핑계로 아파트로 살림을 옮기던 시절에도 미련하리 만치 자그만 집을 지키며 살았다. 그에게 중요한 것은 집값이 아니라, 좋은 글씨를 쓰기 위해 오래 살 수 있는 환경과 서울의 명산인 북한산과 도봉산의 기운을 흠뻑 받을 수 있는 집터였다.

북한산과 도봉산, 수락산이 병풍처럼 둘러쳐진 수유리의 절묘한 집터에 위치한 구봉루의 서재에 오르면 그림처럼 아름다운 봉우리들이 한눈에 들어온다. 이곳은 산의 정기를 듬뿍 받을 수 있는 위치다. 정하건은 이 집을 오직 자신의 서예 공부를 위하여 지은 듯하다. 밖으론 산을 마주보며 공부와 사색하기에 좋은 장소에, 안으론 선인들의 작품과 저술로 빼곡하게 채워진 집이란 살고 있는 주인의 인품 그 자체라 할 수 있다.

벽을 따라 책장으로 꾸민 서재는 바닥부터 천정까지 서예와 그림, 한학과 시문에 관한 책으로 가득하다. 벽쪽 책장을 빼고는 너른 서재

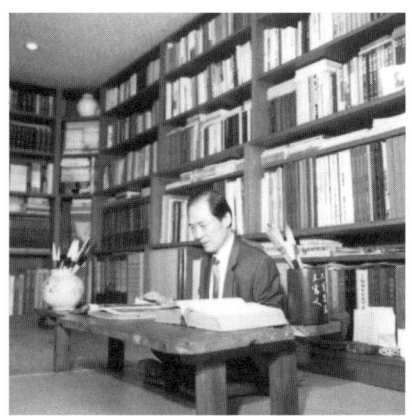

구봉루 서재 안에서 독서하는 정하건

가운데를 텅 비워둔 공간은 주인의 성격과 같이 깔끔하게 정돈되고 넉넉하다. 서재의 한 모퉁이에 크지 않은 한옥의 방을 하나 들여 주인이 책을 읽고 공부를 하는 곳으로 삼고 있다. 이 방의 안쪽 벽에는 옛사람들의 솜씨를 재현하여 만든 수수한 모양을 한 벽장이 운치를 더하고 있다.

3층 서재를 지나 옥탑을 개조하여 만든 또 하나의 서재로 들어서면 마치 서울 인사동의 골동품 가게에 들어온 것 같은 기분이 든다. 만지기만 하면 부스러질 것같은 옛 필사본의 한적, 오랜 세월 사람의 손때가 묻은 탁본과 법첩들, 추사의 글씨를 새긴 현판 등이 예스럽다. 이 방은 정하건이 서예 공부를 위하여 평생을 모아온 고서와 서화의 작품들로 빼곡하다. 수많은 고서와 명첩名帖, 서화들 사이 사이에는 손수 탐석探石 여행을 하며 평생을 모아온 기기묘묘한 수석들이 운치 있게 놓여있다. 사방 벽에는 옛 건물에 걸렸던 오래된 현판懸板과 주련柱聯들, 판각板刻 작품들이 자연스럽게 붙어 있거나 기대어 있다. 모두 빼어난 안목으로 찾아내 수집한 명품들이다. 이들 진열된 물건은 하나같이 그의 높은 안목과 공부의 과정, 그리고 종합적 예술관을 짐작케 하는 수집품들이다. 정하건이 고서화 감식에도 높은 안목을 갖게 된 연유가 다 이들을 살피며 감상하는 가운데 생겨난 것이다.

나는 정하건의 서예를 향한 열정적 삶의 흔적과 묵향만큼이나 진한 그의 학문과 인품이 배어 있는 구봉루의 서재를 좋아한다. 이 서재는 일찍 고등학교 때 서예에 입문해 평생을 서예 예술을 향한 뜨거운 열정과 집념으로 살아온 그의 예도藝道의 결실이다. 나는 이 서재를 방문할 때마다, 진정한 삶과 성공이란 항상 꿈꾸고 이를 성취하기 위해 꾸준히 노력한 사람의 몫이라고 생각하게 된다. 정하건이 손수 집터를 장만하여 짓고 살고 있는 이 집이야말로 그의 어느 작품보다도 서예가로서의 그의 면모와 예술정신을 웅변적으로 말하고 보여주는 곳이다.

추사의 예서를 뛰어넘어

정하건은 예서에서 이미 추사를 뛰어넘은 경지에 다다른 듯하다. 나는 그의 예서를 특히 좋아하는데, 그의 성격과 같이 단아하고 균형

잡힌 작품을 보면 얼마나 한나라 이래 옛 비석에 숨겨진 아름다움을 잘 이해하고 연구하였는지 알 수 있다.

특히 정하건의 대표작인 〈강장소시康長素詩〉를 보면 그가 얼마나 예서를 비롯한 모든 서체를 열심히 공부하였는지 엿볼 수 있다. 그는 이 작품의 필획 하나 하나마다 자신이 터득한 옛 필법의 정수를 담아 썼다. 송천은 이 작품에서 그의 방필과 원필을 모두 섞어 쓰면서 삼과절三過節의 필법을 잘 드러내고 있다. 필획은 장중하며 화선지에 쓴 글씨라기 보다는 비석에 새긴 글씨를 보는 듯하다. 글자의 형태는 때로는 해서와 전서의 의취意趣를 띠고 있으나, 때로는 한비漢碑 예서의 모습을 하고 있다. 그는 이 작품에서 자신이 갈고 닦아온 북위北魏의 비석에서 따온 필획의 맛과 멋에 남첩南帖에서 배운 운치를 더하였다.

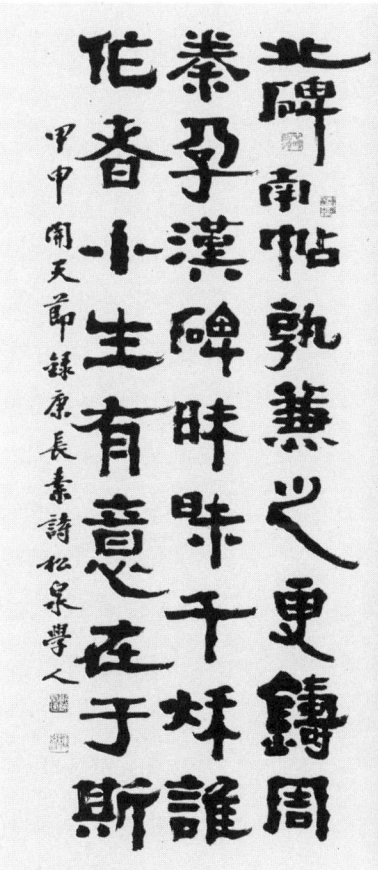

정하건, 〈강장소시康長素詩〉, 2004, 138×58cm

北碑南帖孰兼之	북조 비석 글씨와 남조 서첩의 글씨를 누가 겸하여 쓰며
更鑄周秦孕漢碑	다시 주나라 진나라 금문과 한나라 비석의 글씨를 잉태하나.

| 昧昧千秋誰作者 | 어둡고 어둔 세월에 누가 이런 글씨를 쓸 사람인가? |
| 小生有意在于斯 | 소생의 뜻은 바로 여기에 있다네. |

정하건은 강장소가 쓴 시에 망라된 북비와 남첩과 주진周秦의 금문金文과 한비漢碑의 글씨를 모두 소화하여 이 한 작품에 녹여내었다. 욕심 많은 서예가의 욕심 넘친 작품이라고 하겠다.

이 작품은 형태미만 추구하여 날렵하고 우아한 예서나 예쁜 글씨만을 쓰는 데 그치고 있는 요즘 서예가들의 작품에서는 쉽게 볼 수 없는 정하건만의 서체들이 잘 드러나 있다. 한마디로 미련스러우리만치 우직하게 공부한 끝에 나올 수 있는 글씨다.

송천 예서의 창의성을 보여 주는 또 다른 작품들을 보자.

〈중암첩장重巖疊嶂〉(겹겹이 우뚝 솟은 산봉우리)과 〈천도백련千陶百鍊〉은 정하건이 1995년 제4회 개인전과 2005년 고희전에서 선보인 예서의 대표작들이다. 10년 세월을 사이에 두고 제작된 두 작품에서 정하건의 독특한 예서를 읽을 수 있다.

〈중암첩장〉이라고 쓴 작품은 아마 자신의 서재 구봉루九峰樓에서 마주 보이는 북한산과 도봉산의 바위 풍경을 그린 듯 쓴 작품 같다. 웅장하고 엄숙하기조차 한 바위들의 모습을 특유의 장중하고 무거운 예서의 필법으로 잘 표현하고 있다. 특히 '장嶂' 자는 병풍처럼 깎아지른 듯한 모습을 그린 듯 마지막 획을 길게 화선지의 끝까지 늘어뜨렸다. 그리고 이 획으로 생긴 공간에 긴장감을 주기 위하여 아호인과 성명인 두 개의 붉은 도서만 찍어 잘 처리하고 있다.

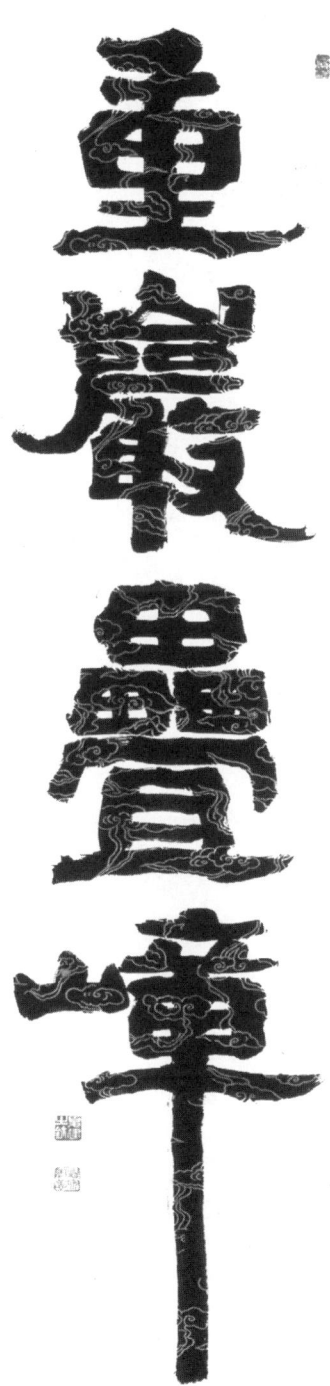

정하건, 〈중암첩장〉, 1995, 137×35cm

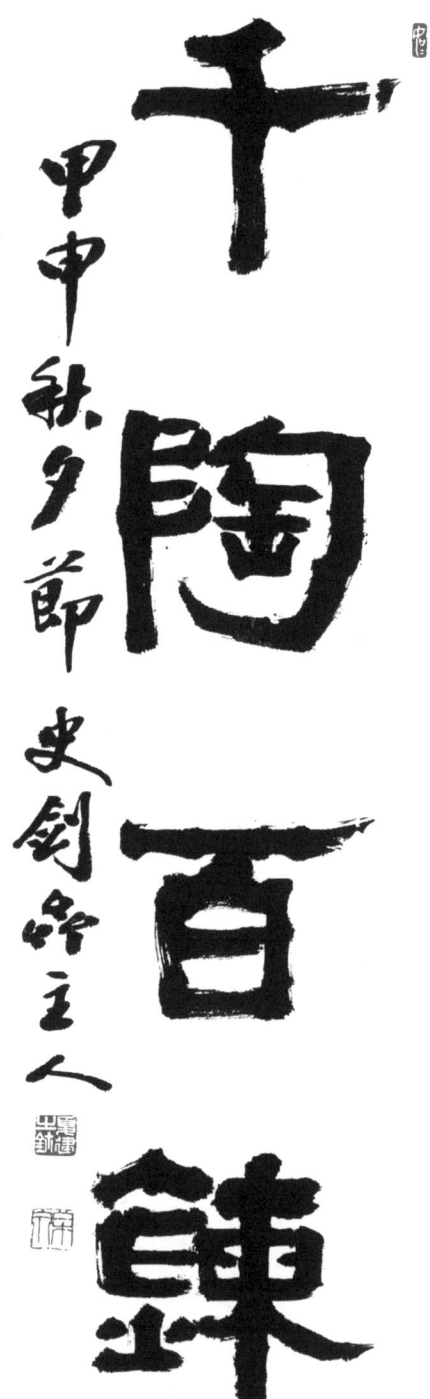

정하건, 〈천도백련千陶百鍊〉, 2004, 95×27cm

그가 오랜 세월 수유리 3층 서재에서 마주 바라보면서 산의 기운을 가득 받아들였음을 이 글씨에서 읽을 수 있다. 필획은 큰 산의 바위만큼이나 무겁고 고졸하다. 예서의 필법으로 썼으나 결구는 전서와 해서의 의취意趣를 살렸다.

〈천도백련〉은 그 자신의 공부하는 자세와 삶의 태도를 그린 듯하다. "천 번을 도야하여 굽고 백 번을 단련한다"고 쓴 이 작품을 통하여 나는 그가 진지하게 자강부식自彊不息(스스로 힘쓰며 쉬지 않고 공부)하는 모습을 그려본다. 이 작품에서 정하건류의 개성 있는 예서를 볼 수 있다. 필획은 장중하고 단단하기가 쇠뭉치와 같다. 필획은 예서의 멋과 운치를 잔뜩 풍기고 있으나 기본적인 결구는 해서의 완벽함을 취하였다. 네 글자의 무거운 느낌을 낙관의 행서로 자연스럽게 풀어 주고 있다. 이제 〈만해선생구萬海先生句〉를 보자.

紅梅開處禪初合	붉은 매화 핀 곳에서 첫 선정에 들고
白雨過時茶半淸	소나기 지난 다음 차를 마시며 개이는 날씨를 즐긴다.

다음은 〈독전산수락獨專山水樂〉이다.

獨專山水樂	홀로 자연을 즐긴다.

이 두 예서 작품의 필획은 앞의 작품들보다 필획이 훨씬 부드럽고 결구 또한 여유롭다. 방필과 원필을 적당히 섞어 쓴 까닭이다. 나는

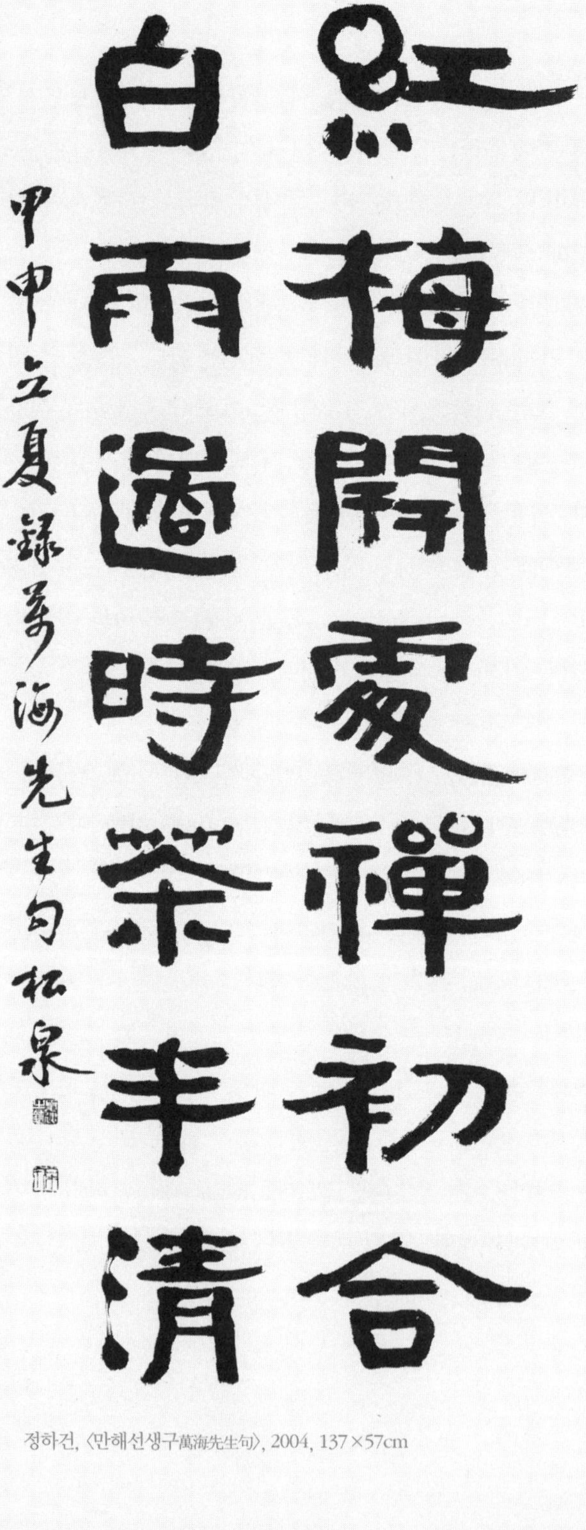

紅梅開夏禪初合
白雨遍時茶半清

甲申之夏錄萬海先生句松泉

정하건, 〈만해선생구萬海先生句〉, 2004, 137×57cm

정하건, 〈독전산수락獨專山水樂〉, 1995, 82×68cm

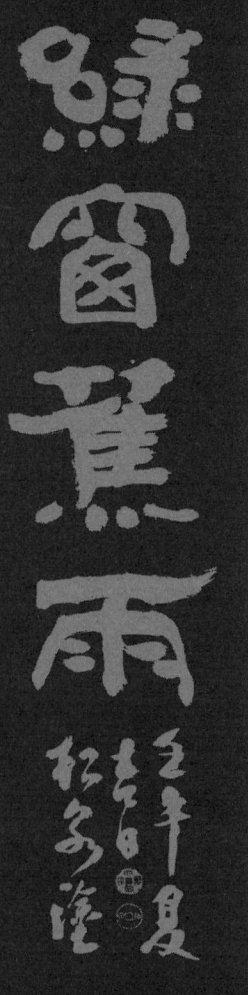

정하건, 〈녹창초우綠窓蕉雨〉,
2004, 98×23cm

그의 예서가 경지에 올랐음을 이들 작품을 통하여 읽을 수 있다. 자연을 사랑하고 계절의 변화를 즐기며 글씨의 삼매경에 빠져 있는 정하건의 모습이 글에 그대로 나타난다.

綠窓蕉雨   푸른 창 너머 파초에 내리는 비

좀처럼 멋을 부릴 줄 모르는 정하건도 〈녹창초우綠窓蕉雨〉에서는 필획과 결구, 그리고 획의 변화와 향배에서 잔뜩 멋을 부리고 있다.
정하건은 행서와 초서, 전서에서도 고법에 충실하면서 개성 있는 스타일을 창조하여 높은 경지를 보여준다.

松高宜宿鶴 소나무 높은 곳에는 의당 학이 머물고
湫黑定藏龍 검은 늪 용을 감추고 있다.

이 행서 작품 〈송고추흑松高湫黑〉을 보면 정하건의 행서가 얼마나 충실한 해서에 바탕을 두고 발전되었는지를 알 수 있다. 결구는 탄탄하며 필획은 굳건하다. 전절은 분명한 가운데 날카롭다. 매우 장중한 행서다. 나는 정하건의 네 번째 개인전을 하루 앞둔 저녁 그의 작품들이 궁금해 화랑에 미리 들렀다. 개인전에 늦게 찾았다가 좋은 작품을 놓친 경험이 몇 번 있기 때문이다. 그리고 그곳에서 〈송고추흑〉을 발견하고 소장하게 되었다.

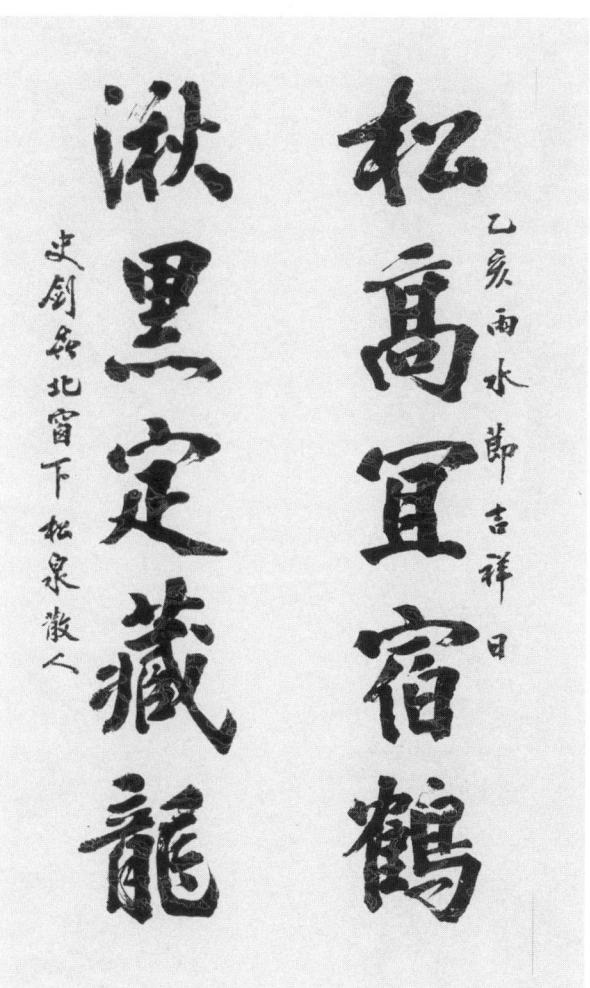

정하건, 〈송고추흑松高湫黑〉, 1995, 각 폭 136×34cm, 김종헌 소장

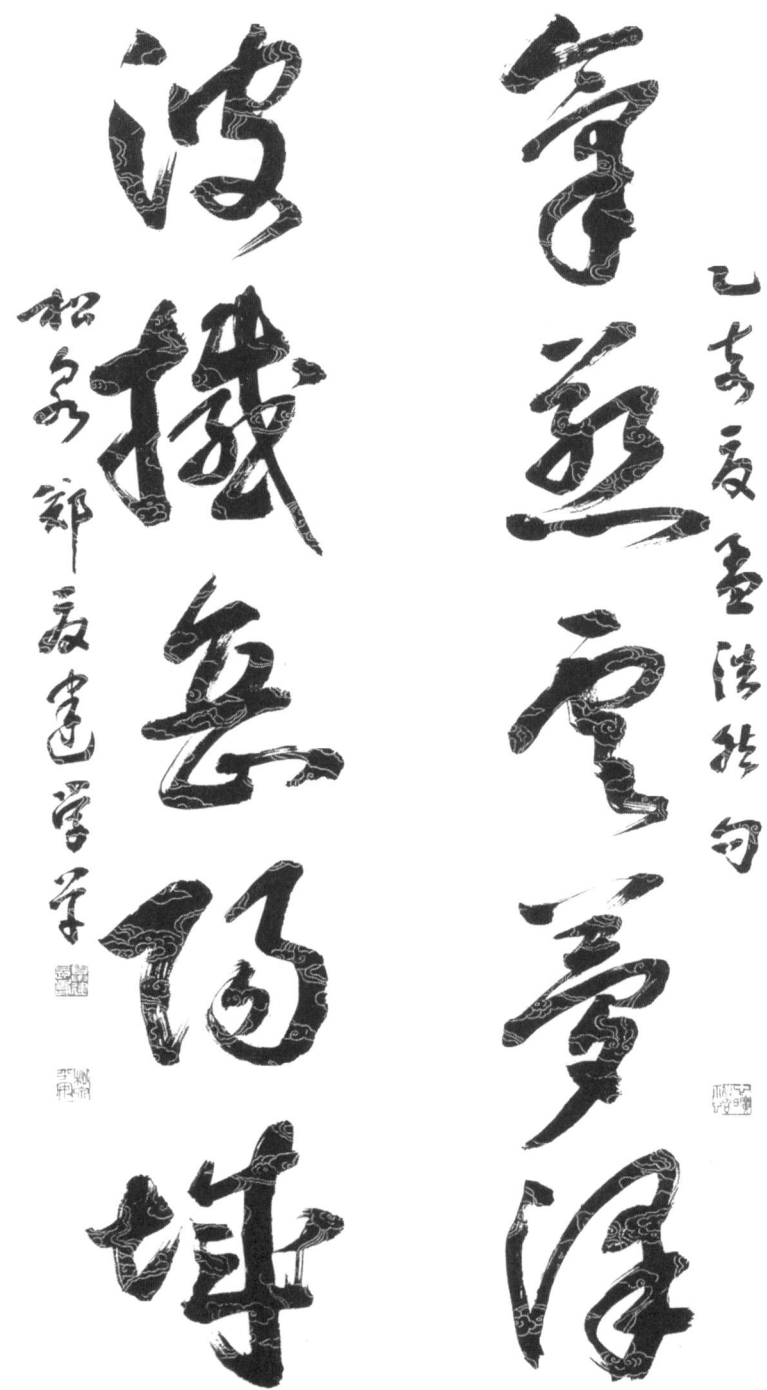

정하건, 〈맹호연구句(孟浩然句)〉, 1995, 각 폭 136×35cm

氣蒸雲夢澤　　안개 구름은 동정호 못을 이루길 꿈꾸며
波撼岳陽城　　동정호의 호숫물은 악양성을 흔들고자 한다.

초서 작품의 운필은 부드럽고, 필획의 연결은 자연스럽다. 견실한 해서와 행서에 바탕을 둔 까닭에 필획이 흐트러지거나 좀처럼 미끄러지는 일은 없다.

정하건의 고졸한 전서 작품을 보자. 〈사야민화산단수四野民和山多壽〉에서 한글자 한글자 아주 단순한 형태의 고졸한 전서를 모아 쓰면서, 오히려 세련된 해서로 착각할 만큼 기묘한 필법을 쓰고 있다.

四野民和山多壽　　사방 들에 사는 많은 백성은 화합하고 산
　　　　　　　　　의 수명은 길고 영원하다.

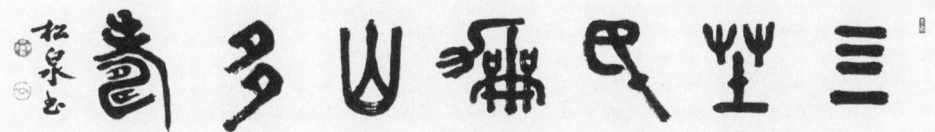

정하건, 〈사야민화산다수四野民和山多壽〉, 2004, 23×133cm

정하건은 2004년 그의 칠순전에 필생의 역작이라 할 수 있는 대작을 선보여 많은 사람을 놀라게 하였다. 그는 대표작으로 정약용의 〈목민심서율기편牧民心書律己篇〉 전문을 6×12m 크기의 작품에 담았다. 이 웅건한 필치의 행서 작품은 전시회가 열린 예술의 전당 서예

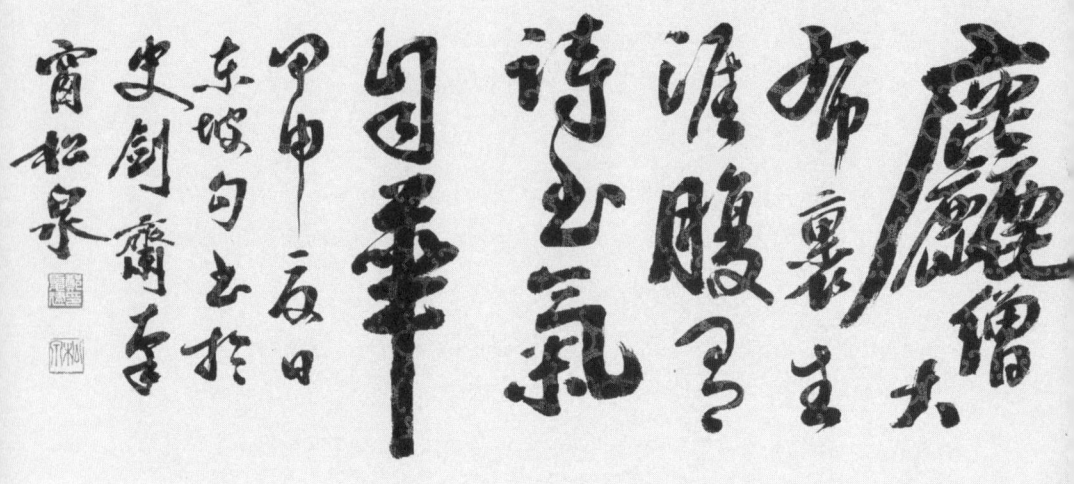

정하건, 〈복유시서腹有詩書〉, 2004, 60×138cm

관 2층과 3층이 뚫린 중앙 홀의 벽면을 천정에서 바닥에 이르기까지 가득 채웠다. 도대체 어디서 이런 필력이 나오는지 알 수 없다. 이런 대작의 글씨를 처음부터 끝까지 고르게 한 점 흐트러짐 없이 쓴다는 것이 얼마나 어려운지를 나는 잘 알고 있는 까닭에 이 작품 앞에 섰을 때 일종의 전율조차 느꼈다. 이 작품은 크기가 너무 커서 이 책에 그 모습을 다 사진을 실을 수 없는 점이 안타깝다.

　그러나 내가 더 주목한 작품은 이런 대작보다는 〈복유시서腹有詩書〉와 같은 정하건이 새롭게 보인 행초서 작품이다.

그의 행서가 더욱 발전하여 행초서로 옮겨 가면서 다소 경직되고 단아함을 벗어나 자유로운 장법과 함께 부드러운 필획을 보이기 시작한 것이다. 정하건이 칠순전 이후에 서예에서 추구하려는 예술세계의 한켠을 이 작품을 통하여 엿볼 수 있다. 필획은 작고 큰 것이 서로 잘 어우러진 가운데 그 뜻과 글자의 모양이 묘한 일치를 보이고 있다. 행기行氣도 자연스러워 전체적으로 윤택한 운필의 기운이 작품에 잘 나타나 있다.

한글서예의 발전을 도모하여

정하건은 고등학교 재학 중에 한글서예로 국전에 입선해 서예가의 길에 들어선 사람이다. 그는 꾸준히 한글서체를 익히고 개발하고 있다. 그의 다양한 한글서체들을 살펴보자.

한글서예도 그의 한문서예의 기량과 더불어 변화하고 발전하고 있음을 알 수 있다. 2004년 고희전에서 선보인 새로운 형태의 국한문 혼용의 한글 행서 글씨를 보면 그렇다.

나는 平生을 살면서 두 가지 일을 實踐하며 살아가고 있다. 하나는 萬卷의 책을 읽고 모으는 일이고, 다른 하나는 萬里 길을 旅行하는 일이다. 내가 일찍 다음과 같은 句節에 影響을 받은 까닭이다. 우리는 앞서간 사람들이 지은 좋은 책 萬卷쯤을 읽음으로써 높은 教養과 知識을 얻을 수 있고 萬里 길을 멀다 하지 않고 두루 天下를

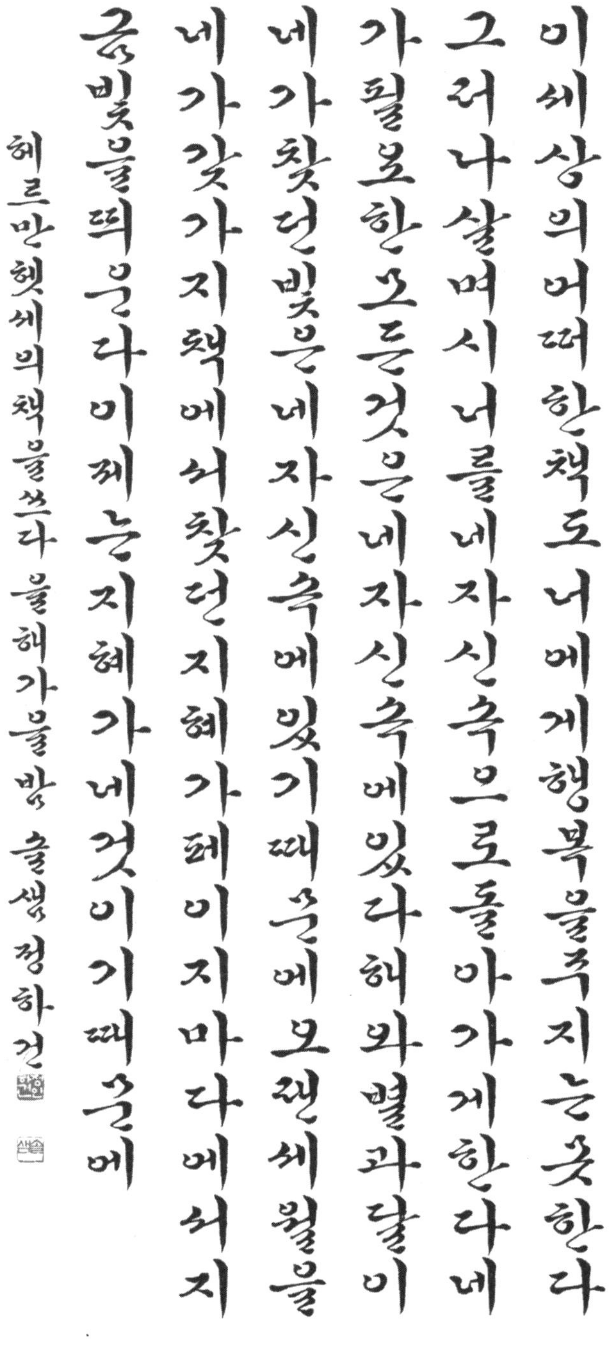

이세상의어떠한책도너에게행복을주지는못한다

그러나살며시너를네자신속으로돌아가게한다네

가필요한모든것은네자신속에있다해와별과달이

네가찾던빛은네자신속에있기때문에오랜세월을

네가갖가지책에서찾던지혜가페이지마다에서지

금빛을띄우다이제는지혜가네것이기때문에

헤르만헷세의책을쓰다 을해가을밤 을샘 정하건

정하건, 〈헤르만 헷세의 책〉, 1955, 122×56cm

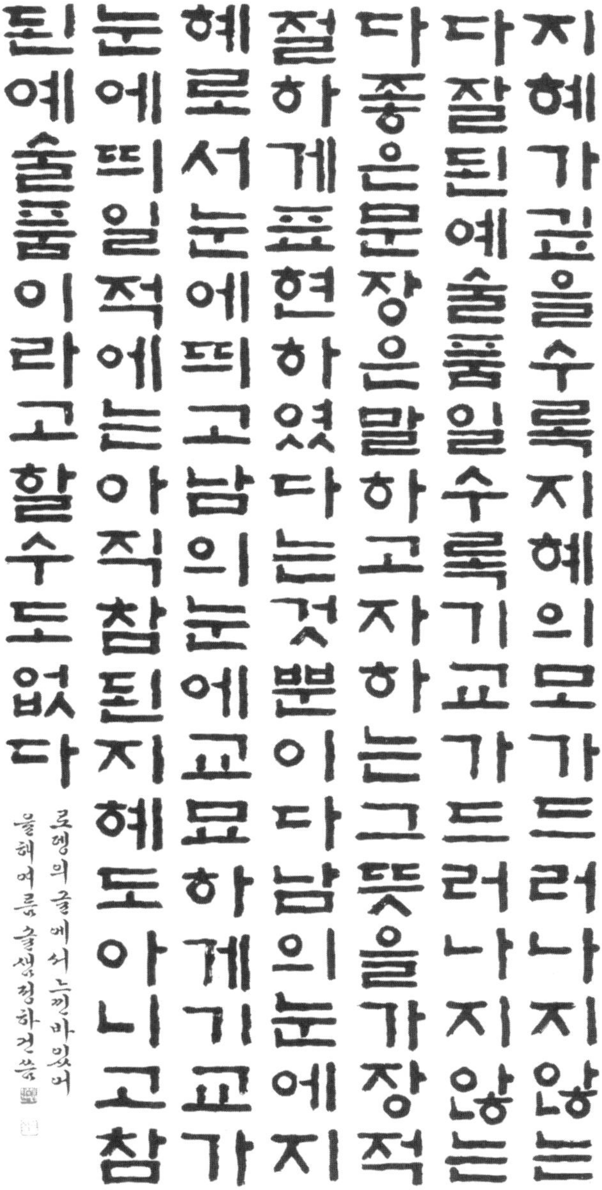

지혜가깊을수록지혜의모가드러나지않는
다잘된예술품일수록기교가드러나지않는
다좋은문장은말하고자하는그뜻을가장적
절하게표현하였다는것뿐이다남의눈에지
혜로서눈에띄고남의눈에교묘하게기교가
눈에띄일적에는아직참된지혜도아니고참
된예술품이라고할수도없다

로뎅의글에서 느낀바있어
을해여름 을샘정하건씀

정하건, 〈로뎅의 글〉, 1995, 180×90cm

돌아다니며 見聞을 넓힘으로써 넓은 眼目과 世上에 대한 理解를
얻을 수 있다고 생각한다. 역사상의 좋은 古典의 책들을 두루 읽음
으로써 垂直的인 知識의 獲得을 꾀하고, 널리 旅行을 通하여 水平
的인 經驗의 蓄積이 가능하다고 생각한다. 讀書와 旅行만이 우리
의 思考를 깊게 하고, 認識의 폭을 넓히며, 均衡이 잡힌 判斷으로
이끈다고 생각한다. 讀書와 旅行은 平生을 通하여 힘쓸 일이다.
갑신년 초가을 새벽에 居亮 金鍾憲의 글을 松泉 鄭夏建 쓰다.

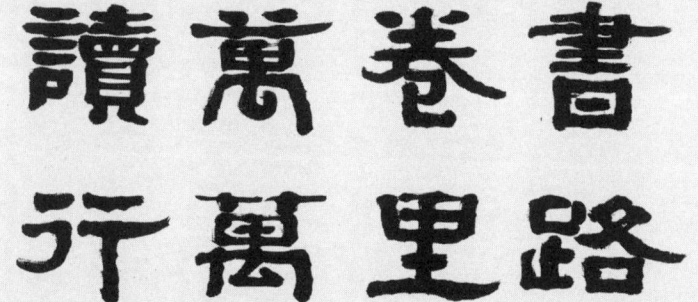

정하건, 〈독만권서讀萬卷書〉, 2004, 132×125cm, 김종헌 소장

아무리 한문서예의 글씨가 빼어나다고 해도 감상자가 없는 서예는 생명이 없는 예술에 머물고 만다. 아무리 한문 수 백자 수 천자의 큰 작품을 써도 그 내용을 감상하는 사람들이 읽고 이해할 수 없다면, 글씨를 통해 서예가의 사상과 감정을 전달하는 서예의 중요한 기능을 상실하는 것이다.

이런 의미에서 〈독만권서〉는 매우 뜻있는 시도라고 생각된다. 우선 옛사람들이 대련 작품에서 즐겨 쓰던 협서脇書의 양식을 가로쓰기의 형태로 바꾸어 쓴 구상이 뛰어나다. 또한 크게 쓴 한문 여덟 자의 예서 글씨를 중앙에 처리하여 한문서예가 가지는 조형성과 필선의 아름다움을 보인 다음에, 국한문 행서로 그 여덟 글자의 뜻을 풀어나간 구도도 빼어나다. 작품 속의 예서와 국한문 행서 모두 득의에 찬 글씨다.

사실 이 작품은 나에게는 또 다른 의미가 있다. 정하건이 쓴 이 글은 2004년 우리 부부의 결혼 30주년을 기념하여 출판한 문집에 실린 글의 한 토막인 까닭이다. 그가 용케도 별 글재주도 없는 사람의 글을 작품화하여 주었으니 기쁨은 더욱 크고 작품의 의미 또한 색다른 것이라 하겠다.

나는 정하건이 앞으로도 한글서체의 개발과 국한문 혼용의 새로운 장르를 계속 창작하여 나갈 것으로 믿는다.

시서화 삼절의 경지를 향하여

정하건은 고희전을 열면서도 아직 문인화 솜씨를 세상에 보이지 않았다. 나는 전시회장에서 그를 만나 왜 문인화를 선보여 시서화 삼절의 경지를 보이지 않느냐고 재촉하였다. 정하건은 이런 대답을 하면서 빙긋이 웃었다.

많은 분들이 거량 선생과 똑같은 말씀을 해주고 가셨습니다. 얼마를 더 살는지 모르겠으나, 다행히 70을 넘겨 이제껏 배워온 글씨 솜씨를 일단 이번 전시회를 통하여 정리하고 종합하여 펼쳐보았습니다. 이제부터는 그간 쌓아온 내공內功을 하나둘 풀어가며 보다 열린 작품을 제작할 생각입니다. 물론 문인화도 선 보일 생각입니다.

정하건은 전시화가 끝나고 1년쯤 지난 어느 날 인사동 서실을 찾은 나에게 넌지시 그림 몇 점을 펼쳐 보였다. 사군자 그림을 보여 주겠지 하고 지레짐작을 한 나의 예상은 완전히 빗나갔다.

정하건이 세상에 처음 내어 논 그림은 뜻밖에도 〈추사고택도秋史古宅圖〉였다. 예산에 있는 추사 고택 이미지를 담은 이 그림의 중앙에는 '석년石年'이란 추사의 글씨가 새겨진 해시계가 위치하고 있고, 뒤로는 추사의 옛집이 보인다. 집에는 추사체의 주련이 네 개가 걸렸다. 이 그림은 반진경반사의半眞景半寫意라 할 수 있는 독특한 그림이다. 정하건은 뜻밖에도 이 그림에 다음과 같이 한글로 제발을

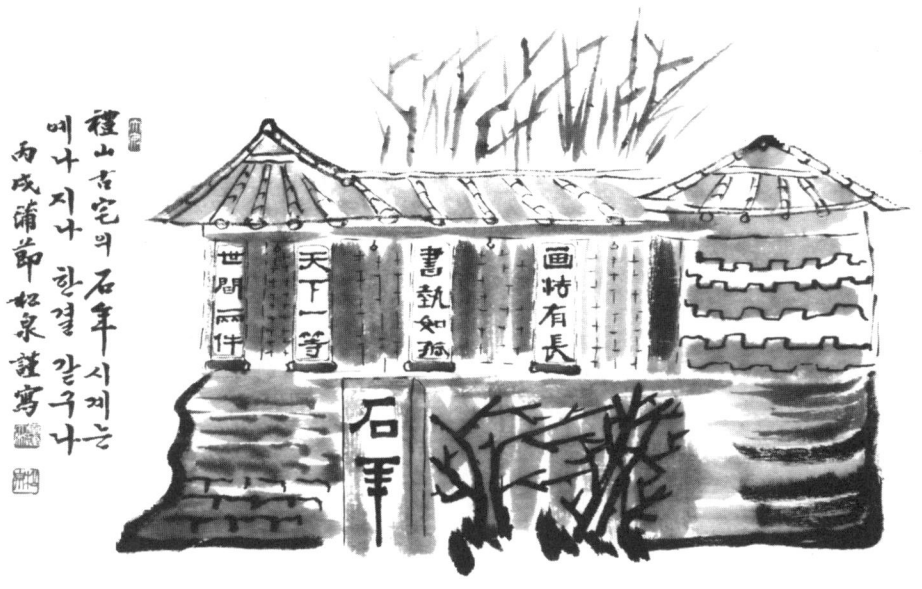

정하건, 〈석년石年〉, 2006

써넣었다.

　　예산 고택의 석년 시계는
　　예나 지나 한결 같구나.

　　정하건의 추사에 대한 흠모와 존경의 마음을 깊이 느낄 수 있는 작품이다.
　　두 번째 그림은 송천의 서재 구봉루에서 마주 본 인수봉仁壽峯을 그린 바위 그림 〈모기고학기중慕其高學其重〉이다. 역시 매일 서재의 창 넘어 마주 보이는 웅장한 봉우리의 모습이 힘찬 필세로 더욱 웅건하게 보인다. 이 또한 반진경반사의라 할 수 있는 그림이다.
　　주석도柱石圖보다 훨씬 큰 스케일의 인수봉을 그린 이 그림의 필선筆線은 자연 서예가의 필획이 아니면 낼 수 없는 힘과 단순함을 지니고 있다. 정하건은 특유의 예서체로 다음과 같은 제발을 써넣었다.

　　慕其高 學其重　　　　봉우리의 높음을 흠모하며 바위의 장중함
　　　　　　　　　　　　을 배운다.

　　나는 정하건이 그동안 추구해 온 문인화의 세계가 종래의 사군자 위주의 추상적 사의화가 아니고 실제 생활에서 만나는 대상을 그린 점을 매우 재미있게 생각하였다. 나는 그가 언젠가 자신의 혼신을 불어넣어 그리고 쓴 서화가 어우러진 작품이 더 많이 나오는 날을 고대한다. 그리고 그가 그때까지 건강하기를 간절히 바랄 뿐이다.

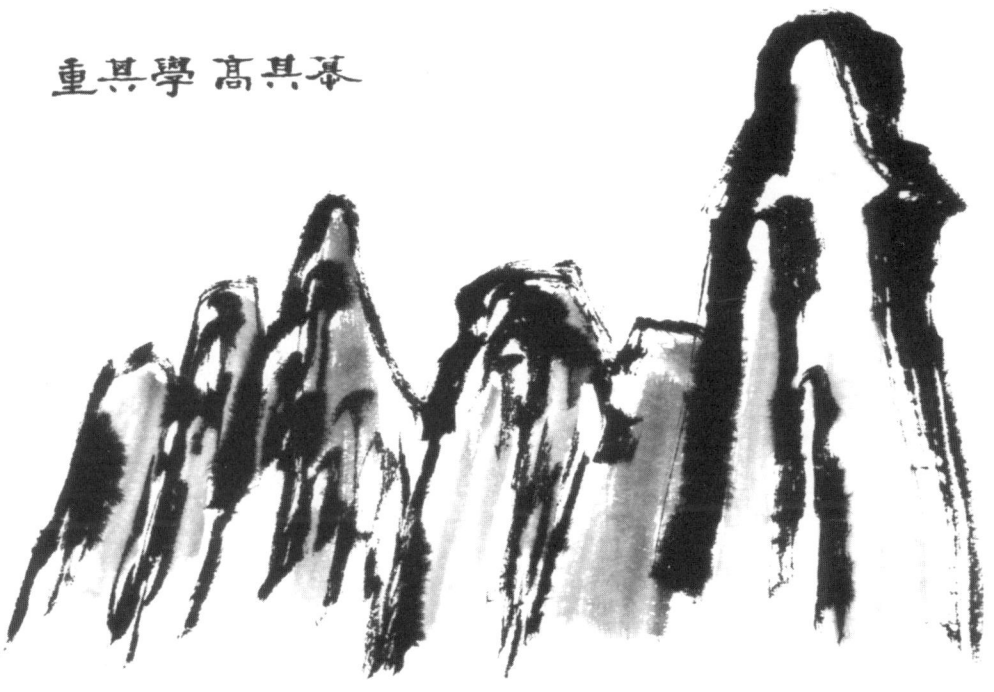

정하건, 〈모기고학기중慕其高學其重〉, 2006

정하건은 스승 검여 유희강이 50 중반의 나이에 예술적 몰두와 술로 인해 건강을 헤치는 바람에 추사를 뛰어넘으려 하였던 노력이 좌절된 것을 누구보다도 잘 알고 있다. 그래서 그는 예술에 몰두는 하되 건강을 헤치지 않고자 술과 담배를 일절 안 하고 있다.

　　정하건은 맑고 굳센 청경한 글씨와 웅장하고 막힘이 없는 웅혼雄渾한 글씨를 추구한다. 그는 시류時流에도 휩싸임 없이 오로지 자기의 목표를 위하여 한걸음 한걸음 나아가는 사람이다. 그는 이제 70을 넘긴 나이에 긴 서예의 마라톤 마지막 단계에 들어가 그의 투혼을 살려 마지막 줄달음질을 하려고 한다.

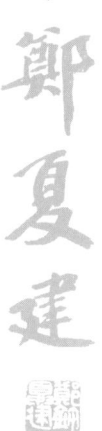

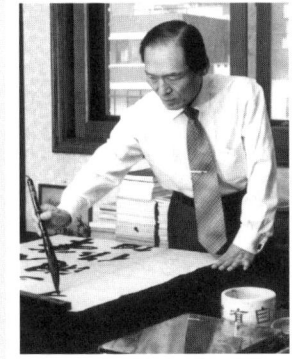

송천松泉 정하건鄭夏建(1935~현재)

1935년 출생. 1975년 국전 제24회 특선─문화공보부 장관
상. 1977년 국전 제26회 특선, 제1회 개인전. 1978년 국전 제
27회 특선─문화공보부 장관상, 서예부문 최고상. 1981년 제
2회 개인전. 1985년 제3회 개인전. 1987년 동아미술전 심사
위원. 1990년 제2회 대한민국서예대전 운영위원장. 1991년
제2회 한일서화대전 심사위원장. 1993년 한국미술대전 심사
위원. 1995년 제4회 개인전─회갑전. 2001년 사단법인 한국
서가협회 회장. 2005년 제5회 개인전─칠순전.

⊙ 에필로그

추사 김정희를 뛰어넘어, 판교 정섭을 극복하여

　서예를 공부하다 보면 때때로 글씨는 늘지 않고 짜증스러울 만치 전혀 예술적 진척이 없을 때를 만난다. 또한 아무리 열심히 임서를 하고 나름대로 새로운 창작을 꾀하여도 선인들이 이루어놓은 경지를 조금도 극복하지 못하는 경험을 하게 된다. 서예가 개인뿐만 아니라 서예계 전체가 이런 정체기에 빠질 수 있다. 이때 돌파구를 만들고 뚫고 나아가는 창조적인 예술가들이 있다.

　판교 정섭과 추사 김정희가 태어나 활동을 시작하던 시대, 중국과 우리나라의 서단도 비슷한 정체기에 있었다고 생각된다. 당시 중국과 조선의 서예계는 수천 년 서예의 역사를 통해 황실과 일부 사대부들의 애호를 받아온 왕희지 이래의 일부 천재 서예가들의 글씨를 법첩으로 삼아 열심히 배우고 썼다. 따라서 고전이 된 법첩의 수준과 양식을 뛰어넘는 과감한 시도를 통한 새로운 서체와 서풍을 이룬 서예가의 출현은 거의 없었다. 이런 정체된 당시의 중국 서예계에 과감하게 새로운 시도와 예술적 변화를 추구하고 돌파구를 찾은 창조적 서예가가 판교 정섭이었다. 그는 전통의 규격화되고 관행적인 필법에서 벗어나 근대적 표현주의 서예의 길을 열었고, 새로운 필법으로 시서화 삼절의 경지를 열었다.

우리나라에 서예 예술이 들어온 이래 중국의 영향과 수준을 좀처럼 벗어나지 못하고 정체에 빠진 시기에 추사는 혜성같이 나타나 단숨에 한·중·일 서예계를 압도한 천재적인 예술가였다. 우리나라의 서예계는 늘 중국 서단의 흐름에 발맞추어 한 걸음 늦게 뒤따라 가는 수준에 머물렀다. 추사는 근대 한국 서예의 마지막 황혼기를 장식하면서 현대로 이어지는 세기를 뛰어넘는 영원한 예술의 경지를 개척한 사람이다. 그는 판교 정섭이 이룬 '괴怪'의 미학을 넘어 금석학의 성과를 모두 잘 소화한 끝에 '추사체'라는 불멸의 서체를 남겼다. 그는 판교 정섭에서 나타나기 시작한 개성이 있는 근대 표현주의적 서예정신을 현대의 추상주의적 서예로까지 확대하고 심화시켰다.

추사 김정희는 서예로 불운하였던 삶과 운명을 극복하고 서예 예술의 궁극에 도달한 사람이다. 그는 서예의 조형미를 완성한 역사상 가장 예술성이 있는 글씨를 쓴 서예가다. 나는 추사에 이르러 비로소 판교 정섭이 극복되었다고 생각한다. 추사는 정판교가 이룬 성과에 머무르지 않고 그를 뛰어넘었던 것이다. 그는 현실 사회에서는 정치적인 이유로 두 번의 귀양을 살았다. 그러나 귀양지에서 서예를 갈고 닦아 스스로를 자유롭게 했으며, 그의 글씨는 신채神彩를 얻었다. 그리고 그는 문자향文字香, 서권기書卷氣 넘치는 시와 문인화의 세계를 열어보여 우리나라 근대 예술계를 화려하고 격조 높게 마감하였다. 아니 오히려 그의 예술은 현대적 추상성도 물씬 풍기고 있어, 오늘날에도 끊임없이 사랑을 받는 것이다.

나는 추사 이후의 모든 한국의 서가들은 추사 김정희라는 커다란 봉우리에 막히어 그를 뛰어넘지 못하는 좌절을 느끼고 있으리라고 생각한다. 그러나 추사가 앞선 사람들의 예술적 성과를 뛰어넘었듯이 그 이후의 모든 현대 서예가들도 입고창신入古創新의 정신과 노력을 본받아 스스로 새로운 예술의 경지와 돌파구를 열어야 한다고 생각한다.

중국 불교 임제종臨濟宗의 개조開祖인 임제臨濟 의현義玄 선사禪師는 "부처를 만나면 부처를 죽이고, 조사를 만나면 조사를 죽여라(봉불살불逢佛殺佛 봉조살조逢祖殺祖)"라고 하였다. 이 거칠면서도 호방한 가르침의 진의는 실제로 불상佛像을 파괴하고, 조사를 죽이라는 말이 아니다. 부처와 조사의 가르침에만 머물지 말고, 공부를 더 열심히 하여 부처보다 더 높고 조사보다 더 뛰어난 깨달음의 경지에 이르라는 가르침이다. 이 가르침과 마찬가지로 우리나라의 서예가들은 판교 정섭을 극복하고, 추사 김정희를 뛰어 넘어야만 한다고 생각한다. 그래야만 현재 한국 서예계는 스스로 그 돌파구를 마련해 한 단계 비약하고 발전을 할 수 있다고 생각한다.

따라서 오늘의 한국 서예계에 필요한 것은 판교 정섭을 극복한 추사 김정희를 다시 뛰어넘을 위대한 천재적 서예가의 출현이다. 추사의 문자향, 서권기의 필묵정신과 입고창신의 창조정신에 충실하면서도 추사를 예술적으로 뛰어넘을 과감하고 기량 있는 서예가의 출현이 절실한 것이다.

서예는 법첩이나 서론 몇 권으로 마스터할 수 있는 인스턴트 예술이 아니다. 서예는 동아시아의 철학, 역사, 문학, 예술 등 모든 학문을 바탕으로 그 위에 시대정신과 개성을 불어넣어 꽃피워야 하는 총체적 예술이다.

많은 사람들이 추사체를 쓴다고 하며 또한 추사체를 가르치고 있다고 한다. 나는 이것이야 말로 의미 없는 작업이라고 생각한다. 나는 추사의 글씨는 배우거나 가르칠 수 있는 글씨가 아니라고 생각한다. 추사의 글씨를 배우고 가르친다는 것은 이미 죽은 글씨를 배우고 가르치는 것이다. 추사를 뛰어넘기 위하여 필요한 것은 그의 글씨를 임서하면서 배울 필요는 없다. 추사의 글씨를 베끼어 써보았자 추사 선생의 글씨 형태만 그릴 뿐 그의 깊고 높은 의취意趣를 베낄 수는 없는 것이다. 우리는 오직 그의 곧은 선비정신과 그의 예술혼, 학문적 자세, 인품을 배워야 하는 것이다. 즉 배워야 할 것과 가르쳐야 할 것은 추사의 정신과 예술혼뿐이다. 문자향, 서권기의 학예일치學藝一致의 정신이며 법고창신法古創新의 창조적 예술혼이다. 추사가 그의 학문과 예술의 일치를 꾀하여 끊임없이 노력하였듯이 앞으로 추사를 뛰어넘으려는 사람들도 같은 의미에서 학문과 예술의 근원을 찾아가야 한다고 믿는다. 나는 칠순을 넘기고 그 자신만의 독자적인 서체를 만들어가면서 문인화의 세계에 새롭게 들어가고 있는 송천 정하건 선생에게 앞으로 추사를 뛰어넘을 기량을 기대해 본다.

나는 이 책을 통하여 추사에게 영향을 준 사람과 추사 자신, 이어 추사를 뛰어넘으려 했던 우리나라 현대의 서예가들에 관하여 살펴보았다. 추사 자신은 어떻게 그의 추사체를 창조하고 삼절의 경지에 올랐으며, 그 뒤를 이은 사람들은 추사와 같은 경지에 도달하고 극복하기 위하여 어떻게 그들 자신의 인격을 도야하고 내공을 쌓았으며 글씨를 썼는지 살펴보았다. 그리고 이런 작업을 통하여 오늘과 내일에 우리는 어떻게 추사의 정신과 예술을 살리고 발전시켜 가야 하나를 생각해 보려 하였다.

이 책이 일반 독자들이 서예를 이해하는 데 조그만 도움이 되었다면 책을 쓴 사람으로서의 나의 일차적 소임을 다하였다고 생각한다. 나는 이 책을 계기로 우리나라 어느 가정에도 추사 김정희의 작품이나 안중근 의사, 또는 그밖에 내가 이 책에서 소개한 다른 다섯 분의 글씨의 사본이라도 한 점씩 걸렸으면 한다. 그래서 많은 사람들이 우리의 전통예술인 서예를 일상생활에서 만나고 감상하며 즐기게 되며, 작품의 좋은 시와 격언과 금언을 만나게 되기를 고대한다.

내가 미처 이 책에서 다루지 못한 서예가들 중에도 예술적으로 향기 높은 경지를 이룬 많은 훌륭한 예술가들이 있음을 잘 알고 있다. 나는 이 책 이후에도 우리나라 서단과 출판계에서 이들을 새롭게 조명하는 작업이 계속되기를 고대한다. 내 스스로도 앞으로 더 많은 공부를 하여 서예에 관한 좋은 책을 한 권쯤 더 쓸 수 있을 기회를 만들어 독자들과 다시 만나려 한다.

이 책을 쓰는 동안 서예계에는 많은 일들이 있었다. 2006년은 추사 김정희 선생의 서거 150주기를 맞아 예술의 전당 서예관과 국립박물관에서는 특별전이 열렸고, 인천종합문화예술회관에서는 검여 유희강 서거 30주년 기념 특별전이 열렸다. 2006년 11월에는 일중一中 김충현金忠顯, 2007년 2월에는 여초如初 김응현金膺顯 두 분이 돌아가셨다. 두 분 모두 해방 후 이 책에서 다룬 소전 손재형, 검여 유희강, 소지도인 강창원 선생과 함께 이 나라 서예계의 정상에서 활약한 대서예가들이다. 나는 이 형제 서예가들의 삶과 작품세계를 다룬 책도 그의 많은 애제자들에 의해서 출판되기를 고대한다.

끝으로 이 책이 나오도록 물심양면 애써준 푸른역사 관계자 여러분과 작품 사진을 찍어준 강원일보 최용주 이사님께 감사를 올린다.

참고문헌

서예 일반

1. 白川 靜, 《金文의 世界》, 平凡社 일본, 1971.
2. 안종갑, 〈문자의 조형성에 관한 연구 ─서예와 부적을 중심으로〉, 홍익대학교 교육대학원, 석사학위논문, 2002.
3. 동병종 지음, 김연주 옮김, 《서법과 회화》, 미술문화, 2005.
4. 朴炳千, 《書法論硏究》, 일지사, 1985.
5. 閔祥德 지음, 곽노봉 옮김, 《書藝百問百答》, 미진사, 1991.
6. 옥동필결 이서 · 원교서결 이광사 지음, 이종찬 편역, 《서예란 무엇인가》, 이화문화출판사, 1998.
7. 송하경, 《서예미학과 신서예정신》, 도서출판 다운샘, 2003.
8. 김은학, 《서예미학과 예술정신》, 도서출판 교륜, 2006.
9. 鄭充洛, 《書形態美比較硏究》, 미술문화원, 1987.
10. 《歷代書法字彙》, 대만 大通書局, 民國 67.
11. 熊秉明 지음, 郭魯鳳 옮김, 《중국서예이론체계》, 東文選, 2002.
12. 郭魯鳳, 《中國書藝論文選》, 동문선, 1996.
13. 조민환 지음, 《중국철학과 예술정신》, 예문서원, 1997.
14. Sir Herbert Read, *Chinese Calligraphy*, Confucius Publishing Co. 民國 62.
15. *The Three Perfections, Chinese Paintings, Poetry and Calligraphy*, Michael, Sullivan and George Braziller, Revised Edition 1999.
16. 金研珠, 〈東洋繪畵의 寫意性에 관한 硏究〉, 홍익대학교 대학원, 박사학위논문, 2004.
17. 鄭充洛, 《現代書藝의 理解》, 도서출판 서화인, 1994.

중국 서예사 관련

1. 왕대유 · 왕쌍유 지음, 《冬說中國冬騰》, 인민미술출판사(중국), 1998.

2. 곽노봉 편저, 《書藝家列傳》, 도서출판 다운샘, 2005.

3. 植村和堂 편, 《中國名筆鑑賞》, 秋山書店(일본), 昭和51.

4. 곽노봉 편저, 《소동파의 서예세계》, 도서출판 다운샘, 2005.

5. 俞建華 · 陸米子叙 지음, 郭魯鳳 옮김, 《안진경 서예와 조형분석》, 도서출판 다운샘, 2004.

6. 金煜 편, 《龍字集─歷代書法選字叢書》, 화평출판사(중국), 1997.

7. 張偉生, 《筆有千鈞任習張》, 상해과학기술출판사, 2002.

8. 《中國歷代書畫陳列》, 上海博物館.

9. 《中國文物精華大辭典─書畫卷》, 國家文物局主編, 上海辭書出版社, 1996.

10. 《澗松文華》, 제27호 서예Ⅵ 淸, 한국민족미술연구소, 1984.

판교 정섭 관련

1. 위위 지음, 정충락 옮김, 《묵죽의 귀재 정판교》, 이화문화출판사, 1999.

2. 저우스펀 지음, 서은숙 옮김, 《양주팔괴》, 창해, 2006.

3. 정판교 지음, 스성 편저, 한정은 옮김, 《정판교의 바보경》, 파라북스, 2005.

4. 《鄭板橋詩書畫精品集》上下, 중국사회과학출판사, 2004.

5. 鄭板橋, 《國畫名師經典畫庫》, 天津人民美術出版社, 2003.

6. 鄭板橋, 《國畫名家經典畫庫》, 河北美術出版社, 2002.

7. 《鄭板橋全集》, 臺灣 智强書局發行, 民國72.

8. 楊櫻林 · 黃幼鈞 편저, 《鄭板橋─中國書畫名家畫語圖解》, 중국인민대학출판부, 2006.

9. 車英心, 〈鄭板橋의 繪畫思想 硏究〉, 동국대학교 교육대학원, 석사학위논문, 2003.

10. 金英美, 〈鄭板橋의 書畫 硏究〉, 원광대학교 대학원, 석사학위논문, 1997.

11. 李仁淑, 〈鄭板橋의 題畫 硏究〉, 중국어문학 제34집, 1999.

12. 李惠媛, 〈鄭燮의 繪畫觀硏究─題跋中心으로〉, 숙명여자대학교 대학원, 석

사학위논문, 1990.

13. 徐水晶, 〈板橋 鄭燮의 四君子 畵題에 나타난 藝術觀 硏究〉, 원광대학교 대학원, 석사학위논문, 2001.

14. 文鳳宣, 〈板橋 鄭燮의 墨竹畵硏究〉, 홍익대학교 대학원, 석사학위논문, 1985.

15. 李仁淑, 〈板橋 鄭燮의 繪畵世界와 우리나라 書畵계에 끼친 영향〉, 영남대학교 대학원, 석사학위논문, 1996.

16. 曺秉漢, 〈18세기 揚州 紳·商 문화와 鄭板橋의 문화비판—揚州八怪의 성격과 관련하여〉, 계명사학 제4집.

추사 김정희 관련

1. 임원재 엮음, 김석배 그림, 《김정희—어린이 위인전》, 바른사, 1999.

2. 崔完秀 지음, 《金秋史硏究艸》, 지식산업사, 1976.

3. 金正喜 지음, 崔完秀 역, 《秋史集》, 현암사, 1976.

4. 金弘子, 〈金秋史의 非正統性에 關한 硏究—書畵藝術의 特異性을 考察함〉, 성신여자사범대학 대학원, 석사학위논문, 1979.

5. 吳成贊, 《歲寒圖—秋史 김정희 實名小說》, 동광출판사, 1986.

6. 趙美玉, 〈阮堂 金正喜의 學藝思想 硏究—學藝一致를 中心으로〉, 성균관대학교 유학대학원. 석사학위논문.

7. 柳熙綱, 阮堂論, 《월간 사상계》 1967년 6월호.

8. 유홍준 지음, 《완당평전》 1, 2, 3 권, 학고재, 2002.

9. 이영재·이용수 지음, 《秋史眞墨》, 두리미디어, 2005.

10. 秋史 金正喜, 《學藝일치의 경지》, 국립중앙박물관, 2006.

11. 秋史 金正喜, 《韓國의 美》 17, 중앙일보사, 1985.

12. 정병삼 외, 《추사와 그의 시대》, 돌베게, 2002.

13. 扈承喜, 〈秋史의 藝術論—詩·書·畵論의 비교 고찰을 중심으로〉.

14. 宣柱善, 〈秋史 金正喜의 佛敎意識과 藝術觀 硏究〉, 동국대학교 대학원, 박사학위논문, 2001.

15. 李吉煥, 〈秋史 金正喜의 書法 研究〉, 강원대학교 교육대학원, 석사학위논문, 2003.
16. 車光進, 〈秋史 金正喜의 書藝美學 研究〉, 성균관대학교 대학원, 석사 논문.
17. 劉長鋪, 〈秋史 金正喜의 書畫思想과 韓國 文人畵에 끼친 영향에 관한 연구〉, 홍익대학교 교육대학원, 석사학위논문, 2001.
18. 정숙희, 〈秋史 金正喜의 書畵思想 研究—묵란화를 中心으로〉, 경희대학교 교육대학원, 석사학위논문, 1999.
19. 金洪吉, 〈秋史 金正喜의 隸書研究〉, 원광대학교 대학원, 석사학위논문, 2002.
20. 柳榮福, 〈秋史 金正喜의 隸書 淵源에 대한 研究〉, 원광대학교, 석사학위논문, 2003.
21. 박종현, 〈秋史 金正喜의 漢隸 受容에 관한 研究−西漢隸를 중심으로〉, 경기대학교 전통예술대학원, 석사학위 논문, 2001.
22. 陸八禮, 〈秋史 金正喜의 楷書研究〉, 원광대학교대학원, 석사학위논문, 2004.
23. 鄭台喜, 〈秋史 金正喜의 한글 書簡에 나타난 造形性 研究〉, 대전대학교 대학원, 석사학위논문, 2005.
24. 황지원, 〈추사 김정희 예술론의 철학적 근거와 예술사적 의의〉, 《범한철학》 제37집, 2005.
25. 김은미, 〈秋史 金正喜의 號에 대한 研究〉, 원광대학교 대학원, 석사학위 논문, 1997년.
26. 《秋史誕辰 二百周年記念 現代韓國書藝代表作家展 圖錄》, 1986.
27. 오명남, 〈원교와 추사의 서예 비교 연구〉, 성균관대학교 대학원, 석사학위 논문.
28. 《澗松文華》, 제19호 서예V 秋史書派, 한국민족미술연구소, 1978.
29. 《澗松文華》, 제24호 서화I 秋史墨緣, 한국민족미술연구소, 1978.
30. 《澗松文華》, 제33호 서예VIII 근대II, 한국민족미술연구소, 1987.
31. 《澗松文華》, 제38호 서예IX 조선중기, 한국민족미술연구소, 1990.

《澗松文華》, 제41호 간송30주기 개관20주년 기념호, 한국민족미술연구소, 1991.

33. 《추사》, 열림원, 2007.

도마 안중근 관련

1. 《大韓國人 安重根—사진과 유묵》, 안중근의사기념관, 2001.

2. 羅明淳 · 趙圭石 외, 《大韓國人 安重根》, 세계일보, 1993.

3. 《大韓國人 安重根》 제23호, 안중근의사숭모회, 2005.

4. 《大韓國人 安重根義士》, 안중근의사 숭모회 · 안중근의사기념관.

5. 박노연, 《안중근과 평화》, 을지출판사, 2000.

6. 안중근 지음, 《안중근 의사 자서전》, 범우사, 2000.

7. 《안중근 의사의 위업과 사상 재조명》, 안중근의사 숭모회 · 안중근의사기념관, 2004.

소전 손재형 관련

1. 《素筌孫在馨書畵集》, 동아일보사, 1977.

2. 《素筌書畵精粹展 圖錄》, 우림화랑, 2006.

3. 김윤경, 〈소전 손재형 연구〉, 전남대학교대학원 석사학위논문, 1992.

4. 김성환, 〈소전 손재형 연구〉, 1995.

5. 양전 김원익, 〈소전 연구〉, http://210.218.3.30/~hyj1813/study/study.htm

검여 유희강 관련

1. 유희강, 〈左手書 有感〉, 《월간 중앙》, 1975년 6월호.

2. 유희강, 〈左手書道苦行記〉, 《월간 신동아》, 1976년 6월호.

3. 任昌淳, 〈三如의 理想……知性과 신념과 渾融의 氣韻-劍如의 右左手書藝〉.

4. 李慶成, 〈꿋꿋한 姿勢와 不屈의 精神—劍如 柳熙綱의 人間과 藝術〉.

5. 李興雨, 〈칼과 돌과 박의 性情〉.

6. 《검여유희강서예집》 1, 2, 3집, 일지사.

7. 《검여 유희강 서거 30주년 기념 특별전 도록》, 인천문화재단, 2006.

8. 朴銀京, 〈劍如 柳熙綱의 藝術世界 硏究〉, 원광대학교 대학원, 석사학위논문, 1997.

9. 〈검여 유희강 서거 30주년 기념 특별전 학술심포지엄〉, 인천문화재단, 2006.

소지 강창원 관련

1. 《昭志姜昌元書展 圖錄─제1회 개인전》, 1977.

2. 《昭志姜昌元書展 圖錄─제2회 개인전》, 1983.

3. 《昭志姜昌元喜壽書展 圖錄》, 1994.

4. 《姜昭志書品跋暨短揃錄》, 甲戌, 1994.

5. 《金剛般若婆羅密經》, 影印本, 1983.

송천 정하건 관련

1. 《松泉 鄭夏建 書展 ─ 七旬記念 個人展 圖錄》, 2004.

2. 《松泉 鄭夏建 書展─제3회 개인전 도록》, 1985.

3. 《重巖疊嶂帖, 松泉 鄭夏建 書展 제4회 개인전 도록》, 1995.

기타

1. 董作賓, 《甲骨文詩畵集》, 대만, 민국 62.

2. 박석, 《大巧若拙》, 도서출판 들녘, 2005.

3. 소동파 지음, 김병애 옮김, 《마음속의 대나무》, 태학사, 2001.

4. 金研珠, 《詩中有畵, 畵中有詩─시와 회화의 관계를 중심으로》, 미학 · 예술학 연구.

5. 선학원, 《유마힐경》, 통도사 사문 용하 한글번역, 단기 4293.

6. 전창선 · 어윤형 지음, 《음양이 뭐지?》, 세기, 1994.

7. 조민환, 《중국철학과 예술정신》, 예문서원, 1997.

8. 이정호, 《훈민정음─국문영문 · 해설역주》, 보진재, 1986.

찾아보기

간찰 53, 66

갑골문 168

강유위 117

검여 유희강 213

계축묵희 236

〈관서악부〉 242

구봉루 282

균제미 20

〈근례비〉 57

《금강경》 258

금문 169

금석문 67

기괴졸박 141

기굴분방 114

기승전결 103

기운 67

기운생동 20

기필 67

김노경 117

낙관 68

난득호도 88

《논어》 144, 191

단지 188

대교약졸 152

대련 69

〈대변어눌〉 255

대전 170

대한민국미술전람회 199

동기창 181

〈동양평화론〉 188, 194

동자체 147

동파벽 180

등석여 117

량치차오 249

만호제력 47

매원첩 117

면백 169

문방사우 69

문자향 83, 114

박제가 116

발묵 23, 69

발문 91

〈방필〉 137

법상목계 37

법첩 27
복사 168
봉은사 150
북비파 117
북학파 116
불계공졸 39
〈불이선란도〉 153
비백 20, 70
사무사 42
삼과절 157
삼불 김원룡 45
〈삼여도〉 234
서각 13
서권기 83, 114
서봉 김사달 201
서여기인 12
〈서해맹산〉 202
서화동원 42, 167
석년 112
〈석노가〉 137
석도 44
석파랑 210

석파정 210
선전 199
성명인 63
〈세한도〉 141
소동파 179
소전 170
소전 손재형 147, 199
소전체 200
소지도인 강창원 6
송천 정하건 6, 273
수인화 85
수필 48, 68
시서화 삼절 41
신기독 146
신언서판 12
아호인 63
안중근 187
안진경 176
안필 48
양각 63
양주팔괴 44
여백 33

연민 이가원 64

연암 박지원 116

영자팔법 47, 72

오지제력 47

오창석 182

옹방강 117

〈완당정게〉 226

완원 117

왕희지 174

우선 이상적 141

우죽 양진니 201

원곡 김기승 6, 201

위진남북조 172

유공권 178

유리창 249

《유마경》 159

유묵 187

〈유어도〉 234

유인 64

육분반서 95

〈육시도〉 37

육조체 170

음각 63

의임 28

일필휘지 20

임서 27

임지학서 251

입고출신 30

〈잔석완석서루〉 131

장인 188

장전 하남보 201

전서체 170

정문공비 90

조맹부 180

조선서화동연회 199

좌수시대 216

주련 13

죽간 169

〈죽로지실〉 133

〈중암첩장〉 286

중화미 94

지수진묵 251

철농 이기우 65

청남 오제봉 64

체본 27

초서 172

추사 김정희 6

〈충무공벽파진전첩비〉 208

치바이스 249

파격미 141

파봉안 164

판각 13

판교 정섭 6

〈판전〉 150

팔대산인 37

평보 서희환 201

포세신 117

필의 27

학남 정환섭 201

해서 172

행필 68

향배 56

협서 28

호암 이병철 279

화룡첨청 64

회사후소 42

회소 178

후지카 지카시 147

추사를 넘어 – 붓에 살고 붓에 죽은 서예가들의 이야기

⊙ 2007년 12월 24일 초판　1쇄 발행
⊙ 2018년　5월 17일 초판 10쇄 발행
⊙ 글쓴이　　　　　김종헌
⊙ 펴낸이　　　　　박혜숙
⊙ 펴낸곳　도서출판 푸른역사
　　　　　우) 03044 서울시 종로구 자하문로8길 13
　　　　　전화: 02)720-8921(편집부) 02)720-8920(영업부)
　　　　　팩스: 02)720-9887
　　　　　전자우편: 2013history@naver.com
　　　　　등록: 1997년 2월 14일 제13-483호

ISBN　978-89-91510-58-6　03900